東漢達人：嚴子陵

萍蹤浪跡，俯視王侯

嚴子陵的釣竿輕撫千古波瀾

范立書 著

不登雲臺，不與時人同夢

一步之遙，卻是千年抉擇

帝師與釣徒，終歸隱江湖

他是隱士，是謀士，是達人

更是一場時代與風骨的較量

目錄

嚴子陵雕像（陳剛／攝）

嚴子陵，名光，一名遵，子陵是他的字，浙江餘姚人。

嚴子陵本姓莊，叫莊子陵。東漢史家在修《東觀漢記》時，因莊子陵之姓，恰與東漢明帝劉莊之名有諱，按避尊者諱古制，莊子陵要入史，必須改其姓。

為何改姓「嚴」，而不是別的姓氏，後人有兩說：一說，「莊」與「嚴」字義相近，史家便取「嚴」字為其姓；一說，莊子陵在齊地隱居時以嚴自姓，史家便據此將其改姓為嚴。

由此及彼，凡載入漢史的莊姓人物，全部改姓為嚴，歷代相沿成規。

從此，世人只知嚴子陵，不知莊子陵。

序

一直以來，人們在談及嚴子陵時，其實有三個嚴子陵：歷史真實的嚴子陵、文學藝術的嚴子陵、還有民間傳說的嚴子陵。我的理想是盡可能多地向讀者呈現一個歷史真實的嚴子陵。但是很遺憾，由於嚴子陵相關史料稀缺，我的這個理想不得不受到局限。

我所採用的有關嚴子陵的史料，主要來源於《東觀漢記》、《高士傳》、《後漢書》和《太平御覽‧會稽先賢卷》中的記載，此外還有嚴氏家譜和《嚴陵釣臺志》裡的散章，如元代鄭玉的〈子陵不屈光武論〉、清代嚴昭的〈子陵論〉、民國嚴蔚文的〈嚴氏家世紀略〉等。

目前所知，有四十一處嚴子陵的歷史遺存，散布在全中國各地，其中遺跡十五處、祠宇十二所、墳墓五座、山川洞穴九個。這些歷史遺存，真跡僅四處，其餘大多是東漢以來，或慕名而喻、或慕名而建、或慕名而傳。我曾參觀考察過一部分，試圖彌補史料的匱乏。

嚴子陵的文學藝術形象始於元雜劇。《全元曲》第五卷輯有《嚴子陵垂釣七里灘》一劇；元以後，在《雲臺門聚二十八將》、《漢銚期大戰邳彤》、《寇子翼定時捉將》等劇目中，也都有嚴子陵的戲份；明初有單元劇《嚴光智取昆陽城》。

令我印象深刻的是明清演義小說，包括《全漢志傳》、《兩漢開國中興傳志》、《後漢通俗演義》和《東漢演義傳》等。這些演義小說，把嚴子陵塑造成精通道法、詭祕似仙、定國論政、身為帝師、清介狂狷和執拗不屈的人物，成為光武帝劉秀的左膀右臂和重要謀士，使嚴子陵的形象大放異彩。

但凡正史中有記載的歷史人物，在民間都會有相應的傳說故事。我注意到，自古以來，有史記載且有事蹟可考的隱士達數千人，但是名聲卓著、家喻戶曉的，僅嚴子陵一人。因此，嚴子陵的民間傳說非常豐富，既有關於他的史事的傳說，也有與他相關的建築、山川和風物的傳說。

有學者認為，從歷史記憶的視角看，一篇歷史文獻，與民眾口耳相傳的民間傳說本質上並無區別。我曾閱讀一部學術專著，裡面有這樣一段論述：「傳說或是記錄某個知名的歷史人物的立身行事，或是再現某個重大歷史事件發生、發展的過程或斷片，其中既有歷史實在，又有歷史理解的實在，應該將它視為歷史的一個組成部分。」我發現，這個觀點正被許多史學研究者所接受。

可以這樣說，本書中的嚴子陵，正是歷史真實的嚴子陵、文學藝術的嚴子陵及民間傳說的嚴子陵，這三者相融後的一個傳奇人物；本書，是「歷史實在」與「歷史理解的實在」的結晶。

第一章　幽浮與讖言

一

西漢末期，元帝永光五年（西元前三九年）。

八月十二日，海上生風潮（舊時餘姚人對颱風的稱謂），風雨狂襲餘姚，舜水發洪決堤，大水侵入縣邑和村落，地勢高處淹過牆礎，低窪處漫及腰。酉時，風潮遠去，風停雨止，大水還在續漲。

放晴的夜，明月當空。時近子時，嚴士悔（字君寵）和妻子鋪排好來他家避災的鄉鄰，回到東間內室。他囑妻子先歇息，自己挨坐窗前守水情。

嚴妻懷孕七月，挺著肚子忙碌整天，身顯疲倦。她一邊應著，一邊找出一件袷襖，走到窗前替丈夫披上。順便，她望一眼窗外，月光下，大水漾著微瀾，茫無邊際。這時，她忽覺一陣暈眩，恍惚中見東南方一團大火球，形如碟，聲轟隆，在白雲峰頂旋個圈後，疾速直往夏荷莊撲來。她陡然受驚昏厥在地，醒來時，身邊已多了一個羸弱的男嬰。

客堂裡，鄉鄰在議論：七太公，八太婆，男嬰足七月，女嬰滿八月，大多能成活，只要活過滿月，定能活到七老八十。眾口一詞，他們寬慰著嚴士恂及其家人。隔壁叔公年長，善用老話說事，他說：「大水出星宿，嚴家媳婦今日誕下貴人了。」隔壁叔公的話，使嚴士恂緊鎖的眉頭稍有舒展。

驚動嚴家媳婦早產的大火球，時人稱幽浮——現今人們稱它為不明飛行物。嚴士恂說他當時並未發現幽浮。他說：「幽浮可能只是妻子因勞累暈眩而產生的幻覺。」

嚴士恂父親嚴景仁堅信幽浮的出現。幽浮催生，光彩吉祥。故此，他為孫兒取名光。光，光明正大、光宗耀祖。後來，他又據嚴光生於子時，及幽浮繞白雲峰飛旋異象，再為孫兒起字子陵。子者，有德有爵之通稱；陵，寓升和登之意。

嚴光，嚴子陵之大名，由此橫空出世。

嚴子陵出生地夏荷莊，位於餘姚縣邑東北約二十里，毗一條東西流向的溪水而建，為一宇三內、兩廂居、懸山頂三合形院落。

漢時，句餘山的餘脈，延伸出一片片低緩的丘陵。丘陵生成的溪流，與杭州灣沖積形成的瀉湖和汊灣，密密交織出江南水鄉的韻律。在這裡生活的人們，能望見山丘的秀、聞到林草的香、眺矚東海的浩渺。

嚴家另有一處老宅，在縣邑的嶼山下，名「嶼山第」，形制與夏荷莊相仿。嶼山第背靠的嶼山，孤傲聳立於縣邑南端，高二十丈，周長約四里，古木鬱鬱蒼蒼，如在雲中。嶼山第門前是舜水，寬三十餘丈。舜水連著東海。

嶼山第是嚴家祖先嚴助任會稽太守時置辦的別業。漢武帝元狩元年，因嚴助在淮南王叛亂事件中遭冤誅，嚴家在吳縣的生活陷入窘境，遂舉家遷徙到餘姚，在嶼山第定居下來，開枝散葉。

排輩分，嚴子陵為嚴助六世孫。

二

浙東越地有風俗，新生兒滿月時要辦一場滿月酒。

古越人認為，嬰兒從出生到滿月，第一月是成活的難關。滿月意味著難關度過了，是一件值得慶賀的大事，親眷友鄰都會前來道喜喝酒。

這天，夏荷莊熱鬧喜慶，嚴家正為嚴子陵辦滿月酒。午時一到，開始祭祖和謝神。堂前的供案上擺滿葷素勻搭的供品，一對大紅燭燃得很旺。

嚴士恂抱著嬰兒拜完祖宗，剛欲拜大神，莊院外突然烏雲蔽日，一陣滾雷隆隆捲起一陣狂風，颳風不見雨，轉瞬間又晴空萬里。原是一個空雷陣。

空雷陣一晃而過，滿屋的賓客一片驚愕。原來，那陣狂風竄入客堂，滅了供案上旺燃的紅燭。當地風俗忌諱滿月或慶生點的紅燭未燃完被意外熄滅，無論何因，均屬不祥之兆。見此，嚴家人和親友們嘴上不說，心裡都忐忑起來。

正當此時，莊院外一串爽朗的笑聲中傳來賀喜話——「恭喜嚴東家，今天得賞本道喝杯滿月酒了。」眾人循聲望去，只見一位穿羽衣的方士，翩然現身莊院牆門外。

方士招呼說：「請嚴東家到院外來看。」

嚴景仁和一眾親友迎出門去，跟著方士走到莊院的南牆角。南牆角倚圍垣疊擺著三個石槽，呈品字形。

方士指著石槽說：「剛才本道路過夏荷莊，雷陣降臨，忽見狂風把挑在竹竿上晒的三條鱸魚鯗捲上半空，翻轉幾圈後，啪嗒、啪嗒、啪嗒，掉在三個石槽上，一槽一鯗，不偏不倚。趕巧莊內正辦滿月酒，此兆大吉，可讖『三朝為相』。」（餘姚方言「朝」、「槽」及「相」、「鯗」同音）

「天象昭示，嚴家小公子來日注定大貴。」方士拱手說道。

嚴景仁抬頭一望，真奇了，早上自己親手掛在竹竿上晒的三條鱸魚鯗，眼下就臥在石槽上。他顧不得問方士來自何方，便邀其進院，又囑家人點紅燭，繼續行謝神禮。

方士擺手道：「省了免了，適才就是眾仙不好意思受來日相爺一拜，使箕伯（掌管風的神）興風滅了紅燭。」

聽方士把晦氣事說得如此和美圓滿，嚴家人心中的不安頓時消散，臉上盡展歡顏。

眾人入席舉杯，莊院內喜氣洋洋。

三

轉眼，嚴子陵七歲了。七歲開蒙，九歲習武，本是吳越人家培養孩子的慣常，嚴家卻反其道行之。

嚴子陵是早產兒，嚴家不急於讓他讀書，而更在乎他的身體壯健。因此，祖父嚴景仁沒送孫兒上學館，而先送他去了百戲館。

百戲館聚了一批來自五湖四海的以收徒傳藝為生的技藝人。他們有的傳習尋橦、跳丸、走索等雜藝，有的傳習吞刀、吐火、牛馬易頭等幻術，有的傳習刀劍、徒手劈磚等武技，還有的傳習角抵。

傳習角抵的師父五大三粗，他們的徒弟也長得敦實。徒弟們兩兩成對，一上手，四目對瞪，抵首勾腿，師父在旁指東畫西，嘴上「嗨嗨」鼓呼。

嚴子陵喜歡練角抵，但是祖父要他習劍。自周代以來，精通六藝，是學齡子弟的必修課程。六藝中，吳越子弟承襲前代遺風，通常不習射，只習劍。書與劍，成為江南士子的標配。

嚴子陵拜了百戲館的劍師為師，從手眼身步法起練，然後練單操。單操是劍法的基礎，有劈、刺、撩、洗等十二種招式，每一招又各有技法，如刺就有歇步刺、點步刺、叉步刺之分。嚴子陵跟著劍師，每天早晚習練個把時辰。但是他興趣不在劍，功夫長進不快。

第二年仲秋，有一天百戲館來了一位女劍師，人稱白狐劍娘，是越女劍的傳人，劍術蜚聲吳越。

白狐劍娘有個女兒，也舞得一手好劍。

當晚，館主邀她客串舞劍。

夜幕降臨，祖父帶嚴子陵前往百戲館觀摩。

百戲開演，角抵先熱場，接著表演雜技、幻術和武打，還有歌舞戲《東海黃公》。壓軸時，白狐劍娘登場了。

白狐劍娘妝容冷峻，上襦下裙，一襲棉白。她施一個劍禮後，倏地開劍亮相。劍哨聲中，她的劍術「㸌如羿射九日落，矯如群帝驂龍翔」。收劍那一剎，她一串輕捷如鷂的翻旋，將俏麗的身段，裹在流光溢彩的劍影中，如白狐從雲端飄渺落下，贏得滿堂喝采聲。

白狐劍娘退場後，嚴子陵悄然跟入廂房。他上前拉住白狐劍娘的衣裙，仰頭央求說：「我想拜您為師，跟您習劍。」

白狐劍娘蹲下身，端詳著面前這個陌生男孩，她用溫柔的手輕撫了一下他的小臉，剛要回話時，她身邊的一個女孩，一頭偎進她的懷裡，瞪圓雙眼對嚴子陵說：「我娘不收弟子。」

女孩正是白狐劍娘的女兒，長得跟她母親一般俊麗，脣右角長一顆美人痣，年歲與嚴子陵不相上下。

回家的路上，嚴子陵跟祖父說自己的心事。嚴景仁正有此意，答應孫兒明天就去拜師。

第二天辰時，祖孫倆手提拜師禮物來到百戲館。可惜，他們遲了一步，白狐劍娘已帶著女兒一早往句章去了。

館主轉告嚴景仁，白狐劍娘臨走時，特意推薦了一位名叫陳遵的劍師，還說陳遵的劍術遠在她之上。館主隨手遞上一簡白狐劍娘留下的陳遵的住址。

四

陳遵，字孟公，京畿杜陵縣人。陳遵才過加冠之年，已是江湖上有名的游俠。

陳遵此番遊歷會稽，本打算遊錢塘玩山陰之後就去別地。陳遵愛酒，山陰有好酒，他在山陰一待半年有餘，仍然沒一點離開的意思。直至嚴景仁託人相邀，他才來到餘姚。

陳遵第一眼見到嚴子陵，就喜歡上了這個機靈可愛的江南孩童。拜師宴上，陳遵對嚴景仁說：「我尚未帶過弟子，也不敢為人師父，就讓子陵做我師弟吧，今後江上相遇，我們以師兄弟相稱。」

接著，他笑眯眯地對嚴子陵說：「我名陳遵，你既為我師弟，就叫嚴遵吧。」嚴子陵又名「遵」，應由此而來。

此後每天，用過早膳，陳遵就帶嚴子陵上嶼山，在南山腰的石坪上教嚴子陵習劍。

陳遵先規範嚴子陵的單操動作，再教授自己的精華招式。

陳遵的劍法自成一體，以刺、撩、洗為強，吞吐自如，剛柔飛鳳。他將劍術畫成譜，共二十一式，名《孟公劍譜》，留給嚴子陵。

下山回屋，就待午時。午時一到，陳遵開始喝酒——這是他一天中最快樂的時光。

陳遵愛酒愛得痴狂，卻從不因此耽誤教習。他邊喝酒，邊為嚴子陵講劍事。他從劍的源頭道來，說劍品、話劍俠、論劍術，就像他勸人喝酒，一口一口抿，讓嚴子陵慢慢地痴迷如醉。

嚴子陵年雖幼，然悟性高，一個秋冬下來，他的劍術大有長進。更讓家人高興的是，練劍著實使他的體魄長得比同齡孩子強健許多。

過了年，陳遵要去別地了。臨別時，他對嚴景仁說：「子陵必有大出息，該教他習字讀經了。」

五

送別陳遵，嚴子陵進入書館學習。是年，他九歲。

書館是蒙學場所，相當於現今的小學。學童在書館以識字和學習常識為主，兼學計算。識字念《倉頡篇》、常識學《急就篇》、計算則學《算術書》。

學童在書館學完字書和常識後，進入鄉塾學習。鄉塾為基礎教育的中級階段，教學生初讀《爾雅》、《孝經》和《論語》等書。

學生完成鄉塾學業後，大部分謀職從業，運氣好的能當個小吏；少部分繼續讀書深造，進入高一級學府，或上太學做「博士弟子」，或上精舍做「文學弟子」，開始專研一經或數經。

嚴子陵僅用三年光景，就完成了書館和鄉塾的學業，比一般學童省去五六個學年。

鄰里鄉親都稱嚴子陵為神童。

嚴子陵的父母因此而沾光。有的說嚴家風脈好，代代出人才；有的說兒子像娘，是嚴家媳婦的娘家「種氣好」。

最得意的當數嚴子陵的祖父。嚴景仁上街閒逛遇上熟人，人們都老遠跟他打招呼，誇讚神童背後有高人。「嚴公上過太學，當過博士弟子，學問就是厚實，孫兒在家溫習功課，有求必有應，有問必有答，家學條件哪家可及？」

這時的嚴景仁捋一把鬍鬚，笑瞇了眼，說：「過獎過獎，其實我就走對了一步棋，讓孫兒先習武，後習文，涵養他的吃苦心，想那習字讀書的苦，與練劍比能算什麼？先生們都說光兒在鄉塾最用功刻苦，而光兒自己並不覺得苦。」

六

在書館讀書時，嚴子陵跟一位名叫趙信的同學很投緣。

趙信比嚴子陵年長四歲。

讀書之餘，趙信喜歡到近郊看農夫種田，還愛為農夫搭把手；嚴子陵痴迷野遊，常沿著舜水堤壩玩走整天。二人相識後，或結伴去田野助農，或沿堤壩野遊，童趣融融。

後來，嚴子陵天天去趙信家串門。因為趙信有個特別的父親。

趙信的父親雙目失明，以卜卦算命為業，遠捨近鄰都叫他趙瞎子。

嚴子陵第一次見到趙信父親，感到他雖瞇縫雙眼，但是面容氣質和舉手投足間，沒有一點瞎子相。他喊趙信父親「趙伯父」，趙信父親說：「喊『瞎子伯伯』吧。」

瞎子伯伯很會講故事，他總會為嚴子陵和趙信講一堆故事。他講的故事，天南地北、山頂海底的都有。在他的故事裡，有時人變鬼，有時鬼變人，牲畜木石也懂人話、通人性。祖父說：「瞎子伯伯講的都是『大頭天話』。」（餘姚方言，意為神話故事）

自嚴子陵和趙信升入鄉塾，開始讀《孝經》和《論語》後，他再去趙信家時，瞎子伯伯講的「大頭天話」少了，講歷史上發生的真人真事多了。

除了講故事，瞎子伯伯還會問些功課上的事，如：「先生今天教了哪些經句，怎麼講讀呀之類。」

瞎子伯伯對《孝經》和《論語》的領悟，很多地方與先生的講讀不同。每次問完，瞎子伯伯常會發些獨特的議論。

嚴子陵很奇怪：「瞎子伯伯看不見書簡，何來這麼多的學問？」

嚴子陵帶著疑問回家問祖父。祖父只知瞎子姓趙，不知他的名字與身世。不過，祖父斷斷續續聽到過一些關於趙瞎子的傳聞。據說，趙瞎子本是一位耳聰目明、有才有貌的青年，通四書五經，曾在九江郡為吏，後來不知因何惹了禍，不僅丟了官差，還被人弄瞎了雙眼，迫不得已才避遷餘姚。

一天，嚴子陵到趙信家，瞎子伯伯對他和趙信說：「今天你倆論辯論辯，《論語》的精髓是什麼？」

這辯題平常。趙信搶先說：「《論語》的精髓在於『仁』。唯求仁，才能愛民。如果不仁，便會失去民心。一部《論語》，仁字出現一百零九次。仁是人至高無上的道德準則。」

嚴子陵的想法與趙信不同。嚴子陵說：「《論語》的精髓在於『信』。重諾守信，為人根本。人而無信，不知其可。《論語》三番強調『主忠信』，主張一切要以忠信為本。信是仁這個道德準則的基石。」

趙信反駁說：「『仁義禮智信』，仁為五德之首。仁者愛人，天下讀書人都懂這個道理。」

嚴子陵辯道：「孔子首論『三達德』，孟子增論『四端』，董子（董仲舒）添定『五常』，如是，從『仁義禮』，到『仁義禮智』，再到『仁義禮智信』，成為人之『五常』。董子為何添信為常，因為『仁義禮智信』，都須信以成之，若人而無信，以上四德，皆不可行。」

趙信說：「子陵所論，人無信，四德皆不行，之前從沒聽人講過，連先生也沒講過，難道先生們都不懂此間是非？」

嚴子陵道：「瞎子伯伯講過。」

趙信疑問：「我爹何時講過，我怎麼沒有聽過？」

嚴子陵說：「瞎子伯伯講過〈曾子殺豬〉、〈卞和獻玉〉、〈季札掛劍守約〉、〈商鞅立木取信〉、〈韓信千金報飯恩〉……這些故事的要義都在一個『信』字。每次，我聽完瞎子伯伯講的故事，再回嚼先生講讀，才悟到信之真諦。」

聽完兩個學童的論辯，瞎子伯伯心中歡愉。他表揚嚴子陵和趙信善論辯，肯定二人所論有理可據。但是他更讚賞嚴子陵。他說：「子陵讀書讀得活，小小年紀就有自我見地，難得。」

瞎子伯伯評說道：「『仁義禮智信』，仁是頭顱，信是骨架。當一個人的信用缺失時，連站立都不可能，又豈能言行。」

續著這個話題，瞎子伯伯為他們講了一個故事：

從前，有兩位好朋友，一起出門去做生意，半路上遇到了北斗真君（掌管人生死的神）。北斗真君說：「今天，你倆只能活一個，必須死一個。誰死，你們猜拳吧，輸的人就得死。」猜拳前，兩位好朋友竊竊耳語，然後出拳，「石頭——剪刀——布——」最後，一個死了，另一個抱著死去的朋友說：「兄弟，說好一起出石頭，為何我出剪刀，你卻出布？」北斗真君怪笑一聲說：「人無信，自作死。」說完，飄然離去。

瞎子伯伯感慨道：「這就是現實，這就是人心，算計別人，最後卻算計了自己。有的人傻呼呼準備輸時，他卻贏了；有的人心切切準備贏時，他卻輸了。他們都沒有守信，只不過有一個是善良的。假如二人信守承諾，一起出石頭，說不定北斗真君還會放了他們。唉！人無信，不僅會害死別人，還會害死自己。」

瞎子伯伯眼裡閃過一絲歉疚，好像聯想起什麼。

這樣的論辯後來經常進行。在辯論中，嚴子陵的學問飛躍長進。

第二章　秋月辯難

一

嚴子陵可上太學或精舍了。

太學要求年及加冠，嚴子陵還不夠格。好在精舍沒有年齡限制，祖父嚴景仁決定送孫兒上精舍。離家最近的精舍，在百里外的山陰縣。嚴子陵年齡小，嚴家上下有不捨，更有擔心。為了打消家人顧慮，嚴景仁打算親自去山陰陪讀。

嚴景仁的決心，源於滿月酒上發生的那樁奇事。原本，他對方士的讖言將信將疑，甚至疑多於信。事後，也有鄰居背地傳言，說是有人親眼見到那個方士從竹竿上摘下鱸魚羹，移至石槽上面。隨著孫兒的發育成長，以及孫兒的天才表現，嚴景仁對方士的讖言篤迷深信。「望孫成相」的夢想，在他的心頭熾烈起來。

瞎子伯伯為趙信取字「勝之」，要他也去山陰讀書。有趙信同往，嚴景仁的心寬了不少。趙信年長，今後嚴子陵在精舍的讀書生活，可以託他照顧。

漢時的精舍與太學同層級，屬高等教育場所。太學為官學，精舍為私學。精舍雖為私學，因往往有名家大儒執教，辦學規模和學術聲望並不亞於太學，有的還在太學之上。規模小的精舍，僅有幾十上百名學生；規模大的，則有幾千甚至上萬學生（王莽新朝始，隨著太學的擴建，精舍規模有所萎縮）。初入精舍的學生，可根據自己的喜好，在《詩》、《書》、《禮》、《易》和《春秋》五經中選修一部。在學通一經後，方可選修其他經書。

成帝河平元年（西元前二八年），過完上元節，嚴景仁帶著嚴子陵和趙信，由水路抵山陰。

山陰精舍規模不大，三百來名學生。嚴子陵和趙信同拜名儒計佑為師，選學《尚書》。

二

精舍的學習方法有多種，主要是兩種：一謂「大都授」——集體上課；二謂「辯難」——做學術辯論。漢時，辯難很興盛。無論太學還是精舍，辯難成為士子們交流學術的一項重要活動，也是他們嶄露頭角和步入仕途的一次重要機會。

山陰精舍常舉辦辯難活動，有的由經師組織，有的為學子自發，最隆重的當屬「秋月辯難」。

秋月辯難由精舍組織，每三年舉辦一次，因日期定在「秋暮夕月」時，故名秋月辯難。

每逢秋月辯難之年，經師從年初就開始遴選辯手，對象多為經師的高足，或是優秀的高年資學生。

秋月辯難影響廣泛，堪稱山陰乃至越地的一樁盛事。因此，不僅山陰縣令會如期蒞臨，屆時還會請來郡府的官吏出席。出席的郡官和縣令，有權當場把辯難中表現出色的學子招為僚屬，或記名推薦他們入仕。

如此高級的辯難活動，一般學子哪敢奢望。

入精舍不久的嚴子陵，卻似初生牛犢，躍躍欲試。他傲氣十足：「方士不是說我有丞相命嗎，這回我要一辯成名，入仕為官。」

精舍同學都在背後笑他輕狂，諷他不自量力，連陪讀的祖父也反對，勸孫兒凡事總得先把底子打好。

嚴子陵充耳不聞，顧自向經師計佑報名去了。

計佑覺得他的舉動很可愛，笑問：「你才十二齡童，剛入精舍，少不更事，難道不怯辯難？」

嚴子陵回答說：「項槖七歲而為孔子師，甘羅十二就以雄辯拜上卿出使趙國，我正當甘羅之齡，何來怯懦？」

計佑說：「秋月辯難唯實力而非勇氣，論辯的對手是學養富盈的學長，你啊，勇可嘉，恐力難敵也。」

嚴子陵挺胸說：「請先生允我一試。」

計佑審視著嚴子陵的狂傲神態，嚴肅地說：「秋月辯難非比常日辯難，辯優辯劣，關乎你我榮辱及精舍聲譽，豈能言試。」

嚴子陵撇嘴不吭聲。他曾觀看過多場精舍辯難，覺得與他在瞎子伯伯家的論辯，沒有多大區別。他還認為那些學長的辯辭，大都玄虛附勢，鮮有幾個精闢獨到的。

計佑知嚴子陵心有不甘，勸慰道：「你潛質非凡，更應靜心讀書，累積足夠本領，以備日後一辯冠天下。」

嚴子陵的激情，被計佑澆滅了。

暑假前，入選秋月辯難的名單張了榜，榜單上自然不見嚴光姓名。嚴子陵倒沒有因此掃興，捎了書冊回餘姚度假去了。

三

進入八月，嶼山上飄來陣陣桂花香。暑假即將結束，家人為嚴子陵返學做準備。一提返學，嚴子陵便想到秋月辯難。他猜想著這場辯難的精采與平淡。

在動身前的一天清晨，早起的嚴景仁，望見湛藍如洗的天空，唯獨東南方的地平線上，橫聳起一道山崗狀的白頭雲。生活在東海邊的人都知道，這雲謂「東崗雲」。東崗雲不是祥雲，是災雲，預兆風潮快要來臨。從東崗雲聳起的這天算起，不出三四天，風潮必至。

嚴景仁站在院門口，指著東崗雲對嚴子陵說：「要來風潮了，這回得等風潮過後再去山陰。」

見祖父面色凝重，嚴子陵問道：「風潮很凶嗎？」

「入秋了，秋天的風潮與夏季比，風雖弱些，然雨更暴。你出生那年，正是一場秋風潮，致舜水發洪，多處潰堤過水，毀了房，還死了人呢。」嚴景仁說。

祖父話剛說完，嚴子陵拔腿往縣衙跑去。

縣衙門口，嚴子陵請衙衛放行，說：「有要事向縣令稟報。」

衙衛告訴他：「縣令剛出衙門，坐官船溯流巡堤去了。」

嚴子陵循舜水大堤，一路奔跑，向西追趕。追至羅渡，他看到一艘六槳課船，船舫視窗露出幾個戴峨冠的腦袋，還有幾隻朝江岸指指畫畫的手。

嚴子陵判定這是縣令巡堤的官船，他揮手呼喊：「明廷停船！」

官船上的人哪會理會一個孩子的呼喊。官船繼續前行。

嚴子陵在堤壩上邊追邊喊，一不留神，被毛石絆倒，骨碌碌從堤壩上滾下來掉進舜水。官船這才趕緊靠岸，把他救上來。

縣令脫下自己的外衣，彎腰披在嚴子陵身上，問：「你要搭船？」

嚴子陵說：「我不搭船，我有要事急稟明廷。」

一旁幾個縣吏大笑：「要事？小孩有何要事？」

嚴子陵傲視縣吏道：「誰說小孩沒要事，你等懂什麼？」

圍觀的路人中有人認得嚴子陵，大聲嚷：「他是嚴家公子，別看他年少，已是山陰精舍的文學弟子了。」

借路人誇讚，嚴子陵擺出一副文學弟子樣，對縣令說：「風潮將臨，舜水亟須固堤，我熟知兩岸堤壩情狀，特趕來嚮明廷稟明要害處。」

聽嚴子陵這般口氣，縣令既覺有趣又生好奇，問：「你有固堤良策？」

嚴子陵舉手比劃道：「舜水有羅渡、金港、岳家、陳山、河馬、昌輝六個渡口，鄉人往來頻繁，渡頭常見候渡人的棄食，因而渡口毗鄰處多有鼠穴，韓非子有訓『千丈之堤，以螻蟻之穴潰』，凡此穴害，必先加固之。」

「千里之堤，潰於蟻穴，有理。」縣令點頭。

「南堤的狹項、五公、荷花、易家漕，北堤的前杭、汀石、籠舍里、石丈下，堤壩上多長喬木和灌叢，風雨颳來是禍患，風摧樹擺，樹根起，堤即毀，必先採伐之。」

嚴子陵報出的一連串地名，有大半縣令還是第一次聽到。縣令自覺慚愧。

嚴子陵加重語氣說：「此防洪二策，至關緊要，元帝永光五年風潮，舜水決堤多緣於此。」

縣令問：「那年公子多大？」

嚴子陵說：「我剛出生。」

眾人大笑。

縣令很欣賞嚴子陵的這股狂傲氣。他誇嚴子陵說得有理，並邀嚴子陵帶他們去巡堤。

為免嚴家找人，縣令問圍觀的人，有誰與嚴家相熟，順便捎個信，就說他家公子隨縣令巡堤去了。

人群中有人應道：「放心，這就捎信去。」

嚴子陵坐上官船，引縣令去巡堤。每到一地，縣令看到的情形果然如嚴子陵所述。縣令部署屬地的三老、嗇夫等，按嚴子陵所提要領趕工固堤，同時組織民眾晝夜巡堤護壩，嚴防死守。

六槳課船船速快，太陽落山前，縣境內的堤壩全部巡查完畢。

次日黃昏，風潮逼近，亥時始風雨大作。至第三天巳時，風潮過境，天空很快晴朗明亮起來。

這場風潮，致會稽郡多條河流決堤，山陰、諸暨、上虞、句章、鄮縣等變成澤國，唯獨位於舜水中游的餘姚，無一處決堤，全境安然無恙。

餘姚縣令因御風潮有功，獲得朝廷的獎掖擢升。

四

風潮過後，嚴子陵返學山陰精舍。期待已久的秋月辯難，因風潮延誤旬餘，終於在山陰文廟開場了。辯難場面隆重。文廟先聖殿孔子像前，搭起一個矮臺，謂論壇。壇下觀眾，除精舍師生外，還有從各地趕來的士子，把先聖殿、廊廡和天井擠得滿滿的。應邀而來的郡文學、山陰縣令，還有精舍的經師，在壇下前排正襟危坐。

計佑叫嚴子陵到自己身邊就坐。

「噹——噹——噹——」辰時正，文廟響起三聲鑄鐘聲，雄渾悠揚。辯難開始了。

登壇辯難的十對學子，每對辯一題，有的順論，有的駁論，辯者的功底老到，觀點新穎有據，文廟內掌聲、喝采聲此起彼伏。

嚴子陵發現這些學長的論辯都超常出色，幾乎難分伯仲。他甚至懷疑他們平常辯難時的表現是在掩人耳目。他心中對他們充滿歆羨，頃刻間也理解了當時先生的勸告。他暗下決心：「一定要用功讀書，爭取參加下次的秋月辯難，為先生爭光彩。」

學子們辯畢，郡文學應邀登壇點評。

郡文學舉止雖矜持，眉眼間卻流露出悅顏。看來他對本次秋月辯難很滿意。

郡文學說：「今日論壇精妙絕倫，學子們身懷雄才大略，出口成章，可證山陰精舍有大材，乃會稽有幸，朝廷有福。」

稍作停頓，郡文學話鋒一轉，說：「上旬風潮襲擾越東，餘姚縣有一位十二齡童，獻固堤良策於縣令，終保得餘姚全境無一處決堤，免萬千民眾遭洪水侵擾。本職獲悉，這位少年才俊就在山陰精舍就讀，姓嚴，名光。」

「噢！啊！」先聖殿內外一陣轟動。

郡文學兩眼朝壇下巡望，提高嗓音問：「嚴光何在？請登上壇來。」

五

嚴子陵雀步躍上論壇。縣令見他個頭不高，親自搬來一根馬凳，讓他站上去。馬凳上的嚴子陵英氣勃發，又少年憨態，郡文學見後大為賞識。他說：「今日沒見嚴光登壇，憾事也，本職有一詰，請你論辯，如何？」

聽聞要他辯難，嚴子陵激靈來勁，說：「嚴光悉聽尊便，請文學出題。」

郡文學出題：「儒法治國辯。」

「此題純屬老生常談。」嚴子陵搖頭說。

「本職就想聽聽嚴光有何標新立異的新論。」

嚴子陵點頭，眨巴一下雙眼，略作沉思後，開題論道：

「東市有家米鋪，東家養隻黑貓看管穀倉，黑貓盡忠履職，穀倉從無鼠患。西市有家麵鋪，東家養隻白貓看管麥倉，白貓偷懶，因此麥倉常害鼠患，苦得麵鋪東家夜夜起床趕老鼠。麵鋪東家懷疑白貓種性不好。」

嚴子陵這般開題，壇下聽眾大多茫然，全場寂然。他的論辯聲更清晰了：

「一日，麵鋪東家來找米鋪東家，表示願出一千個五銖錢與米鋪東家換貓。米鋪東家樂得實惠，同意黑貓換白貓。於是，黑貓來到西市看守麥倉，白貓來到東市看守穀倉。

黑貓初來乍到，勤勉捕鼠，老鼠聞風逃遁，面鋪東家十分滿意。時過月餘，麵鋪東家發現老鼠又在麥倉裡活躍起來，查究原委竟是黑貓偷懶瀆職所致。麵鋪東家悄悄去米鋪打探白貓情況，獲悉白貓在米鋪管倉超然出色。麵鋪東家大感意外，為何白貓黑貓換個店鋪竟就黑白顛倒了呢？

隔日，麵鋪東家來找米鋪東家，討教馴貓術。米鋪東家從內室拿來兩件物品，一部《聖貓經》，一根『笞貓鞭』，送給麵鋪東家。

米鋪東家告訴麵鋪東家，把《聖貓經》放在貓窩，督促貓每日誦經一篇，修練品性；把『笞貓鞭』掛在倉鋪門上，一旦發現貓有偷懶的行為，鞭笞以訓誡。

麵鋪東家回到麥倉依樣畫葫蘆，不日，黑貓恢復原態，米倉再無鼠害發生，他懊悔自己枉花了一千個五銖錢。」

「哈——」先聖殿內外哄堂大笑。

嚴子陵繼續論道：

「《易經》言，『一陰一陽之謂道』。天人合一，始於一，一含二，便成太極。太極生兩儀，兩儀分陰陽，兩者不可或缺。治國似太極，儒治與法治，恰如太極之兩儀，互為陰陽。儒家崇仁治，是為柔；法家講懲戒，是為剛。唯儒又唯法，剛柔並濟，天下方可大治。如此治國良策，就如米鋪東家之馴貓。」

「好！」先聖殿內外響徹喝采聲。嚴子陵的論辯，用鄉俚寓言開題，以易經陰陽論儒法治國，迂迴闡述，繼而快刀切題，脫俗新穎，精采至極。

受殿內外氛圍鼓舞，嚴子陵情緒高漲，童聲慷慨：

「憶往昔，孝宣皇帝崇儒尊法，『王道』與『霸道』並治，終使吏治清明，民生富庶、四夷賓服、國勢強盛，堪稱孝宣中興。看今朝，當下之朝廷，好儒唯仁、罷黜法術、寬弘盡下、號令溫雅，雖有周代古風，然而孝宣之弦盡改，久之，終將使孝宣中興之基業衰敗凋敝，天下禍亂豈會遠乎？」

嚴子陵拱手揖禮，結束了演講。

「譁——」壇下掌聲如雷鳴。嚴子陵稚嫩的臉上，透出一股得意的神情。

「奇談悖論！」郡文學斷然喝斥。

先聖殿內外霎時肅靜，氣氛驟變。「嘶——」有人倒吸涼氣。

嚴子陵沒去理會郡文學突變的態度和口氣，他愣頭愣腦走下壇來，回到計佑身邊坐下。

計佑雙手拍膝，重嘆一聲：「唉！」

世人皆知，當今皇帝——成帝劉驁，摒棄了先帝們一整套統治方法，優柔寡斷且是非不分、好酒色，任威權旁落，明知外戚擅權而制衡乏術，大政幾乎為太后王氏一族霸占，各地亂象頻發，強盛的漢王朝每況愈下。

身為先生，計佑暗為自己的學生驕傲，但是他深知嚴子陵今日所論，衝犯了當今皇帝。他擔憂嚴子陵會因此遭殃。他擰擰嚴子陵的耳朵，輕聲道：「嚴光啊，你以為秋月辯難猶如在瞎子伯伯家論辯，由得你童言無忌，暢所欲言？非也！」

計佑正謀思著如何維護嚴子陵時，只聽郡文學已嚴詞厲色發落：「大膽嚴光，汙言穢語妄議朝政，自尋死罪，念其年幼無知，逐出精舍，責其父母嚴苛管教，以觀後效。」

郡文學言畢，氣急攻心，跌坐在馬凳上。

此後，「十二齡童獻策保大堤」、「嚴光論貓氣文學」的故事不脛而走，傳揚天下。

第三章　七七四十九天

一

嚴子陵被逐回家，趙信也跟他退了學。二人暫且在家自學經書。不久，應嚴景仁之聘，計佑辭去山陰精舍教職，到餘姚專任嚴家的家庭經師。

在計佑的教導下，嚴子陵和趙信專心致志，苦學四年，已通曉四書五經。是時，嚴子陵十六歲。

盛夏暑月，一位在山陰精舍時的同學，借暑假順道餘姚，來看望嚴子陵和趙信，並請他倆去他的家鄉句章做客。

同學家在句章東境的一個小村裡。小村西面的達蓬山，傳說是秦始皇時徐福東渡的起航地。村東一條泥築的海塘，攔住了漲落有序的東海潮。海塘沿著山體，彎彎曲曲地向南北延伸。小村依塘，村名叫彎塘。

彎塘同學帶著嚴子陵和趙信去趕海。

他們爬上約兩丈高的彎塘，站在塘頂眺望，大海碧波浩渺，海灘又寬又長不見盡頭。海灘上，黃亮的泥塗，在陽光下耀眼刺眼；齊整整跨小腿高的絲草，綠得特別純；在絲草和海塘間長著百十丈寬的蘆葦叢，葳蕤蔥翠。海面上吹來陣陣海風，絲草順風彎腰，煞是嬌柔；蘆葦搖曳著發出沙沙響，和著嘩嘩的海潮聲交響著，動聽悅耳。無數條寬窄不一的海灣，穿梭在海灘的泥塗、絲草和蘆葦間。海灣裡淺淺的海水上，零星閒蕩著幾條漁船，大的叫「格艙」、小的為「三板」。一群群野鴨、海鷗鷟，在海灘上任性地飛來躍去，好像在為大海斷句。

東海的遼闊壯麗和海灘的婀娜生機，令嚴子陵和趙信陶醉。

彎塘同學帶著嚴子陵和趙信下了海塘。他們挽起襜褕下襬，赤腳穿過蘆葦叢，踩過絲草地，蹚過一條條寬的和窄的海灣，踏上了稠軟的泥塗。泥塗上，望潮蟹、花娘蟹、彈塗魚在悠閒地撒野，一聞人聲就立時鑽進泥洞裡，獨剩泥螺在慢悠悠地挪圈。

他們走到海灘的盡頭弄潮——追逐著一波又一波捲湧的潮水，把雙腳輪番抬起來，讓浪花拍去沾在腳上的泥。

泥塗上三三兩兩的人，在捉蟹、捕彈塗魚、拾泥螺和挖海瓜子。他們嘗試著這些海裡人的活計。那高豎小黑眼的蟹、披著星斑皮的彈塗魚，只有經驗老到的海裡人才能捕獲牠們。他們缺少經驗，只能拾泥螺和挖海瓜子。他們拾啊挖啊，捎來的小木桶已盛滿大半。

二

忽然，彎塘同學覺得海風緊起來了。他直起腰抬頭望，這才發現海灘上只剩下他們三人了。隨著海風趨緊，海潮聲比下海時響了許多。海浪也高了，已逼近眼前。他們太投入了，不知不覺間，竟然忘了時間和潮汐的變化。

「哎呀，漲潮了！」彎塘同學有點慌神。「快回！」他們三人深一腳、淺一腳朝海塘方向走去。

一條寬闊的海灣截斷了他們的歸路。來時海灣裡的海水只有小半腿深，眼下已與泥塗漲平，且波浪洶湧。憑著海邊生活的經驗，彎塘同學心底清楚，沒有漁船，他們已不可能涉過灣去。危險就在眼前，他們措手不及。慌張間，海潮毫不客氣地漲沒了他們的腳踝。

不遠處有一條格艙，還有一個三板在海灣裡搖擺。他們趕緊朝格艙走去，設想撐格艙回到海塘上。

彎塘同學剛拽趙信登上格艙，一個潮流拍來，把格艙掀出幾丈遠。嚴子陵眼看自己難上格艙，他急中生智，爬上三板。格艙和三板上沒有槳和篙，他們無法相互靠近，更無法駛往海塘。

潮在往上漲，格艙晃得厲害，三板也顛得狂。彎塘同學在格艙上大聲叮嚀嚴子陵：「要抱牢三板肋骨，等待退潮。」

嚴子陵將身體緊貼三板，雙手抓牢三板肋骨，任波浪顛簸。他還對著浪花喊：「看你能奈我何！」

格艙上的彎塘同學和趙信，已暈船嘔吐起來。

當太陽落下達蓬山時，潮退了，格艙重又擱淺在海灣裡。疲倦乏力的彎塘同學和趙信，從格艙裡站起來，四下張望，就是不見嚴子陵的那條三板。

「三板被海浪捲走了！」

彎塘同學趕回村裡去喊人。村裡人來了一大批，他們大都以打魚為生，經歷過大海的風浪險惡。他們聚在塘坡上議論，都說：「小三板哪經得住海浪的翻顛，三板上的人十有八九已葬身大海。」大家議定派一人陪趙信回餘姚報信，其餘村人分南北兩路，沿彎塘去搜尋嚴子陵。

三天後，兩路村人先後空手而歸。

巨大的悲愴籠罩著嚴家。

瞎子伯伯來了。他由趙信攙扶著趕到嶼山第。他對嚴子陵祖父說：「我為子陵連卜三卦，都是生卦，子陵沒有死，他還活著，我敢保證，七七四十九天后，他會平安回來。」瞎子伯伯語氣自信。

嚴家人不知瞎子的話是安慰，還是讖言。浙東越地本就有風俗，凡因溺水或其他原因意外而死卻死不見屍者，家人必要等到七七四十九天后，方可料理喪事。嚴家上下強忍哀慟，一天一天地挨著。

三

不知過了多久，嚴子陵緊趴的三板漂近一座海島。島上的人發現了三板和三板上的嚴子陵，把他救了上來。

漂在海浪裡的嚴子陵一直很清醒，被救上海島後卻立時昏迷過去。醒來時，他發現自己躺在一幢石頭屋裡，耳邊是潮水拍打礁岩的聲音。他翻身坐起，習慣地摸摸項脖，掛在項上的紅繩子還在，他順著紅繩子往下擼，直至摸到胸前那塊長命鎖玉墜。

「醒了。」一個柔綿的女聲傳來。

他循聲望去，見門口坐著一位女孩。女孩起身朝他走來。她長一張杏仁臉，唇右角一顆美人痣。「好眼熟啊！」兒時的記憶襲上心來，他認出她是白狐劍娘的女兒。女大十八變，眼前的她，比當年在百戲館相遇時更俊麗，只是白皙的皮膚變黝黑了。

嚴子陵激動地說：「妳是……」

女孩已懂嚴子陵的意思，她莞爾一笑說：「我叫遲昭璸，我們在餘姚見過，一晃八九年了。」

「遲昭璸。」嚴子陵默唸一遍。

遲昭璸已為嚴子陵備下飯菜。飯後的嚴子陵精神煥發。

嚴子陵問：「這是何地？」

「海島。」遲昭璸答。

嚴子陵左顧右盼一會兒，問：「我的同學呢？」

「同學？三板上只有你一個人，難道還有他人？」

嚴子陵這才憶起，趙信和彎塘同學上的是格艙。「格艙比三板大得多，既然三板都沒被海浪顛覆，他們應該安然無恙。」他自我安慰著。

嚴子陵走出石屋，沿著海岸漫步。遲昭瓊跟在他身後，拉開三五步距離。

海島本是大陸人眺望的祕境，如今就在腳下，嚴子陵對它充滿新奇。他問：「海島真美！不知它有何名？」

「它叫象鼻島。」

東海上有多個名為象鼻的海島。凡稱象鼻島的海島，總有一處形似象鼻的峰巖。象鼻峰是海蝕地貌的一種。嚴子陵腳下的象鼻島，今在何處，已無法確認。

四

嚴子陵和遲昭瓊跳上一塊海蝕臺。他們面朝大海坐在海蝕臺上，不時有浪花在他們面前飛濺。

「妳是海島人？」

「我是山陰人。」

「山陰人？那妳因何來這海島？」嚴子陵好奇地問。

遲昭瓊捋一捋被海風吹亂的瀏海，遲疑了一會兒，輕聲道：「說來話長啊，這是一個因一句笑言引起的故事。」

山陰縣有家越女劍館。越女劍館有一位劍師，人稱「青衣劍俠」。

劍館隔壁住著一個富公。一次，富公碰到青衣劍俠，開玩笑說：「青衣劍俠一身好本領，假若某日我遭盜賊搶了，肯否為我出頭？」

青衣劍俠笑著回說：「富公心眼好，常為街坊鄰里做善事，若遭不平，我定拔劍相助。」

後來，富公真因一樁海運生意，在東海上遭海盜搶奪，人財兩亡。死訊傳來，青衣劍俠回家對妻子說：「富公這仇我得替他去報，因為我曾答應過他，他若遇不平，我必為他出頭。」

妻子也是一名聞名江湖的劍師，定要跟著丈夫一起走。

青衣劍俠堅決不允。妻子抹著淚說：「那我就等你三個月，三個月後如果你還沒回來，我就去找你，助你一起為富公報仇。」

青衣劍俠獨闖東海，追尋至象鼻島。他找到一位鄉黨打探海盜內情。之後，他斷髮紋身，臥底當了海盜。他終於找到了殺害富公的海盜，並伺機報了仇，但是他自己也被海盜殺了。

三個月過去，妻子未聞丈夫音信，帶上女兒一路向東尋至象鼻島。當鄉黨把她丈夫報仇遇害的消息告訴她後，她的心緒亂了，以致發了瘋病。

鄉黨很友善，把她們娘倆留在海島上，還從大陸請來疾醫治病。許多年過去，海島就成了她們的故鄉。

暹昭璸淚眼悽楚，話音悲沉。

嚴子陵已然明瞭，故事中這位守諾搏命的青衣劍俠，定是遲昭瓆的父親。他敬仰青衣劍俠的義舉，同情白狐劍娘母女的遭遇，但是又一時不知如何安慰眼前這位女孩。

沉默良久，嚴子陵回過神來問：「象鼻島是海盜地盤？」

「是漁民的寄泊樵汲地，偶有海盜來。」

「鄉黨是海盜？」

「鄉黨是海商，專司海盜們的買賣。像鄉黨這樣的海商，在象鼻島上有幾十個，他們往來於大陸和海島間，大陸上有個家，島上又安個家。象鼻島上的家，都是用這石頭倚巖壘壁的『石頭屋』。」遲昭瓆抬手指向一片石頭屋。

嚴子陵忽然想到白狐劍娘，他問：「那你娘呢，現在身體可好？」

「我娘的舊疾大體好了，昨日就是她發現漂在海上的三板，然後我們娘倆一起把你救上海島。上島後，我娘一眼就認出是你。」

一聽白狐劍娘就是自己的救命恩人，嚴子陵難抑感激之情，他急切地要遲昭瓆帶他去見她。

白狐劍娘正在象鼻巖頂舞劍。

嚴子陵攀上峰頂，未及施禮道恩，但是見白狐劍娘揮劍削下一根樹枝，試著一握，隨即把手中的劍甩向嚴子陵，說：「來吧，讓我試試陳遵弟子的劍術。」

「嗖——」沒等嚴子陵反應過來，白狐劍娘的樹劍已猛刺過來。

嚴子陵匆忙接招。

白狐劍娘不愧為越女劍傳人，手中的樹枝舞得如真劍般凌厲。

嚴子陵也不示弱，接連對招數十回合不見疏漏。

雙方戰至懸崖邊。

「好！」白狐劍娘戛然止劍，說：「像陳遵的弟子。」

嚴子陵趕忙收劍，向白狐劍娘施禮道恩。眼前的白狐劍娘依然風姿綽約，與嚴子陵幼時記憶中的形象沒有絲毫改變。

站在象鼻峰頂，大陸上的山巒房舍煞是清麗，嚴子陵不禁鄉愁湧動，神情黯然。白狐劍娘見狀安慰道：「過些時日會有海商船到來，那時我託鄉黨送你回餘姚去。」

在等待海商船的日子裡，嚴子陵與暹昭璸每天都會登上象鼻峰頂，一邊對練劍術，一邊環視海面上的動靜。白狐劍娘常在一旁指點要領。

情竇在少男少女心頭萌動。漸漸地，他們對練攻擊的劍勢看似凌厲，但是揮舞的劍鋒卻顯柔和。就像那海浪，氣勢洶洶地湧來，撞到礁岩上啪地綻出一朵浪花。

終於有一天，一隊海商船駛進了象鼻島的避風塘口，鄉黨回島了。

鄉黨按白狐劍娘要求，派一艘海商船送嚴子陵回家。

離島那天清晨，嚴子陵醒得早，聽到隔壁房間裡的輕輕對話：

「妳取『青女劍』是要送子陵？」白狐劍娘問。

「嗯。」遲昭瓊應道。

「嚓——哧——」隨即響起擦劍的聲音。

「妳喜歡他？」

「嗯。」

「妳想過沒有，這是一場空歡喜。」

「想過，所以才想為他留個念想。」

「念想？」嚴子陵聽著怦然心動。他的眼睛溼潤了。

早餐後，白狐劍娘母女送嚴子陵到避風塘。

遲昭瓊將「青女劍」贈給嚴子陵。嚴子陵取下長命鎖玉墜，將它掛到遲昭瓊項上。二人互道珍重，依依惜別。

五

海商船抵達餘姚縣邑的那天，正是瞎子伯伯掐算嚴子陵回家的最後一天。

七七四十九天了，嚴子陵上得岸來，看嶼山依舊翠綠，街坊閭巷依舊人來人往很熱鬧。但是回到家，他發現祖父的鬍鬚白了許多，父親和母親的額頭現出了皺紋。最讓他難受的是，就在幾天前，瞎子伯伯去世了。

瞎子伯伯是上吊自盡的。至於他因何自盡，街坊鄰居間有多種傳聞。嚴子陵辨不清孰真孰假，便去問祖父。

祖父告訴嚴子陵，瞎子伯伯真名汜盎，汜水人。二十年前，汜盎在九江郡當書掾，他文武出眾，年輕能幹，很受太守器重。

汜盎住在九江城的十字街，對面有一對小夫妻開的一家布坊。某個月夜，有個賊人趁布坊男人外出採購物料未歸之隙，潛入布坊姦汙了布坊女人。待布坊男人歸家時，他的妻子已蒙羞懸梁。

官差仵作到布坊查勘時，汜盎主動趕去舉證。他說未央時分，他還在挑燈夜讀，隱約聽到對街傳來女子的抗暴聲。他從窗戶縫隙往外瞅，見一賊人溜出布坊偏門跑了。藉著月光，他看清這賊人是城東富豪家的風流公子。他正猶豫是否要過去探個究竟，但見布坊男人荷肩歸來。一會兒，布坊內嚎啕聲起，他方知出了大事。

官差追問：「你確認賊人是城東富豪家公子？不會看走眼？」

汜盎說：「千真萬確，他那油桶身板猴子臉，見之過目難忘。」

官差請汜盎做了書證筆錄，當夜就抓捕猴臉歸案。猴臉很快招了供，畫了押。

次日，事生波折。天剛蒙亮，城東富豪悄悄登門，他為汜盎送上兩萬錢銖，求汜盎收回對猴臉公子不利的書證筆錄。

面對鉅額財富，汜盎連瞧也沒瞧一眼，當即嚴詞拒絕。

早上，汜盎來到郡衙，剛點卯，太守就找他談話。太守毫不遮掩，開門見山向汜盎攤牌，城東富豪是他妻舅，猴臉是他內姪，只要汜盎翻案改口，太守定盡全力舉薦他出任壽春縣令，如果汜盎堅持書證筆錄，就請開路走人。

奉儒守官，是天下讀書人的追求。對汜盎而言，縣令官職足夠誘他饞涎。汜盎內心掙扎許久，終於動了心。

汜盎沒有被千金收買，卻被一個縣令官職叼走了魂。他收回書證筆錄，改口說：「昨晚根本沒見過什麼猴臉馬臉。」

布坊男人求汜盎伸張正義，秉實做證。汜盎心裡早已迷糊，哪肯再出頭。

猴臉當日被官衙釋放。

布坊男人氣憤至極，罵汜盎是個不誠信的睜眼瞎。他手提一桶染料潑向汜盎頭臉。汜盎因此瞎了雙眼。

瞎了眼的汜盎不僅升不成縣令，連書掾的職位也無法再任。

事情傳開後，街坊裡還有人揚言：「自古一命抵一命，既然汜盎作偽證放過猴臉，那麼該取他性命抵布坊女子之命。」

汜盎聞信，慌忙帶著妻兒遠走他鄉。

汜盎輾轉來到餘姚。他在餘姚安家落戶二十年，平日裡不見有親友來往。前些天，家裡突然來了位不速之客，不知何故，客人走後沒幾天他就上吊了。

汜盎出事前，曾獨自磨蹭到嚴家，告訴祖父有個舊冤家在尋他復仇，他打算去外地隱避，難料何時能回。他說他堅信嚴子陵很快就會平安歸來。他勸祖父該讓孫兒出門遊學闖天下去。最後，他託祖父，讓趙信跟著嚴子陵一起去遊學。

祖父預感瞎子要出事，想不到他竟走了絕路。

聽完祖父的敘說，嚴子陵一連幾天沉浸在鬱悶中。青衣劍俠的搏命追殺、瞎子伯伯的人生變故，似血染的巨石，重重地夯在嚴子陵的心底。

第四章　煙花三月

一

成帝陽朔二年（西元前二三年），迎春花開時，嚴子陵和趙信就要遊學遠行了。

遊學始於周代春秋時期，孔子是遊學的鼻祖。效孔子之風，先秦諸子百家無一不遊，墨子、莊子、孫子、孟子、荀子及韓非子等等，都是著名的遊學之士。可見，遊學這種學習方法，對人格養成和知識的累積獨見功效。「讀萬卷書，行萬里路」，道理當在其中。

西漢自武帝朝起，進入中國歷史上遊學的鼎盛時期，官學私學繁榮，遊學活動成為一種國家化的社會風尚。文人學子無論貧寒、富貴，也無論老、壯、青、少，皆湧進遊學大潮中，他們把名儒大師視為遊學目標，把遊學作為求知、交友、入仕的重要途徑。

遠遊前晚，臨睡時，嚴子陵的母親端一腳盆熱水，走進兒子的臥室。她讓兒子在床沿坐正，又將他的雙腳浸入洗腳盆，然後輕輕地為他搓洗雙腳。

這是浙東越地的一種出行習俗，謂「暖足」，意在為遠行的親人熱絡腳筋添腳力。凡第一次出遠門的人，前一晚，或母親、或妻子、或女兒，必親為之。

古時路途艱險，交通工具簡陋，通訊又不便，歸家遙無可期，一次遠行恰似一次生離死別，暖足表達的是親人的一份牽掛和眷戀。

母親邊為兒子洗腳暖足，邊仰頭端詳兒子的臉龐，心中無比欣慰，也無限感慨，當年那個羸弱的早產兒，如今已長成一等一的壯小夥。

母親叮囑嚴子陵：「要用功讀書，要自知冷暖顧好身子。」末了，她說：「光兒要記住爺爺的話，讀書做官，為嚴家爭榮耀。」

嚴子陵嘴角一揚，答道：「娘，我記住了，三朝為相做大官。」

母親笑了，她端莊淑令、眉目清秀的臉上，露出一對淺酒窩。她相信兒子的天賦和能力。她說：「娘盼著呢。」

翌日辰時，春風和煦。石埠頭，嚴子陵和趙信登上行船。

立在船頭的嚴子陵，四方臉，龍眉雙鳳眼，緇撮頭冠，著青色絲綢曲裙袍服，佩長劍，雄健俊逸，那股自信昂揚的精氣神，讓家人們悄然看到了「三朝為相」的希望。

船夫準備拔篙。嚴子陵向送行的親人們揮手告別。這時，母親突然在岸上喊：「船老大慢著，我還有幾句話要對光兒說。」

母親急急踩著石階下到埠頭。

嚴子陵也跳下船，問道：「娘還有何事？」

母親踮起足，貼近嚴子陵耳邊說：「光兒，娘昨夜想了一宿，覺得還是要把娘的心思告訴你。娘不在乎你做大官，娘只盼你做個有骨氣的人，能挺直腰板立在人前，暢亮說話。」

為使母親放心，嚴子陵重重點頭，說：「娘，我懂。」

此時的嚴子陵，心已飛向遠方，他嘴上應著「我懂」，其實並不懂得母親話中的良苦用心。隨著人生閱歷的累積，他才明白母親的話，藏著極深的人生道理。

行船順風溯流西去。

二

嚴子陵和趙信商定的首站遊學地是九江。當時，有很多名儒在九江精舍授徒講學。他們途經秣陵時，聽聞陳參在廣陵精舍傳習《禮》，二人即經丹徒渡江水，慕名直奔廣陵。

陳參，沛郡下邳人，禮學名儒，曾教過一位改朝換代的人物——王莽。當然，那時的王莽還未成氣候。

廣陵精舍擁有一座氣派的深宅大院。嚴子陵和趙信到達時，精舍的院門敞開著，庭院幽深，前院一清臞老者，正在清掃地上的落葉。

嚴子陵恭敬地立在院門外，向老者作揖施禮道：「請問長者，陳參先生可在精舍？」

老者停下手中活，瞇一眼院門外兩位後生，手指內院說：「後院，東廂房。」

嚴子陵和趙信走到後院東廂房。廂房內一年輕書生正在整理書冊，他們猜度這位書生應是陳參的學生。

嚴子陵上前行禮道：「請問學長，陳參先生……」

書生聞聲抬頭，打量一番對方，起身還禮後問：「兩位來拜師？」

嚴子陵上前一步道：「我乃會稽餘姚嚴光，慕陳參先生高名，特來廣陵精舍拜師學《禮》。」

「餘姚嚴光？」年輕書生瞪圓了眼注視著嚴子陵說：「你就是那位獻策保大堤、辯難氣文學的嚴光？」

「正是在下。」

「啊喲，久仰久仰！」

年輕書生熱情地請嚴子陵和趙信在書案旁落座，自我介紹說：「在下廣漢梓潼哀章，拜陳參先生習禮研經，承先生抬愛，在精舍助其講學。」哀章說話時姿態謙卑，語氣卻不無自誇。

「原是先生高足，失敬失敬。」嚴子陵和趙信起身施禮。

三人客套一番，隨後高談闊論起來。

言談間，哀章發現嚴子陵已具相當學識，他暗自思忖，倘嚴子陵入了精舍，風頭必壓過自己，如此，自己在精舍的高足地位，勢必受到挑戰。

哀章猛然生出一種危機感。他使了個心眼告訴嚴子陵和趙信：「先生立有規矩，他在精舍授學，向來只收五十弟子，缺一補一，概不超員，如今學額已滿，還請兩位另擇名師。」

嚴子陵懇請哀章引見，由他們自去說動陳參先生額外納徒。

哀章託辭先生郊遊去了，建議他倆不妨先找家客棧安頓下來，待先生回來後，由他轉達兩位心意，請先生定奪。

嚴子陵和趙信只得起身告辭。

哀章故作熱心，帶他們從邊門出精舍，一路送到廣陵客棧，又囑他們在客棧靜候消息。傍晚，他即來客棧傳話：「說先生沒有明言收與不收，只說崇禮之人自當依禮行事。」

嚴子陵和趙信回味話中之義，大失所望。

嚴子陵何曾想到，他遇到了人生道路上的第一個對手。他遊學的第一程險些就被哀章截和。

哀章何許人？史書記載他「好為大言」，行為「甚輕賤」、「頗不清」（貪財）。對哀章而言，這些只算小節。哀章留給歷史的記憶，是一個特別敢冒險的政治投機分子。

三

既然到了廣陵，就該遊一遊。遊本是遊學的題中應有之義。第二天，嚴子陵和趙信放下心事，遊起廣陵城來。

遊廣陵必遊「邗溝」。邗溝是春秋時吳王夫差開鑿的一條運河，起點在邗村，故名邗溝。城因溝而興，曰「邗城」，為吳國北上稱霸的橋頭堡。楚懷王時，改邗城為廣陵城，又擴建外城，故廣陵有「內城」和「外城」，其繁華可與京都長安媲美。

嚴子陵和趙信在「吳王邗溝」碑前駐足良久，他們撫摸著四百餘年的古碑文，彷彿摸到了吳王夫差的勃勃雄心。

游完邗溝，已到午時，二人找家包子鋪，點兩客包子代午餐。

趙信飢不可耐，落座就抓一顆吞咬起來。「哎呀，好吃，真鮮美！」

嚴子陵也趕緊抓一顆，咬一口後大讚：「果然美味，這是什麼包子？」

隔壁有個女孩，用絹帕抹抹嘴角，搭話說：「店招掛著呢，這是聲名赫赫的廣陵『三丁包』。三丁包的餡兒有雞丁、肉丁、筍丁，三丁鮮美包於一體，精細吊味。武帝朝的董仲舒，在江都任易王國相時，最愛吃三丁包，他還差人用快馬將三丁包送往京城，請武帝品嘗，武帝吃了以後，贊它為天下第一品呢。」

女孩這麼一說，嚴子陵和趙信越發覺得三丁包鮮美。

搭話的女孩年方碧玉、瓜子臉、細眉，雙眸忽閃水靈，梳百合髻，釵白玉蝴蝶步搖，結髾燕尾垂於肩上，身著紫色襦裙。

吃完三丁包，嚴子陵欠身向紫裙女孩打聽，廣陵城外何處可遊。

紫裙女孩起身，整理襦裙後說：「城外有茱萸灣，眼下正是盛花季節。天下茱萸，數廣陵茱萸灣最出名，仲春開花，深秋結果，開黃花，結紅果。兩位小哥若去茱萸灣，跟著我走便可。」

四

穿過外城，江水平原一望無垠。紫裙女孩走在前面帶路，隨口問：「兩位小哥來自何地。」

當嚴子陵回答他倆來自餘姚後，紫裙女孩興奮道：「餘姚有座句餘山，茱萸灣的茱萸，就來自你們家鄉的句餘山。」

聽到廣陵的茱萸來自句餘山，嚴子陵和趙信感到既親切又好奇，剛想細問，紫裙女孩已娓娓道來。

春秋末，吳國打敗越國。越王勾踐為求復國，一面臥薪嘗膽，一面施展美人計，送絕色美女西施入吳。

深秋，吳國流行瘟疫，一時無藥可治，許多百姓染病死去。西施心生慈念，悄悄去信稟告越王，在越國的句餘山上，有一種名為茱萸的紅果能治瘟病，望能趕緊採集送來吳國，以救吳國百姓。

越王與范蠡、文種一番密商，迅即派人前往句餘山，採來上千袋茱萸紅果，遣專使日夜兼程，獻給吳國。

茱萸紅果運抵吳國，吳國大臣們卻懷疑這是越國借瘟疫送來的毒果。吳王夫差也是將信將疑，不敢發茱萸紅果給百姓服用。

西施趕到宮殿，講解茱萸藥效，並當場喝下御醫煎煮的茱萸湯。吳王和大臣這才消除疑慮，將茱萸紅果發往各地。吳國的瘟疫終被制服。

次年春，西施向母國要來一批茱萸苗木，奏請吳王擇廣陵栽種，以防瘟疫重來。廣陵茱萸灣由此形成。

後來，瘟疫果然死灰復燃，茱萸灣的紅果頂了大用，瘟疫乍起立被撲滅。

聽到這裡，趙信說：「原來西施還是吳國百姓的大救星。」

「西施也是吳國百姓的大災星。」紫裙女孩說。

之後，吳王完全相信勾踐已真心臣服，原本懷疑勾踐復國之心不死的吳國大臣們，也被茱萸迷惑麻痺了。

幾年後，吳國因連年對外用兵，徵糧過度，眼看春耕逼近，百姓卻缺穀種。於是，越王向吳國送去大批穀種。

吳王欣喜不已，迅速將穀種發給百姓春播。吳國百姓播下越國穀種後，遲遲不見萌芽。原來，這是一批按越王計謀已被煮熟的穀種。

等到百姓們發現不對勁時，為時已晚，吳國面臨空前的絕糧危機，舉國恐慌，軍心渙散。越國趁機出兵滅了吳國。

越王勾踐攻入吳王宮，西施前去覲見，請求越王將她裝入鴟夷，投入江中，任其漂流直至沉沒。越王依從。

西施死時，正是茱萸開花季節。據傳，本來茱萸的花色雜亂，奇特的是，從這年始，茱萸灣的茱萸每年開的全是黃花。

「唉！」趙信聽得入神，長嘆一聲說：「可憐西施，她為越王復國立下大功，竟自請死。可惜吳王，居然這麼犯渾，輕信越王而導致滅國。」

「那越王呢？作何評說？」紫裙女孩問。

「越王，越王……」趙信支支吾吾。

紫裙女孩說：「西施不可憐，她以死救贖自我，靈魂可安矣。吳王不足惜，他是自作孽，不可活。越王可恥又可恨，竟拿一國百姓為吳王殉葬。越王既然有臥薪嘗膽的骨氣，為何還使這等下作手段，以信用包藏禍心，丟光了越國人的臉。」

說完，紫裙女孩用鄙夷的目光，睨一眼嚴子陵和趙信，彷彿越地人都與勾踐一樣。

紫裙女孩的這番奇談怪論，說得嚴子陵和趙信滿臉通紅。越地人引以為豪的蓋世英雄，在紫裙女孩心中竟如此不堪，讓他倆大感意外。

五

說著論著，不覺已到茱萸灣。

茱萸與迎春、連翹一樣，總是先開花後發葉，開的又全是金黃色的小花朵。相比迎春花和連翹花的早，茱萸花總在每年的仲春才姍姍而至。茱萸伸展的樹枝，褐色似枯枝，蘊著些許蒼老。枯枝上的小花朵開得恣意繁茂，卻尋不見一片綠葉甚至一點綠芽，只見滿樹金光閃閃。

在燦爛的陽光下，茱萸灣似一片金色花海。

嚴子陵和趙信被眼前的美景陶醉了。

紫裙女孩向他倆擺擺手說：「兩位小哥好好遊玩，小女子就此別過。」說完，她一蹦兩跳消失在茱萸灣的花海裡。

嚴子陵和趙信兜一個小圈，爬過一個高坡，看到茱萸灣漕閂那頭有一位釣翁，頭戴斗笠，坐在小馬凳上垂釣。他的身旁蹲著一個女孩，也穿一件紫色襦裙，在金色的花海裡格外醒目。定睛一看，正是剛剛別過的那位紫裙女孩，只見她邊盯浮子，邊與釣翁開心閒話。

他們本想過去湊趣，又覺冒昧，便在不遠處席地而坐，遠觀釣翁釣魚。

釣翁神態怡然，一旦魚被釣出水面，就將釣鉤上彈跳晃尾的魚拎到紫裙女孩面前。紫裙女孩熟練地伸手抓魚頭，輕輕地將魚從魚鉤上摘下來，彎腰拎起漾在水裡的竹簍，將魚丟進簍裡。

稍許，釣翁把釣魚竿交給紫裙女孩，自己鑽進茱萸林，去偏僻處小解。

恰好這當下，有魚兒咬鉤。「哎喲，咬鉤了！」

咬鉤的大約是條大魚，魚浮沉得深，紫裙女孩拉著釣竿，釣竿和釣線緊繃成一彎月牙。岸上的紫裙女孩與水中的魚兒拔起河來。「撲通」一聲，紫裙女孩沒把魚釣上來，自個兒卻被魚拖下了水。

趙信驚呼：「哎呀，落水了，救人啊！」

嚴子陵一個箭步衝向漕灣，縱身躍入江中，把紫裙女孩抱上岸。

紫裙女孩嗆了水，卻無絲毫驚嚇表情，上岸還笑道：「嘻哈，嘿嘿，魚釣人啦，哎，魚呢？」

趙信說：「早沒影了，連魚竿也被拖跑了。」

釣翁聞聲趕來，見狀禁不住嬉笑，對紫衣女孩做個鬼臉說：「魚——釣——人，坍臺。」

「沒事吧？」嚴子陵邊說邊欲脫下外衣。

紫裙女孩這才反應過來，剛才是被這位小哥抱上岸的。她有點害羞，阻止道：「不用，備著呢。」她轉身鑽進茱萸林，去尋僻靜處換裝。

「呵呵，你說這魚有多大啊？什麼魚呢？是鮒魚吧，對，一定是鮒魚，否則怎能把我家毛妮釣了去。」釣翁自言自語。

嚴子陵發覺釣翁面熟，注目一看，原來就是昨日在廣陵精舍掃院落的那位老者。他驚喜地說：「老伯，是您啊！」

釣翁也認出了嚴子陵和趙信：「噢，兩個老熟人。」

「怎麼讓它跑了呢？」紫裙女孩換好裝，從茱萸林裡出來，還在惦念起釣的那一幕。

「女孩，釣大魚呀，得遛。」嚴子陵說。

「釣魚門道你也懂？」紫裙女孩語氣不屑。

嚴子陵自炫說：「我從小就跟祖父在舜水邊釣魚，邑人稱我是釣神。」

紫裙女孩暗地譏諷：「釣神？這小哥，真是年輕自狂！」

釣翁說：「好啦，回城嘍！」釣翁一發話，紫裙女孩趕緊收釣具，嚴子陵和趙信幫忙拎魚簍、背馬凳。

魚簍裡，十數條魚「啪啪」歡跳。

六

一路上，和著魚簍裡的魚跳聲，四人聊得歡暢。他們聊釣魚的氣候、餌料和遛功，聊江水四鮮——銀魚、鮠魚、刀魚和鰣魚，還聊舜水鯔魚、鳳鱭、梅魚和麥穗魚。

回到內城，臨分別了，趁著氣氛好，嚴子陵對釣翁說：「老伯住在精舍，想必認識陳參先生，萬望您老陳情疏通，請陳參先生破例，收我倆做他弟子。我倆慕他大名至廣陵，卻不能成為他的弟子，豈不遺憾。」

釣翁還未回話，一旁的紫裙女孩抿嘴一笑，丟一個狡黠的眼神，對嚴子陵說：「這事包在我身上，明天一早就請兩位小哥來精舍拜師吧。」

「明天？妳能說定？」

「不信？」紫裙女孩忽閃著雙眼反詰。

嚴子陵和趙信一愣，若有所悟，茫然轉頭問釣翁：「莫非老伯就是陳老先生？」

紫裙女孩咯咯大笑，說：「兩位小哥睜大眼瞧瞧，這個釣魚老頭是泰山還是句餘山啊？」

嚴子陵和趙信恍然大悟，趕緊下跪行禮，齊聲說：「謝先生收我倆為弟子。我倆有眼不識泰山，望先生海涵。」

陳參嘿嘿笑道：「哪門弟子，請釣神明天來精舍教老朽釣鯔魚吧。」

不等嚴子陵和趙信起身，陳參對紫裙女孩說：「走嘍，毛妮。」說完，逕自朝精舍方向走去。

第五章　一寸狂心未說

一

哀章始終想不明白，嚴子陵走了什麼門路，讓陳參收他做了弟子。

果如哀章所料，嚴子陵入讀精舍不久，就憑獻策保大堤和論貓氣文學的名氣，再加他的天賦和刻苦，人望節節攀升。

哀章將嚴子陵視作對手。為保高足位置，他絞盡腦汁，不斷出招詆毀嚴子陵。

哀章在私下散布議論，說：「嚴子陵的神童之譽徒有虛名。獻策保大堤是他祖父所謀，他的祖父授意他傳話給縣令，以將功勞記到孫兒頭上。辯難氣文學則是經師的伎倆，他的經師為標榜自己授徒有方，先替弟子做好文章，嚴子陵僅表演了背功而已。」

這些傳聞議論，精舍同學雖不全信，但是多少混淆了是非，讓人真假莫辨。

嚴子陵愛吃三丁包，常和趙信出去吃宵夜。哀章趁機造謠說：「莫看嚴子陵年紀輕輕，竟在外尋花問柳。」

一些不明情由的同學聽聞後，開始疏遠嚴子陵。

這事也傳到陳參和毛妮的耳朵裡。

陳參閱歷深，自然不屑聞更不想問這等無聊事。

毛妮心裡急，找個理由約見嚴子陵，名為通風報信，實則想探知事情的真相。

在毛妮面前，嚴子陵表現豁達，他對那種閒人炮製的謊言，一副渾然不覺的樣子。毛妮踏實下來。

嚴子陵越是渾然不覺，哀章心裡越是發毛。

二

後來發生的一件事，迫使哀章將嚴子陵從對手視為敵手。

一日，陳參坐堂講經，隨機發起一場辯難，指定哀章和嚴子陵對辯。陳參的詰題是：「石渠閣議奏，為何將《小戴禮記》與五經之《儀禮》相提並論，而不是《大戴禮記》？」

其時，《周禮》尚未現世，《儀禮》是必讀經典。石渠閣議奏前，戴德和戴聖叔姪的《大戴禮記》和《小戴禮記》，都是普通的參讀書目。石渠閣議奏後，宣帝欽定《小戴禮記》為太學經典，置於《儀禮》同等地位。

陳參這個詰難，涉及當朝禮學泰斗戴聖，只能私下議論，一般不會搬上公眾場合論辯。這回，陳參竟將私題要哀章和嚴子陵論辯，有無玄機，無人能懂。

多數學生猜議，這是陳參想透過這次辯難，撤哀換嚴。

哀章也是這麼想的。

哀章論道：「石渠閣議奏，定《小戴禮記》與《儀禮》並列為經典，致天下儒士議論紛紛，主因在戴德與戴聖的官階高低。大戴與小戴叔姪，論輩分，叔父壓著姪子；論官職，姪子壓著叔父。古諺云，官大一級壓死人。因而，小戴先將大戴排斥在石渠閣議奏之外，然後小戴利用石渠閣議奏之便，在宣帝面前大肆美言《小戴禮記》，贏取宣帝對《小戴禮記》的偏愛。」

哀章的觀點分明就是戴聖徇私論。這個觀點，也是時下一些儒士非議戴聖的普遍說辭。可見，自古文人都相輕。不過，哀章在論辯中，表面聽來像是戴聖「徇私論」，實則是在宣揚「官本位論」，這恰好符合哀章一貫的思考邏輯和行為準則——入仕做官，做大官，才能處處壓人一頭。

嚴子陵對這個論題興致不濃，他心裡嘀咕：「先生為何出此私題。」但是，先生既已命題，他不得不論。

嚴子陵論道：「石渠閣對大戴小戴《禮記》的議奏，取向於時勢所需。《大戴禮記》重禮俗，記現象，述流程；《小戴禮記》重禮制，記禮法，述規矩。兩者相較，《小戴禮記》更符合朝廷治國安邦所需。這正是《大戴禮記》與《小戴禮記》的高下之別。後聖荀子論及禮的本質，認為其要核就在禮中有法，法中有禮。政治上禮法並重，學說上禮尊法卑。荀子之說足以明判誰能入列經典之學。因此，無論徇私論，或是官本位論，均屬無稽之談。」

嚴子陵的論辯博得滿堂喝采聲。高下立然明瞭。哀章自覺已無續辯必要，辯難戛然而止。

哀章失了高足面子，內心懊惱。事後，他左思右想，決定冒險對嚴子陵使暗招。

哀章有個鄉黨，同在廣陵精舍學習，常在外鬼混，結交了一批不三不四的朋友。他打算用金錢唆使鄉黨糾合混混朋友，趁嚴子陵外出之際，找個僻靜處破了嚴子陵的相。古代，官員的相貌至關緊要，哀章的目的就是要嚴子陵空懷滿腹經綸，永無出頭之日。

那晚，嚴子陵和趙信外出吃宵夜，途經一座小橋頭，被一幫混混團團圍住。自入精舍讀書，嚴子陵平常從不佩劍，但是他功夫了得，隨地取個物件即可當劍使。這時，他見混混們揮舞著帶刺的棍棒，朝他劈頭蓋臉打來，便縱身一躍，折一根河邊的樹枝，揮枝成劍，把七八個混混打了個腰折腿殘。

哀章唆使鄉黨買通衙門官吏，惡人先告狀。

出乎哀章意料的是，衙門的差役收錢不辦事，居然據實查辦了他的鄉黨混混。更讓他鬱悶的是，這事還被藝人編成弦詞，在廣陵城傳唱開來，弦詞裡的嚴子陵，成了風流倜儻的一根樹枝刺翻一群混混的游俠。

嚴子陵文武兼備，哀章只好自認晦氣。哀章擔心日子久了，毀容之事難免漏底，心裡盤算著早日離開廣陵精舍。

正巧幾天後，哀章獲得消息，陳參的學生王莽已在朝中任黃門郎。黃門郎官職不高，但是位置重要，為皇帝近侍之臣。王莽是當朝皇太后王政君的姪子，身分特殊，說話辦事自然更有分量。王莽來信要陳參為他舉薦人才，以備候用。

哀章趁機請求先生推薦自己。

陳參修書一封，為王莽推薦了他的三個得意門生，哀章就在其中。

哀章野心勃勃，準備奔赴京師闖一片錦繡前程。臨行前，他虛情假意地向嚴子陵作了一番深情告別。

三

哀章離開後，陳參擢用嚴子陵為高足。在做陳參高足的這段時期，嚴子陵的學問長進顯著。一則，他是陳參的高足，要為同學輔導，自己必先用功一番；二來，整理先生書房是高足的日課，他由此讀到許多陳參的禮學札記。

有嚴子陵這個高足助教，陳參就把正經八百的經書交給嚴子陵講，自己隔三岔五授一次課。課堂上，他隨性講些禮學方面的逸聞趣事，初聽似乎是胡扯海吹，細微斟酌卻覺內涵深廣。他的這種講學方法及所講內容，引起嚴子陵對禮學探究深問的濃烈興致。

陳參好動，閒時喜歡掃掃院子、弄弄花草，假日鐵定去茱萸灣釣魚。陳參去釣魚，屁股後準跟著外孫女毛妮和高足嚴子陵。

嚴子陵把陳參的釣魚日，變成自己求教問學的好日子。

陳參釣魚時，兩隻小眼睛時不時滴溜一眼水面上的浮子，神態專注又悠然。毛妮蹲在一旁幫他盯浮子。嚴子陵蹲在另一旁，有心裝無心地問些禮學問題。不過，此時的先生多半是毛妮。

毛妮愛說笑還愛讀書，雖為女流，卻博古通今。嚴子陵提的禮學問題，毛妮總愛搶答一二。當然，毛妮只是陳參的二傳而已，二傳答不上來時，只能待陳參講。

要聽陳參講題，須待陳參釣上大魚，有個好心情。這種時候不多，然總能遇上。

一天，陳參落釣不久，就釣上一條四五斤重的鮒魚。嚴子陵趁著先生開心，便問陳參：「當世《禮經》究竟含有多少《周禮》原旨？我輩所讀《儀禮》，是否只是高堂生的課堂講義？」

嚴子陵的這個問題，涉及禮學的原教問題。這是一個同樣考問了陳參一輩子的問題。

陳參把釣竿交給毛妮，他捋一把鬍鬚，仰首向天，困惑的臉上，兩隻小眼睛眨巴著，似兩個問號，向天求答案。

其實，此刻的陳參正穿越在歷史的時空裡。

歷夏商周三代，積兩千年之功，周公旦集大成，編《周禮》，所以後人稱《周禮》為「三代舊制」，贊周公旦編《周禮》為「周公制禮」。

《周禮》總成周朝的典章、制度、儀節和習俗，意義非同尋常。在周代，區分一地是「諸夏」還是「夷狄」，關鍵就看用不用《周禮》。

進入春秋，禮崩樂壞。孔子畢其一生，奔呼「克己復禮」。此時的《周禮》只存一些殘冊。後來，秦始皇的一把大火，吞噬了《周禮》的殘冊

幸而有一個叫高堂生的魯地人，能憶誦一些經文且有研究。秦滅漢興後，高堂生成為第一個傳授禮學的人，現存《儀禮》十七篇，均出自他的傳授。

而後，高堂生授蕭奮，蕭奮授孟卿，孟卿授后蒼，后蒼再授戴德、戴聖、慶普。《儀禮》與其他儒家經典一樣，師承有序，注重家法，有著明晰完備的傳承譜系，被朝野尊為禮學大宗。

戴德、戴聖和慶普三人，各為《儀禮》作記，撰成《大戴禮記》、《小戴禮記》和《慶氏禮記》，禮學有了大戴之學、小戴之學和慶氏之學。

幽思了許久，陳參對嚴子陵說：「嚴謹而言，《儀禮》為高堂生所傳，必然有《周禮》原旨，當然也會摻雜高堂生的授課心得。」

「先生認為，《儀禮》留有多少《周禮》的原旨，又有多少高堂生的心得？」

「《周禮》已亡佚，沒有比較，以何為鑑？」

嚴子陵追問：「《周禮》還有可能遺存於世嗎？或者在某個地方還留著它的印痕？」

陳參說：「鎬京是《周禮》的誕生地，雒邑是周平王立志復辟周禮的都城，或許那裡還會留著《周禮》的印記。還有東海蘭陵，據傳荀子曾在蘭陵實驗過『周單』(戰國末期的公社組織)。在『周單』裡，人們按照周禮的規制生活。」

「《周禮》、『周單』……」

「哎哎，咬鉤了，咬鉤了！」毛妮興奮地喊。陳參一看，釣竿繃得緊、彎得圓，拍著大腿說：「又來一條大的！」

四

隔一假日，嚴子陵起早備齊釣具，候著陳參外出釣魚。毛妮過來傳話，說今天先生要出門訪客，不去釣魚了，請嚴子陵陪同前往。

嚴子陵覺著新奇，他只見過先生接待訪客，從沒見過先生出門訪客。他來到客廳，看到陳參穿一身新衣，料想先生要去拜訪的客人應該十分重要。

嚴子陵跟陳參坐馬車，七彎八拐來到一座宅院前，院門匾額上書「何府」兩字。他憶起這是揚州刺史何武的私邸。

何武聽見馬車聲響，匆匆出來迎客。何武清瘦英朗，約在而立年齡，文質彬彬又威武凜凜。

賓主互相施禮後，進得客廳落座。

何武笑問：「先生昨日差人傳話，說要送匹好馬過來，學生甚為疑惑，先生平日最愛釣魚，怎麼不來送魚，卻來送馬？你的馬呢？」

陳參呵呵一笑說：「在此。」說完，抬手指了指一旁的嚴子陵。

嚴子陵心頭咯噔一下。

只聽陳參接著說：「記得剛到廣陵時，刺史曾蒞臨寒舍，囑我留意千里馬，今日我將相中的這一匹，帶來請您檢驗是否為千里馬。」

陳參示意嚴子陵上前一步，介紹道：「嚴光，字子陵，會稽餘姚人。」

「嚴光？」何武不由自主站起身來，說：「獻策保大堤、辯難氣文學，哈哈，這個大名鼎鼎的嚴光，近在眼前啊。街上傳聞你劍術高超，一根樹枝把一幫混混打得哭爹喊娘。」

嚴子陵連說：「慚愧，慚愧。」

何武吩咐下人取劍，並說：「有請子陵露一手，讓我見識見識你的劍術。」

下人隨即從內室取來一柄長劍遞予嚴子陵。

嚴子陵二話不說，來到院子裡，拔劍起舞，「颼——颼——颼——」，象鼻甩水、臥虎上崗、老鷹撲食，一招接一招，最後一個凌空反刺後旋身落地。

嚴子陵抱拳行個劍禮，說：「請刺史指教。」

此時，何武眉頭緊鎖，滿臉疑惑地問：「你認識陳遵孟公？」

「是我師父。」

「白狐劍娘呢？」

「是我師父。」

「難怪啊難怪。」何武的眉頭舒展開來。

回到屋內，何武向嚴子陵探問陳遵和白狐劍娘的往事，言談間流露出他跟陳遵和白狐劍娘曾為好友。有此因緣，何武對嚴子陵更生好感。

何武對陳參說：「謝過先生，這匹好馬，我收了。」

嚴子陵這才徹悟，原來陳參帶他拜訪何武，是向何武薦他入仕為官。

入仕為官是嚴子陵的初心願景，是嚴家人對他的殷切期待，可是眼下的他，心思全拴縛在《周禮》上，竟丟了做官念想。面對如此求之不得的機會，他猶豫了、犯難了。近來，他獲悉當朝禮學泰斗戴聖，就在九江郡任太守，他很想去九江，向戴聖求解《周禮》之惑，只是他還未考慮妥如何向陳參說明此事。

何武心生疑惑。按常理，此等好運降臨，嚴子陵該立刻磕頭道謝才是。讓他意外的是，嚴子陵面呈難色，遲遲未予回應。

何武問：「子陵是否另有考慮？」

嚴子陵直言不諱道：「我還想繼續習經研禮，奠實學問根基，暫無入仕之意。」然後，他把自己心裡的打算和盤托出。

陳參甚為驚訝甚至生氣，怒道：「子陵能跟刺史，前程無量，過了這個村，就沒這個店。」

陳參不無妒忌地說：「《周禮》之事，戴聖未必能夠道出多少門道。」

何武倒很欣賞嚴子陵的好學勁，他爽快地說：「子陵還想做學問，我等應當支持。九江太守戴聖屬我揚州刺史管轄，我可薦你去九江郡任職。你在九江郡一邊任職歷練，一邊討教學問，也算兩全其美。」

何武轉而問陳參：「先生認為如何？」

既然何武表明了態度，陳參也就頷首贊同。

何武揮毫撰就薦書一封交予嚴子陵。嚴子陵清楚，太守品秩雖在刺史之上，但是受刺史監察，這事應該足夠穩妥。他接過薦書，內心暗喜，此去九江，一面入仕做官，一面拜師問學，此等美事，可謂千載難逢。

五

得悉嚴子陵將赴九江任事，趙信提出要與他同行，履陪伴照顧之責。

嚴子陵覺得趙信學識才幹俱佳，且年長於己，正值入仕年齡，不能因己之私而耽誤趙信前程。只是，一時難覓機會。

恰時，陳參又接王莽來信。王莽函告陳參，他已遷射聲校尉，仍兼黃門郎職。射聲校尉係皇帝近衛，領親兵七百，配有丞及司馬等屬官，秩比二千石，地位重要。王莽信任先生，故而希望陳參為他多薦有用人才。陳參洞徹王莽胸懷大志，已在致力培植親信。

嚴子陵向陳參力薦趙信。不日，陳參回話給王莽，這次他又推舉了三位學生，趙信排第一。

幾天後，嚴子陵和趙信等同學，坐船經邗溝溯淮水西行。

隨行的還有毛妮。

毛妮是回九江老家。她的父親在九江郡府任職。

有毛妮同行，船上青春蕩漾，氣氛活躍。不過，毛妮的興趣全在嚴子陵身上，一路上只黏著嚴子陵說話。

船抵九江碼頭，已是幾天後的近午。毛妮一下船，就被家人接走了。嚴子陵和趙信等同學，就近找家酒肆聚宴。

席間，大家羨言嚴子陵有貴人相助，頻頻舉杯，祝他步步高昇。

嚴子陵酒酣放言：「再過二十年，我等再相會，都是三公九卿。來，乾杯！」

席後，嚴子陵獨與趙信互道珍重。趙信告訴嚴子陵，他已決定到京師後，就將自己的姓復歸汜氏。從今往後，他的大名便是汜信汜勝之了。

第六章　神祕的地方

一

戴聖粗略閱過何武的推薦信，有些不以為意。

戴聖冷冰冰地問嚴子陵：「既然刺史如此器重你，為何不把你留在身邊，卻要薦你來九江任事？」

嚴子陵說：「這是在下的請求，渴望拜您為師，研習禮學。」

戴聖不再問，直接安排嚴子陵去做郡文學的「門下書佐」。門下書佐就是辦事員，按《漢舊儀》規定，還要「皆試守，滿歲為真」，試用一年。這與何武推薦嚴子陵任書掾一職，差了一大截。書掾是當年瞎子伯伯任過的職務。

原來，戴聖與何武並不和睦，根在戴聖。戴聖身為禮學泰斗，不拘小節，常做一些踰越禮法之事。歷任刺史礙於他的聲望，又加朝廷庇護，大多睜隻眼閉隻眼，任其作為。

何武上任後，對戴聖的劣跡據實查證，奏請朝廷彈劾他。結果，朝廷並沒有免他的職。由此，他更不把何武當回事，還對何武心懷恨意。

戴聖打發完嚴子陵，就把一切束之高閣。之後，嚴子陵幾次求見，他都以政事繁忙為由推卻了。半年多光景過去，嚴子陵在九江，根本得不到他一丁半點的禮學教導，就連想再見一面的機會也沒有。

九江郡文學梅福（字子真），發現新來的這個門下書佐天資高、善辦事，因此他對嚴子陵倍加愛護。梅福對《書》和《春秋》造詣深，還崇老莊學說，居當代儒學名士之列。嚴子陵無心插柳，跟著梅福，受到了許多前沿經學思想的薰陶。

但是，嚴子陵總是心念《周禮》，盼望問學戴聖。

二

使戴聖與嚴子陵的關係發生轉圜的是一件綁票案。

一天上午，嚴子陵按時到郡府當值。同僚告訴他：「梅文學家出事了。昨日，梅家阿囡約朋友去八公山遊玩，被一夥盜匪綁票。官府得報後趕往八公山，綁匪已無影蹤，現場只查勘到一塊龍虎玉帶鉤，疑是綁匪弄丟的隨身物件。」

嚴子陵聽罷，沉凝片刻，拔腿去找賊曹掾。

賊曹掾正在分析案情，書案上放著那塊現場查獲的龍虎玉帶鉤。

嚴子陵推門進去，向賊曹掾做了自我介紹，正欲稟告案情，賊曹掾已揮手說：「出去！」

賊曹掾哪看得上門下書佐這等雜務人員。幾個手下把嚴子陵逐出門外，「咣噹」關了門。

嚴子陵猛一腳踹開門，指著賊曹掾吼道：「你別後悔，你趕走的不是一個門下書佐，而是你自己破案晉級的官宦鴻運。」

嚴子陵敢這樣對待賊曹掾，除了年輕氣盛，更因他握有與案件相關的線索。

原來，就在昨天傍晚，嚴子陵辦完差，獨自到聞名九江的修水哨子館，喝酒品哨子。他自斟自酌，酒過半巡，忽聽隔壁包廂傳出一陣騷動。

有人說：「公子，今天牽了一頭金牛（黑話，意為很有錢的人質）。」說話人嗓音甕聲甕氣，大概酒已上頭。

被稱作公子的人說：「綁票？豈能做這等糗事。」公子的聲音低沉，像是在刻意壓低嗓門說話。

「哪裡人？」公子問。

「本地，梅家阿囡。」

「啪！」公子拍了案几。「還是梅家阿囡，你作死啊！人在哪裡？」

「押在廬江縣城內的袁宅。」

「趕緊放了人，送回九江。」

「口哨（黑話，意為傳信開價）剛吹出去，檢視一下動靜再作主張如何？梅家乃九江富豪，定會拋金贖牛，屆時當敬公子大份。」

「胡來！」

「公子息怒，我也是被兄弟們所裹挾。」

因事情蹊蹺，嚴子陵屏聲靜氣，踮著腳尖靠近板牆。包廂間就隔一道板牆，他從板牆縫隙裡一瞅，隔壁包廂裡的人看得一清二楚：一個是太守的公子戴磊；另一個是戴磊的門客，長著鷹鉤鼻，嚴子陵見過他，只是不知名姓。

戴磊鐵著臉問：「我的那塊龍虎玉帶鉤呢？」

門客攤攤手說：「昨日不慎弄丟了。」

「你害我！害死我了！」戴磊將酒杯狠狠放在砧板上，氣呼呼離席而去。

昨天傍晚這一幕，嚴子陵記憶深刻，只是當時他並有沒放在心上，因為案子自有賊曹掾查辦；至於梅家阿囡，九江城裡梅氏屬大姓，他壓根沒聯想到梅文學家裡去。現在回想起來，案件眉目清晰。他判定這起綁票案，準是戴磊的門客勾結綁匪所為。綁匪已將梅家阿囡擄掠到廬江，扣押在縣城內一處叫袁宅的地方。他果斷動身，單騎前往廬江。

嚴子陵快馬加鞭，申時就趕到了廬江城。他尋到袁宅後，持劍悄無聲息地翻牆潛入。他仔細搜查，在確認綁匪扣押人質的房間後，疾步飛縱，破窗而入。

四五個綁匪見來者勇武，奪門逃竄。嚴子陵一個掃堂腿，撂倒一個綁匪並將其活擒，轉身來救梅家阿囡。

在為梅家阿囡解開繩索的那一刻，嚴子陵發現他救的人竟是毛妮。

「毛妮，你就是梅文學的阿囡？」

毛妮吃力地點點頭，暈了過去。

毛妮，大名梅李陀。梅李陀的奶奶家在邳州，邳州人稱女孩為毛妮，因此陳參喚梅李陀為毛妮，實是爺爺對外孫女的暱稱。在廣陵時，嚴子陵以及精舍同學都不知就裡，以為紫裙女孩姓毛名妮。

嚴子陵背起毛妮，押著綁匪來到盧江縣衙報案。盧江縣令即刻派人，連夜到九江逮捕了戴聖的公子戴磊和他的門客。

事涉九江太守的公子，盧江縣令將案件移交揚州刺史辦理。

案子落到何武手上，戴聖內心淒涼。他認定這次何武必會藉機整他，不僅兒子性命堪憂，自己恐也將因此落難。他做好了最壞打算。

事出戴聖意外。幾天後，戴磊被釋放回家了。

戴聖了解了事情經過，原來這是嚴子陵從中斡旋的結果。因為嚴子陵很清楚，這起綁票案是戴磊的門客所為，戴磊並未參與。他特地趕去刺史署衙，向何武陳明案情，為戴磊作證擔保。

何武向來辦事公正，又為人大氣，經核查鑿實後，便放了戴磊。

戴聖對嚴子陵心存感激，從此也對何武心懷敬意。

三

事過數日，戴聖擬設家宴答謝嚴子陵。嚴子陵回話說：「家宴不敢受，只祈望當面向明府求教三個禮學問題。」

戴聖欣然應承，邀嚴子陵到瓦水茶樓問答。

瓦水茶樓在九江城西北淮水拐彎處，是一座獨門獨院的一宇二內日形小樓，清靜雅致。戴聖選一靠窗茶几，與嚴子陵相對而席。店家送上一壺壽春苦丁，為兩位賓客各倒滿一杯。

想必求學心切，還未品茗，嚴子陵就開口向戴聖發問。他一問孔子學說宏大，禮處於何等地位；二問後聖荀子，為何對禮尤言卓殊。

戴聖一一答述。

「明府認為史上有過『周單』嗎？」嚴子陵的第三問，是藏在他心裡最久又最想求得答案的問題。

戴聖說：「孔子研習禮，呼籲恢復周禮。荀子研習禮，重視實踐周禮。『周單』就是荀子實踐周禮的理想國。荀子的學生，譬如李斯與蒙恬，都有名有權。荀子想實踐『周單』，求過他們，但是沒獲回應。消息傳到楚國國君的耳朵裡，楚王邀請荀子來楚國，任命他為蘭陵縣令，支持他實驗『周單』。荀子就在蘭陵建『周單』，復辟周禮。後來，楚國朝野非議『周單』會生亂，楚王聞言罷了荀子的官，『周單』由此擱淺。春申君黃歇任楚國國相後，派人請回荀子，復任命荀子為蘭陵縣令，才使荀子得以繼續實踐『周單』。再後來，春申君被人所害，荀子再遭罷官，不久便去世了，『周單』這個理想國就此壽終正寢。」

問完三個問題，嚴子陵起身施禮說：「多謝明府教誨。」

戴聖道：「你要回城？」

「是。」

「沒有再想問的？」

嚴子陵用手掌拍拍自己的腦門，很認真地說：「在下想要請教的問題有十百千個，只是事先言明今天只向明府求教三個，現在已問完三個。」

戴聖笑說：「子陵救過公子一命，老夫允你再提一個問題，權作謝意如何？」

嚴子陵笑說：「不妥，人之信，在於行，今天定不能問了。」說完，他再向戴聖施一禮，走了。

嚴子陵的言行，令戴聖震撼。戴聖認為嚴子陵說一不二，絕非等閒之輩。他為自己過去小覷嚴子陵而心生歉意。

第二天，戴聖再邀嚴子陵在瓦水茶樓問答，並允諾嚴子陵有問必答。嚴子陵高興地應約前往。

嚴子陵向戴聖請教了多個禮學問題，其中一問是：「荀子和高堂生都讀過《周禮》嗎？《周禮》還有可能存在於世嗎？」

戴聖說：「以老夫之見，荀子和高堂生必然都讀過《周禮》。荀子建『周單』，就是要將《周禮》復活。試想，一個沒有讀過《周禮》的人，如何能做復辟《周禮》之事？高堂生憶誦《周禮》，傳授《儀禮》，必然也讀過《周禮》。至於《周禮》是否還會留存於世，老夫認為樂觀，天下如此之大，讀書人如此之多，定會有《周禮》存於世間，只是如今尚未被人發現而已。」戴聖長嘆一聲，感慨道：「可惜『周單』一去不復返了！」

嚴子陵推開茶樓的窗戶，眺望著遠方，對戴聖說：「明府，我真想縱馬去蘭陵，看看這塊曾經復活過周禮的聖地，那裡一定有神話般的故事，深埋著歷史的祕密和真相。」

戴聖對眼前的這個年輕人肅然起敬。

四

自從廣陵相識，梅李陀早已中意嚴子陵。回到九江後，她得知嚴子陵做了父親的門下書佐，曾幾次偷偷去郡府看過他。現在，他又成了自己的救命恩人，她就理直氣壯地向父母提出，請嚴子陵來梅院住，讓他不再孤身漂泊。

李陀愛戀嚴子陵，但是嚴子陵毫無察覺。他每天除了去郡府當值，回院便關門讀書。李陀變著法子向他表示愛慕之情。

李陀發現嚴子陵正在讀《詩經》。她從郊外採來一束蕳，裝了盆，擺在嚴子陵臥房的書案上。

等嚴子陵散值回來，李陀迎上前去說：「記得隔天為蕳澆水。」

嚴子陵不明情由，問：「蕳，蕳乃何物？」

李陀柔媚一笑說：「《詩經》〈溱洧〉篇有吟：『溱與洧，方渙渙兮。士與女，方秉蕳兮。』你說，蕳是何物？」

嚴子陵赧然一頓，回一聲：「噢，芳草。」然後毫不在乎地走了。

此後一連幾天，嚴子陵言行如常，不見波瀾。

某天，郡府放衙，嚴子陵宅在梅院讀書。午後，院裡響起怪囔喧譁聲，吵得他不能專心讀書。他推門出來，見梅院家僕三五成簇，指點著院地青石板歡顏嬉鬧，一見嚴子陵過來，一個家僕上前招呼：「先生，您快來看。」

嚴子陵俯身傴腰，只見天井裡，平現一條螞蟻線，從自己的北宅臥室，一直到李陀住的南院閨房，數不勝數的螞蟻，呈線狀歡快地來回拱行，蔚為壯觀。

「我家女孩看到今日螞蟻的怪狀，甚感奇疑，剛才特地請來一個方士解惑，方士謂此天意預兆，千里姻緣一（蟻）線牽。」家僕說著，隨即拱手道賀：「先生的桃花運臨了。」

嚴子陵直起身，對僕人道：「這種戲法我三四歲時就會玩了，其幻就是在石板地上點一條飴糖水線。」嚴子陵語夷愉，神態平靜如水，說完回了臥室。

李陀在閨閣聽得真切，看得分明。她猜不透嚴子陵是故作矜持，還是在老家已有所愛。她心中快快，不免生出一股妒意。

隔天傍晚，李陀抱來隔壁家一隻正發情的花貓，她將花貓關進籠子，放在嚴子陵臥室窗臺下。子夜至五更，「哇——嗚啊」、「哇——嗚啊」，花貓的叫春聲時斷時續。

次日一早，母親來到女兒閨房，坐在床沿，嗔怒道：「妳父親要我傳話，嚴公子一心撲在《周禮》上，妳別招來野貓了，吵得全家上下通宵難眠。」

李陀忽地起身，幸災樂禍地說：「那他昨夜一定很慘。」

「昨夜子陵辦差出城了，沒趕回家來住。」

「啊？便宜了他。」李陀有點悻悻。

「哈呵——」她打個哈欠說：「害我自個兒也沒睡安穩。」

「妳啊。」母親心疼。「妳爺爺今天就該到了。」

「爺爺要來？」

「妳父親早在操心妳的婚姻，只是沒對妳說。」

申時，陳參到了。李陀一見爺爺，眼淚啪嗒啪嗒往下掉。陳參小眼珠一骨碌，說：「原來我家毛妮也會哭啊，會哭就有辦法，哈哈。」

李陀愕然。

陳參說：「今天子陵散值回來，妳就嚎啕，餘事我來撮合，記住，哭得傷心些。」

嚴子陵散值回來，一腳跨入梅院便與陳參撞個滿懷。嚴子陵甚感意外，趕忙行禮問安。見先生拿著一把掃把，便問：「先生這是？」

陳參說：「哭得糟心，不如掃掃院落。」話剛說完，一陣哭聲從李陀的閨閣傳來。

嚴子陵用手一指，問：「毛妮這是為何？」

陳參說：「城南張家託媒來了，要娶毛妮做他家兒媳，毛妮不從，這下子，正可勁哭鬧呢，哎，煩呵。」

嚴子陵曾經耳聞，張家乃九江名門，張公子為壽春縣丞。嚴子陵心中忽覺悵惘，好像丟了珍寶，嘴上卻說：「這門婚姻門當戶對，堪稱美滿，毛妮何故不從？」

陳參聽之，小眼瞪得滾圓，說：「毛妮何故不從，你真不懂，亦或跟我裝傻，嗯？」說著，他舉起掃把欲向嚴子陵頭上打去。

嚴子陵下意識舉手攔擋，猶豫猜問：「她想嫁我？」

「你啊，看《周禮》把你迷的，不為嫁你，她還哭什麼？」

「嗚嗚嗚嗚……嗯嗯嗯嗯……」毛妮的哭聲愈發悲傷。「嘩啦——」似有物件摔地。

嚴子陵問：「文學（指梅福）答應張家了？」

「沒呢，子真（梅福字）若應了，毛妮早該跳腳了。」

「如此好辦。」嚴子陵一擊掌，隨即便朝李陀閨閣奔去。須臾，哭聲停了。嚴子陵牽著李陀的手來到陳參面前，拱手懇切道：「敢請先生化身月老，為嚴光毛妮結成琴瑟之美。」

「呵呵呵呵……」陳參捋鬚大笑。

良緣夙締，佳偶天成，梅家上下人人稱心如意是晚，嚴子陵無心讀書，他坐在書案旁，摩挲著「青女劍」——遲昭璸贈予的「念想」，一股思念之情湧上心頭，難以釋懷。

嚴子陵與梅李陀訂了婚姻，相處甚歡。但是，縱然有愛情，也絆不住嚴子陵對荀子的理想國——「周單」的強烈嚮往。

梅李陀理解嚴子陵。她鼓動他：「有嚮往，當付諸行動。」

轉年，嚴子陵辭了門下書佐，隻身前往蘭陵縣。

五

蘭陵城始建於商代，西周時已相當有名，春秋時立鄫國，附庸於齊，後為魯國的城邑，戰國時被楚國所占，成為楚國的一個邊境城邑，秦漢時設蘭陵縣。

進入蘭陵，嚴子陵走鄉串戶開展田野調查，他遍訪三老、亭長、鄉長和里正，還有蘭陵的儒學名士。他拜謁了高柴墓、荀子墓、蕭望之墓和楚王劉郢墓。十天半月後，他終於找到了荀子理想國的實踐地——蘭陵高阜。

所謂高阜，其實只是地勢比周圍稍高些。高阜生長的蘭草特別茂盛芬芳，蘭陵緣此而名。當地百姓習慣把蘭陵與高阜並稱，叫「蘭陵高阜」。蘭陵高阜方圓幾十里，村稠、人密。

在蘭陵高阜，嚴子陵發現許多神祕怪異現象：

這裡每個村口，擺著十來塊大小不等的紋理石，專用於懲戒那些犯有輕罪之人。讓他們坐在石頭上，低頭細數紋理，思悔罪過。

這裡的家家戶戶，一入秋都要殺龜取甲，取下的龜甲掛在屋簷下，待來年開春清理乾淨後收藏起來。遇有祭祀，就用牲血塗抹龜甲，或祭祖祭神，或慶生奔喪。

這裡的每個村子都有十來個專門職司的氏人。當村裡的女子年滿二十，男子年滿三十，而尚未嫁娶時，會有「媒氏」上門，責令他們限期嫁娶。每年仲春，有暗自相好的青年男女私奔，「媒氏」會上門監察，私奔者家人不得阻礙追尋。村人有事向官府提意見，反映好事壞事，須先把意見或情況向「保人」去講，再由「保人」向官府反映，不興聚眾鬨鬧。

除媒氏、保人外，還有管捕野獸的「穴氏」、管護山林的「柞人」、管除草的「薙人」、管屋牆中蟲子的「赤犮氏」、管毒蟲的「壺涿人」等等。

長者們說：「這些都是荀子建『周單』時留下來的老規矩，幾百年了，沒有大變。」

六

在蘭陵高阜，嚴子陵發現了一個石破天驚的祕密。

某天，他到蘭陵高阜的工丘亭考察時，聽到一樁異事，說是工丘亭的㡛氏村有座孫卿廟，是荀子的宗廟。（荀子名況，字卿，時人尊稱其「荀卿」，後為避漢宣帝劉詢諱，因「荀」與「孫」古音相通，故將荀卿改稱孫卿。）

據傳，孫卿廟為荀子的學生李斯下令所建。建廟時，李斯還派專人監工，建成後又配專人看守。

孫卿廟落成之時，正是李斯諫言秦始皇下令焚書之日。

看守孫卿廟的人稱「匠人」，享受官府俸祿。奇怪的是，看守孫卿廟的匠人，沒有一個能善始終的，一個接一個地變成了瘋子，少的一兩年，至多兩三年。

秦亡後，漢官不理秦朝事，孫卿廟再也無人看守——也沒人敢去看守。孫卿廟就此破敗下來。

或許是出於對荀子的敬仰，或許是被這奇事吸引，嚴子陵考察到工丘亭時，特意寄住在孫卿廟裡，在荀子的神龕前搭個地鋪睡覺。

這一睡，睡得驚天動地。嚴子陵發現了《周禮》。

《周禮》藏在一個地窖裡。地窖修在孫卿廟荀子神龕的基座下。地窖內裡外三層。第一層（最外層）為一隻楠木箱；第二層是一隻樟木箱（套在楠木箱裡）；第三層（最裡層）是一隻金匱——銅製的用來收藏文獻的箱盒。地窖的磚石與楠木箱的間縫裡，填滿了炭屑和石灰，其他每一層間都用了藥草填結實。這些藥草中有麝香、皂角、藝香、蘭花、荷葉等，用來防蟲蛀和防潮溼。打開金匱，《周禮》帛卷疊放齊整，完好無損，沒有一點霉味。由此推想，李斯修建孫卿廟的初衷，就為保藏荀子留下的《周禮》免遭火焚，以此報答他對師恩的寸草心。

關於嚴子陵發現密窖的情節，民間有多種傳說。

一說，那天入夜，嚴子陵睡在孫卿廟，被一股濃烈的異香薰醒。他起床搜尋，發現荀子神龕基座上有條裂痕，異香正絲絲縷縷從裡冒出來。古人常有地窖藏書的習慣，嚴子陵便找來工具，挖開地窟，得了《周禮》。

另一說，那天入夜，嚴子陵睡在孫卿廟，晚上做了一個夢，夢見一個寬額、長方臉、美髯，自稱李斯的人對他說：「荀子神龕基座下有個地窖，《周禮》就祕藏於此。你把它取出來，讓它重現於世。」嚴子陵被夢驚醒，他找來工具，挖開地窟，得了《周禮》。

再一說，那天入夜，嚴子陵睡得深沉。子夜時分，他被一陣「咚扎咚扎」的敲打聲吵醒，發現一個披頭散髮的瘋子，挖倒了神龕的基座。他連忙起身喝問，瘋子聞聲丟下鋤頭跑了。他起床一看，金匱已露一角。他找來工具，挖開地窖，得了《周禮》。

不論何種傳說，結尾歸為一個：湮滅、匿蹤、佚失數百年的《周禮》，終於重現於世了！

第七章　踏翻暗中危機

一

《周禮》的再現，在重視古籍收集整理的成帝年間，被視作天人感應的祥瑞。既是祥瑞，若進獻於朝廷，必得皇帝重賞。

確實，獻《周禮》，於公有益於朝廷和天下讀書人，於私有利於獻書者及為獻書搭橋鋪路的人。

嚴子陵決定赴長安獻書。

起程這天，風瀟雨晦，梅李陀不免為嚴子陵的長安行擔憂。

父親梅福曾有意無意告訴過她：「去長安獻書要看準人、走對路，不該見的人不見，不該透的底要收緊口風。世人皆懂《周禮》是孤典，是祥書，一旦進獻朝廷，無官者可平地起官，有官者能加官晉級。莊子曰：『安危相易，禍福相生。』正因如此，擁《周禮》者未必知禍福。福至固然好，禍至則可能殺頭喪命。」

梅福這話無非是想透過女兒，婉轉提醒嚴子陵謹慎行事。這事擱在梅李陀心裡，成為她的一個心結。她本想不再提起，可是今日天公不作美，她總覺預兆不好，送行時，遂將父親的提醒和自己的憂慮告訴了嚴子陵。

嚴子陵寬慰梅李陀不必擔心，他說：「我不思量靠獻《周禮》做大官，我只願《周禮》對朝廷有益，對讀書人有用。」

嚴子陵說得平實，內心難抑起伏。他以常識預期，《周禮》的發現，必將成為一件轟動朝野的大事。他遐想未央宮的大門，已欣然為他敞開，彷彿自己已身穿朝服，繫了叮噹玉珮，手執朝笏，昂首挺胸行進在早朝官宦的班列中。

但是，歷史和人生，是兩件最不可捉摸的事。歷史的謎底是，《周禮》並沒有為嚴子陵帶來光明前程，卻把他推向了人生的危途。

二

抵達京師長安，嚴子陵住進九江郡邸。九江郡邸是專司接待九江郡赴京人士的驛館。

嚴子陵卸下行裝，稍事休息後去找趙信。分別兩年多了，他想念趙信。不，應該是氾信氾勝之了，嚴子陵心中默唸道。九江離別時，趙信已明告嚴子陵，到京師後，他要歸姓氾氏。

氾信由王莽推薦，在太常寺門下任太祝丞，協理太祝令掌祝神事。太常居九卿之首，氾信在太常寺，能窺知朝廷動靜。

兩人相見，自是高興。汜信在太常署找個僻靜處，和嚴子陵歡敘舊事新聞。嚴子陵趁機向汜信探問戴聖情況。

綁票案後，戴聖自省儘管何武放了戴磊，亦沒問責於他，但是自己難辭其咎。他反思過往的屢次逾禮犯規，主動向朝廷遞交辭呈，回京做了太學博士。

汜信告訴嚴子陵，戴聖上月在太學講學時突發薄厥，現在家養疾。

嚴子陵聽聞戴聖患疾，急問汜信：「戴聖能否起床？視覺、聽覺和言語是否正常？」

汜信好生奇怪：在九江郡府，戴聖對嚴子陵並不器重，緣何嚴子陵對他這般牽掛？

面對汜信的疑惑，嚴子陵把執言綁票案、瓦水茶樓問答和發現《周禮》等事，一一相告。

汜信一聽發現《周禮》，一拳擂在嚴子陵胸膛，興奮地說：「真是心有所向，終有所得，如此珍稀寶卷，居然握在子陵手中。哈哈，子陵要發達了。子陵發達了，別忘拉扯兄弟一把。」

嚴子陵湊趣道：「借你吉言，若事圓滿，我定謀個肥缺與你。」

當晚，汜信召來廣陵精舍時的同學，選一酒肆歡聚。席間，大家暢敘別後情狀。嚴子陵自成眾人話題。有的說：「想不到在長安，也常聞嚴光高名，撐足我等同學臉面。」有的問：「子陵在九江是否已與毛妮兩情相悅了？」

唯獨一人少言寡語，那是哀章。哀章從廣陵到長安，與另兩位同學一起，懷揣先生的推薦信去拜見王莽。王莽對陳參推薦的弟子格外重視，專門抽出時間接見他們。王莽把哀章安排到天祿閣，在劉歆手下做讎校，將另兩位同學留在身邊辦事。哀章對此妒忌不滿。

哀章誤會了王莽好意。哀章乃陳參高足，王莽當然看重。正因看重，才會做此安排。當今皇上親自提議校勘古籍，能進天祿閣校書，一旦有所作為，必獲皇上聖寵。哀章怎能想到這些。他認為天祿閣是埋頭做學問之地，他怕學問做久了，仕途升遷的天地反而窄了。

哀章城府深，今日遇到嚴子陵，心裡一直嘀咕：「嚴子陵因何從九江奔長安來？」

氾信出去小解，哀章順勢跟出去。他挨著氾信，一邊小解，一邊裝作不經意地說：「勝之，我看子陵是在九江混不下去了，才跑來京師吧。」

氾信說：「哪是混不下去，是要發達了。」

發達：「因何發達？」哀章壓低聲音問。

「子陵得了一件祥瑞異寶，是向朝廷獻寶來了，皇上得了異寶，一高興，子陵不就發達了？」

「噢，是何異寶？」

一陣涼風吹來，氾信一個冷顫，意識到自己說漏了嘴，忙避開了話題。

「異寶？會是何等異寶？」哀章犯起心事。

三

第二天辰時，嚴子陵提著《周禮》金匱，去戴府拜訪戴聖。聽報嚴子陵來訪，戴聖硬是起床，在家僕攙護下，顫顫巍巍步到客堂。年餘未見，戴聖竟蒼老至這般狀態，令嚴子陵唏嘘不已。

嚴子陵向戴聖行禮後，雙手呈上《周禮》首篇《天官塚宰》。

戴聖展閱《周禮》冊卷，神情激奮，他放聲吟誦起來：「唯王建國，辨方正位，體國經野。設官分職，以為民極。乃立天官塚宰，使帥其屬，而掌邦治，以佐王均邦國。」

「《周禮》真乃禮學正源，今日現世，子陵有功於天下也！」戴聖拍案叫好。突然，他頭一歪，癱倒在地。家人手忙腳亂地把他抬進內室。

疾醫很快請到，診斷說：「戴公大厥去世了。」

戴聖突發大厥離世，使嚴子陵既哀傷，又遺憾。

公子戴磊聞訊趕回家中，厲聲斥責家僕沒有盡好看護責任。嚴子陵忙向戴磊陳明事情緣由，為家僕闢責，並向戴磊表示悲痛和歉意。

由於嚴子陵曾有恩於自己，戴磊對嚴子陵心有遷怒，但是言語克制。他淡淡地說：「你請回吧。」

「請公子讓我留在府上，為明府守孝吧。」嚴子陵真誠請求。

嚴子陵的真情反惹戴磊不快，他冷冷地說：「家父大厥，因你而起，你離得遠一點，便是大孝。」

嚴子陵自知在戴府已屬多餘，便提起金匱告辭。

嚴子陵離開戴府不久，哀章來了。

哀章到時，戴府上下正在忙亂籌喪。他在忙亂的人群中，找到他的梓潼鄉黨——當年在廣陵欲將嚴子陵毀容的那位同學。如今，這位同學已混成戴磊的江湖兄弟，正式身分為戴聖助理。

在戴府的一個偏僻角落，梓潼鄉黨告訴哀章，今早他有事出門，回來後戴聖已死。死因起於戴聖見了一位九江來的客人，這位九江客人正是嚴子陵。戴聖見到嚴子陵後格外興奮，高呼《周禮》，又放聲誦讀經文，還說子陵有功於天下。

「《周禮》？有功於天下？」哀章口裡唸叨，忽而記起昨晚氾信衝口而出嚴子陵得「異寶」一事。他將兩者連繫起來，心中若有所悟。

「肯定是它！」他自語一句，合掌相擊。他掃視一遍四周，問：「嚴子陵現在何處？」

「走了，據說是被公子趕走的。我回府時，趕巧在大院門口與嚴子陵打一照面。他手提金匱，步履沉沉，心事重重，也沒注意到我。我問過家僕，家僕說九江客人提著金匱來訪，裡面藏的全是書卷。」梓潼鄉黨說。

「異寶——《周禮》——金匱——書卷。」哀章將細節穿成鏈，完善了自己的推斷。他對梓潼鄉黨說：「你去忙吧，有事我再找你。」說完，匆匆離開戴府。

四

戴聖之死，使嚴子陵痛失一位良師，也亂了他的獻書計畫。一連幾天，他躺在床上，心情沮喪。

幾天後，申末，汜信來了。汜信是應哀章相托，請嚴子陵去參加同學聚宴。據哀章說，昨日他看到東市新開一家三丁包子鋪，今晚特邀諸位同學前去嘗鮮。

哀章約定酉正開席。九江郡邸離東市有四五里地，汜信拽上嚴子陵提前出了門。他們邊觀街景，邊聊京師逸事，到達包子鋪時，太陽恰好落山。

做東的哀章十分熱情，一一為同學斟酒。

哀章剛提議大家舉杯，嚴子陵猛覺一陣心悸，一個不祥之兆忽襲心頭：「九江郡邸出事了。」

嚴子陵當即起身，顧不得說明原委，心急火燎奔出門去。

九江郡邸真出事了。

傍晚時分，郡邸的廚師準備做晚飯。廚師到院子裡的井邊打水洗菜，發現井裡有隻死貓浮在水面。他將死貓撩出井口，見貓屍已鼓脹，想這井水定不能用。院子裡的水缸也不知何時裂開了，滿缸的水漏乾見了底。廚師沒辦法，只得擔起水桶出門去挑水。

廚師出門不遠，一隻水桶箍耷拉下來，他低頭檢視，發現另一隻水桶的箍也鬆了，大約是長久不用之故。他只得返回郡邸，想著要把水桶箍扎實。

廚師推門入院，忽見一個灰衣蒙臉壯漢，手提一個大包裹，賊溜溜地從裡屋走出來。

「有賊！」廚師大驚，本能地撂了水桶，一邊手握扁擔擋住門，一邊大喊捉賊。

賊漢朝廚師撲來，一把將廚師推開，欲奪門而逃。廚師拉住賊漢衣角，繼續高喊捉賊。

街上由遠及近，傳來得得的馬蹄聲。賊漢急了，撩起一把刀直向廚師胸部刺去。幸虧廚師機靈鬆手，就勢滾地躲過一刀。賊漢趁機竄出院門。

奔跑趕來的嚴子陵距賊漢五六百步，他見賊漢手拽包裹，心裡連喊：「壞了。」因為，包裹裡正是藏《周禮》的金匱。

這時，一隊官兵從街巷頭循聲而來。騎馬的官吏一見賊漢身影，大喝：「盜賊休跑！」便揚鞭疾追。賊漢見勢不妙，丟棄包裹，拚命逃遁遠去。

官吏下馬撿了包裹，一掂，手感沉甸，他把包裹交給了氣喘吁吁的嚴子陵。

嚴子陵打開包裹，看到金匱完好，舒了一口氣。他向官吏施禮道謝，卻發現站在他面前的這位官吏，竟是劍師陳遵。

嚴子陵狂喜驚呼：「師父，我是餘姚嚴光嚴子陵。」

五

當晚，在陳遵的力邀下，嚴子陵住進師父家。師母烹了下酒菜，做了麵食，端上餐几。師徒對酌暢飲起來。

傳杯弄盞後，陳遵逗趣道：「你來長安上太學，何必弄個金匱包藏書冊，勾賊人起眼。」

知道師父誤會了，嚴子陵向陳遵一五一十講述了事情原委。

如此看來，必是走漏了風聲。陳遵聽後立下判斷：「說這賊人不是偷雞摸狗之輩，而是學術大盜。大盜要將寶卷竊為己有，冒發現《周禮》之功，從而邀功謀取高位。」

陳遵幽默道：「幸好請你住進我家，我看哪個盜賊，敢來京兆史家作奸犯科。」

陳遵的判斷分析使嚴子陵詫異，他回顧自己入京後的行止，一時難解《周禮》因何走漏風聲。茫然中想起行前梅福的忠告，他意識到若要將《周禮》獻到皇上手上，不被歹人作梗漁利，中人至為關鍵。他屈指算來，戴聖已故，同學官微，舉目長安，眼下除卻陳遵，再無他人可託。少頃，他舉杯懇切道：「今日巧遇師父，實是天意，嚴光拜託師父上疏朝廷，進獻《周禮》。」

不妥，陳遵說：「當今皇上愛重古籍，《周禮》乃稀世珍寶，上策當透過名儒學士或有一定地位的朝臣奏疏，方穩妥。我身價低，恐勉為其難。」陳遵思考片刻，有了主意。

他提議道：「子陵不妨透過王莽將《周禮》獻予朝廷，王莽為皇帝近臣，他禮賢下士，尊儒尚古，是當朝屈指可數的柱國之才。」

嚴子陵贊同陳遵提議。戴聖去世了，他也只能走這一步。他想，王莽與自己恰好有同師之緣，請他做中人，既穩妥，也合乎情理。

次日，陳遵陪同嚴子陵去王府拜訪王莽。王府家僕告知他們，王莽已月餘未曾回家，近來他的伯父，大司馬王鳳染疾臥床，他晝夜侍疾在側，除了皇帝和太后，不見任何人。獻書一事只得暫時作罷。

六

陳遵愛酒，家中藏有各種好酒。陳遵常邀朋友來家品酒。凡有客來，他必請嚴子陵出席作陪。一天，陳遵請了京兆尹翟方進（字子威）來家裡品酒。聽聞嚴子陵來自會稽餘姚，翟方進向他打聽一個名叫氾盎的瞎子。

嚴子陵告訴翟方進，他們是同邑鄉鄰，他不僅認識瞎子氾盎，還與氾盎兒子氾信為同學。他向翟方進描述一番瞎子伯伯的音容笑貌，最後，補述了瞎子伯伯的死及傳說的死因。

翟方進嘆息道：「氾盎本是英才一個，可惜啊。」

原來，氾盎在九江郡任書掾時，翟方進是九江郡的一個小吏。翟方進常受掾史侮辱，只有氾盎敢站出來為他撇直仗言，他至今對氾盎心存感激。

翟方進問：「氾盎兒子現在何地？」

「原在太常寺門下任太祝丞，前幾日已遣任光祿勳屬下議郎。」嚴子陵回道。

翟方進「嗞」地抿口酒，說：「總算爭氣，已遣議郎，舉他有把握了。」翟方進眨眼思索一會兒，對嚴子陵說：「有勞子陵轉告氾信，請他十天後到京兆尹府來見我。」

十天後，氾信上京兆尹府拜見翟方進時，翟方進已為氾信謀妥平原縣令一職。

翟方進對氾信說：「令尊於我有恩，可惜他為縣令之職毀了前程，現在我奏准皇上授你平原縣令，願他九泉之下能夠安息。你收拾行裝，近日即去赴任。」

氾信對翟方進的眷顧千恩萬謝，但是對翟方進要他即日赴任頗顯遲疑。他對翟方進說：「子陵之事尚無著落，我走了心裡不安。」

翟方進問：「子陵何事，擾你無心赴任？」

氾信挑明了嚴子陵發現《周禮》一事。

翟方進出身太學博士，以講《春秋》著名，聽聞此事，大感震撼。他深知《周禮》的發現，是當朝的祥瑞大喜。他速要氾信把嚴子陵請到京兆府。

嚴子陵來到京兆府後，向翟方進細稟了發現《周禮》的經過，還提及拜訪戴聖情形，以及試圖透過王莽獻書的計議。

鑒於王莽專心侍疾，翟方進提議嚴子陵去天祿閣獻書。他的理由是，首先光祿大夫劉向朝中地位尊顯，正領皇命典校「中祕書」（宮廷藏書），去天祿閣獻書，就等同於向皇上獻書。其次，此等祥瑞大事，劉向準會速奏皇上，報喜的同時也會為嚴子陵表功請賞。再次，劉向和陳參同為沛郡人氏，嚴子陵乃陳參學生，自多一份情分。

翟方進說話的語氣像是商榷，但是理由似乎不容嚴子陵置疑。

嚴子陵讀過劉向編的《戰國策》和《列女傳》等著作，覺得翟方進的提議並無不妥，便應諾擇日去天祿閣獻書。

翟方進吩咐汜信以京兆尹名義，先去天祿閣知會劉向，安排好獻書事宜。

汜信根據翟方進交代，去天祿閣拜訪劉向。在天祿閣過廊，汜信碰到哀章。哀章弄清楚汜信來由，拍胸脯將獻書一事包攬下來。

七

陳遵備專車，又派四名兵士，護衛嚴子陵前往天祿閣獻書。他深知《周禮》之重，又懷疑九江郡邸竊書案為人蓄謀，故而不得不多加防範。

哀章在天祿閣階下迎候。獻書馬車一到，他熱情地把嚴子陵帶上校書房。

校書房的窗簾遮擋嚴實，室內昏暗陰森，四壁堆滿古籍，有一人在書案旁正襟危坐。此人不是劉向，是劉歆——他是今天接受獻書的主角。劉歆身分特殊：其一，他是劉向的兒子，皇帝命他襄其父典校「中祕書」。其二，劉歆入天祿閣前曾與王莽同為黃門郎，二人關係密切。其三，劉向年事漸高，日常事務均交劉歆主理。因此，天祿閣的實權，掌在劉歆手上。

嚴子陵感覺這裡不像獻書之所，倒像一處私謀密室。不過，嚴子陵相信翟方進的安排，沒有太多顧處。他雙手捧著《周禮》金匱，莊重地遞向劉向——他並不認識劉向，錯把眼前的劉歆認作劉向。

劉歆一副酸腐相，態度冷漠，並未伸手來接，只使喚哀章將《周禮》送書庫入冊。哀章接過《周禮》金匱，退出校書房。

劉歆沒請嚴子陵坐，只輕描淡寫地問些江南風情，對《周禮》事更是一字不提，片刻便遣人送客。

嚴子陵被劉歆弄得莫名其妙。

送客的仍是哀章。哀章把嚴子陵送到天祿閣階下，說：「《周禮》隱世幾百年，唯存這個孤本，實屬珍稀，學弟獻書有功，敬候皇上褒獎吧。」

嚴子陵見哀章說話時兩眼閃爍不定，面上似笑非笑，覺著這事有點蹊蹺。他彷彿被人帶進霧霾裡，眼前灰濛濛的，預感很不妙。

事實固然如此。那天，九江郡邸的竊書案，正是哀章的蓄意圖謀。

哀章與他的梓潼鄉黨密謀，想以引蛇出洞之計，讓嚴子陵遠離郡邸，並把他拖在酒肆，再由鄉黨竊取《周禮》。此計如果得逞，哀章便可以己之名，向皇上獻書，獲取功名。

不料那日郡邸的水桶脫箍，導致廚師返回來修水桶，突與梓潼鄉黨遭遇。湊巧又遇官兵巡街路過，策馬追盜，終使陰謀落敗。

後來，汜信到天祿閣找劉向，遇到哀章。汜信缺少防人之心，把翟方進安排嚴子陵獻書一事，向哀章道了個一清二楚。

機會失而復得，哀章豈肯放過。他把獻書一事包攬下來，經過一番周密操縱，終於順利實現了預期陰謀。

八

嚴子陵去天祿閣獻書後，住在陳遵家靜候佳音。十天半月過去，一直不得任何音信。此後幾天，有關《周禮》的小道消息，卻一個接一個，由陳遵捎回家來：

先是說，劉向的公子劉歆，在典校宮廷藏書時，發現了《周禮》，這是一部周公制定的周代官職經典，皇帝得到奏報，親蒞天祿閣御覽。

後有說，劉向、劉歆父子奉皇命，邀集京師碩儒，連續幾天，在天祿閣研閱《周禮》，一致認定《周禮》確係周公旦所制。

再有說，鑒於劉歆發現《周禮》有功，皇帝龍顏大悅，封賞劉歆為僕射、中壘校尉。

近幾日又傳聞，當朝大儒戴聖，是因九江郡來的一個小吏而死。小吏原為戴聖屬下，後因戴公子綁票案，從中幫過一點小忙。戴聖回京後，小吏趕到長安，要戴聖為其邀官。戴聖不允，小吏在戴聖面前動了刀劍，致戴聖受驚大厥而卒。案發時，戴聖的助理在場，近日助理已向廷尉府報案。

當陳遵聽到九江郡的一個小吏逼死大儒戴聖的傳聞後，感到事情指向明確，危機露頭。他回家提醒嚴子陵：「看來有人想嫁禍栽贓，你要有所防備，近日不要出門。」

不出兩日，廷尉府趁陳遵不在家時，差衙役抓走了嚴子陵。廷尉府安了「欺謾」和「殺傷」罪給嚴子陵。本來，如嚴子陵這等布衣士子犯案，應屬京兆府管轄，廷尉府卻以此案事關禮學聖師為由，直接受辦了。

嚴子陵獻書無功，反成了朝廷欽犯。

第八章　倚東風、豪興徜徉

一

翟方進自責慮事不周，幫了倒忙，以致嚴子陵獻書無功，反遭牢獄之災。

翟方進和陳遵合力營救，未見成效。戴聖去世了，再無直接有力的證人與證據，戳穿劉歆貪墨發現《周禮》之功的卑劣伎倆。按理，他們自身亦可舉證，但是憑他們與嚴子陵的關係，顯然已置身事中。在這人際關係錯綜駁雜、輿論反覆無常的朝廷中，他們若出面舉證，不僅難服朝臣，還會引火燒身。

不過，京兆尹的影響力不容小覷。翟方進參與救人，搞得廷尉府很被動。廷尉府陷入抓人容易放人難的境地。倘無辜抓人又無故放人，廷尉府怕失顏面，還怕受抨擊。於是，只好暫且不判也不放。

無奈之下，陳遵千里奔波，往返京師與廣陵間，要來了陳參寫給王莽的親筆函。

王莽本不愛管這種與己無關的事，但是礙於先生書信說情，只得出面疏通。王莽一出面，事情立現轉機，廷尉府判嚴子陵無罪釋放。

嚴子陵偏不肯出獄，斥廷尉府濫用漢律，揚言活要活個乾淨，死要死個清白，非要討個說法，否則寧可將牢底坐穿。

廷尉府罕見這般狂悖之人，但是礙於王莽面子，不好發作，遂以「欺謾罪」判嚴子陵「官府居作」。這下，無罪變有罪，嚴子陵更不肯出獄了，是陳遵硬把他拖出了牢門。

「官府居作」為秦漢時一種勞役性質的刑罰，用來處罰犯有輕微罪行的人。被判「官府居作」之人，由廷尉府罰其到官吏家做雜役（一般會罰給出面擔保的官吏家），雜役的時間長短，全由這家官吏自主，短的一旬半季，長的半年一載，實質與釋放幾無差異。

嚴子陵被廷尉府罰到王莽府中「官府居作」。

王莽比嚴子陵大六歲，仕途已進階到相當層級，這對一介布衣的嚴子陵而言，可謂到了仰望的地步。入王府前，嚴子陵以為王莽會認他做個師弟，從而免了他的「官府居作」。讓嚴子陵想不到的是，入王府後，王莽對他以賓客相待，謙恭又尊重，王府上下也都尊稱他為先生。

王莽跟嚴子陵交往不久，深感嚴子陵學養深厚，很欣賞他敢作敢為、直言無忌的性格。嚴子陵對王莽也有好感，他認為王莽尊重儒士、為人謙虛，理事勤奮幹練。自此，二人關係日漸親近。

二

在王府「官府居作」期間，嚴子陵背負刑名，暫時斷了入仕念想。因有「王莽師弟」的身分背景，他的生活倒是過得自由充實。他跟翟方進、陳遵等往來密切，又以他們為媒介而結交京師名流。他遍遊京畿街坊閭巷、三輔郊野。年前，他應汜信「敘舊散心」之邀，專程去了一趟平原縣。

這段逍遙自在的日子，讓嚴子陵長了許多見識，累積了許多思考，特別是在平原縣的所見所聞。此時，他滿腹經綸，渴望一吐為快。

新年某天，王莽設家宴，請了翟方進、陳遵，還有何武。何武的出現，讓嚴子陵喜出望外；在王府家宴上遇見嚴子陵，同樣讓何武倍感意外。

此時的何武已入京任丞相司直。丞相司直為丞相屬官，輔佐丞相糾舉不法，同時兼有監察丞相之責，屬朝中高官行列。

何武一見嚴子陵，不問情由便對王莽說：「巨君（王莽字）蔽賢不薦，我要向皇上彈劾你。」見何武認真，翟方進和陳遵連忙解釋事情原因。

何武聽後立時亮出態度，說：「明日進宮，我等聯名向皇上舉薦子陵，如何？」

王莽附和說：「此正是在下今日宴請君公（何武字）和諸位之因，我等合力舉薦，便不怕別有用心者攻訐。」

嚴子陵向諸位大臣作揖說：「叩請諸公奏請皇上，容我面陳拙見。」

「哈哈哈哈……」

八字未見撇捺，何談面陳拙見？對嚴子陵得寸進尺的請求，諸大臣面面相覷，只能以笑代答。嚴子陵的狂傲性情坦露無遺。

三

對成帝劉驁而言，任命一介士子本是小事一樁，可是，因有王莽、何武、翟方進聯名舉薦，這倒讓成帝心生好奇，他要先面見嚴子陵，當面考察這個青年士子的本事。這正合了嚴子陵的狂妄心。

不日，王莽遵旨引嚴子陵入宮。王莽提醒嚴子陵：「與皇上應對時，切勿狂悖乖謬。」

未央宮內殿，何武和翟方進先到，正陪成帝閒談。嚴子陵跟著王莽向成帝行過大禮，還未落座，成帝就發問了。

成帝問：「子陵在民間聽聞過哪些奇趣事，說來讓朕等享樂一番閒情雅趣如何？」

成帝此問讓何武、王莽和翟方進一怔，成帝不提四書五經之學，偏問那些民間俗事，不知聖心何在。他們不禁擔憂起來。如果嚴子陵的應答恰合成帝意趣，那麼一切萬事大吉；如果嚴子陵的應答拗了皇帝心，那麼說不定會為嚴子陵招來殺身之禍，同時還會連累他們三位舉薦大臣。如此，就弄巧成拙了。

嚴子陵顯然很樂呵，他說：「陛下英明，嚴光還真碰上幾樁奇趣異事。」

他故意一頓說：「年前，我去了一趟平原縣，平原人有一異趣，走親訪友見面行禮，先問夢，再道好。」嚴子陵起身摹演道：「夢了嗎？夢了。夢了嗎？夢了。噢呵，好。啊哈，好。」

成帝興味盎然，傾身側耳問：「都問何夢？」

嚴子陵回道：「問與粟穀有拴縛連繫的夢。」

「何講？」

「《周公解夢》曰：『夢見粱米，有貢獻事也。』因此，凡夢與粟穀有關的夢，都預示美好吉利之事。平原人約定俗成，見面問話省略了粟米。」

成帝哈哈大笑，說：「巧了，朕昨夜夢見在粟米地裡酣睡，不知預示何等美事？」

「陛下夢見自己在粟米地裡酣睡，預示周圍有許多忠心臣子可以依靠，陛下儘可安心頤養。」

成帝興致勃勃，說：「子陵繼續講來。」

嚴子陵接著說道：「親友問了夢、道了好，行完見面禮，還要互贈禮物。送的禮物又有異趣。做客者須送一束粟穀穗，東道主則以一包老牆土做回禮，否則就是壞了規矩，若被人告發，必被抓去縣衙苛責三杖。」

「老牆土為何物？」

「老牆土就是整修豬圈牆、牛欄牆、糞廁牆、舊屋牆時扒下來的土。」

成帝勃然道：「老牆土做禮物，此等規矩，定是當地惡俗，應責令平原縣令明文廢之。」

見成帝大怒，王莽和翟方進剛放下的心又被提到喉嚨尖上。何武倒是沉著鎮定，因為他了解嚴子陵的論辯功底。

嚴子陵毫不理會成帝的怒容，侃侃道：「陛下莫急，這不是平原人的惡俗，而是新任平原縣令定下的規矩。」

「還是平原縣令定的規矩，豈非胡鬧？」成帝怒容未斂。

「是胡鬧，不過，這個胡鬧大有名堂，百姓們喜歡著呢。」

「百姓還喜歡？什麼名堂，說與朕等聽聽。」成帝怒容有所緩和，好奇起來。

嚴子陵說：「平原縣令氾信，自幼讀書之暇好農事，成年後愈加眷戀。他任平原縣令後，推行自己研究的選種和溲種法，粟穀連年豐產，產量高出鄰縣之數當以倍計。」

成帝臉色已和緩，急切地問：「何謂選種？何謂溲種？」

嚴子陵道：「選種，就是挑選形狀粗壯、顆粒飽滿的粟做種粟。溲種，則是粟穀在播種前，用土肥拌和，讓粟種粒都黏上土肥，黏過土肥的粟種，播種發芽後生長茁壯。這種土肥當屬老牆土最有肥力。」

「噢。」成帝頷首。

嚴子陵道：「氾信最初推行他的選種和溲種法時，農夫少有響應。氾信頒令，凡平原人走親訪友，須選一束形狀粗壯、顆粒飽滿的粟穗做見面禮，東道主須包一包老牆土做回禮，由此才使得選種和溲種法深入人心。」

成帝道：「日有所思，夜有所夢，難怪平原人常做粟夢。這個氾信真是有心人。」

一聽成帝褒揚氾信，嚴子陵談興愈濃，繼續道：「在下還親見平原一奇異天象。」

「還有奇異天象？」成帝和王莽、何武及翟方進異口同聲問。在古代，天象一詞本就敏感，天象前再加奇異，那這敏感就頂了天。

嚴子陵道：「年前我在平原，有一日遇上一場大雪，奇怪的是，這漫天的雪花，只在城外飛，飛進平原城瞬息就變成了小雨滴，不足一個時辰，城外已皚皚積雪可沒腳，而城內卻片雪難尋。」

「此為何故？」成帝奇怪，似自言自語。

「我也覺奇怪。雪後，氾縣令陪我上街看究竟。平原城的街坊裡，有數十家鐵匠鋪，鋪裡爐火旺盛，叮叮噹噹的打鐵聲在街坊弄堂裡響成一片。隆冬季節，平原城被這鐵匠鋪的爐火燒得熱氣騰騰，那飄來的雪花怎抗得住這波波熱浪？」

「平原城那麼多的鐵匠鋪都在打製何物？」

「這跟氾信的區田法有關。氾信在武帝時搜粟都尉趙過代田法基礎上，發明了一種新的農耕方法。簡言之，在作物播種時，先作『區』，再將作物種子點播在『區』內。推行區田法，產量之高令人驚訝。區種粟，畝收百斛；區種麥，畝得百石以上。區田法的精耕細作，需改進農作工具，增添鐵器，由此，鄰縣的鐵匠們都聚到平原城裡來了。」

「原來如此。」成帝恍然道。王莽、何武和翟方進三位大臣，內心暗自佩服：「這個嚴子陵啊，太會講故事了。」

此時的成帝陷入沉思，一言未發。王莽、何武和翟方進一見成帝沉默，不禁又心中生怵，他們不知聖心在想些什麼。

少頃，成帝說：「子陵今日不是在與朕談趣，而是在向朕議政諫言吧。子陵認為當下郡縣農桑耕作景況如何？」

聞言，嚴子陵心中喜悅，答道：「陛下承高祖、文景與歷代先皇重農方略、勸課農桑、減輕賦稅、獎勵生育、四海承平。然而，邇年有些地方官吏因此滋長驕氣而遺荒農事，加之旱澇無常，以致農事現衰頹勢，較之以往，百姓常有食糧匱乏之憂，亦出現兵士口糧短缺情形。若此情形成氾濫之勢，久之恐生國憂。嚴光認為，力農貴粟者，王者大用，政之本務。今日將此當作趣事說與陛下，恐有不妥，望陛下恕罪。」

成帝用自責的語氣說：「高祖實行輕徭薄賦，與民休息。文帝即位，開籍田，躬耕以勸天下，又減田租一半，崇尚農本。景帝在位之年，歷年昭告務勸農桑。武帝征和四年三月，親耕於巨定，夏六月，以趙過為搜粟都尉，行『代田法』。昭、宣、元諸帝利倡躬耕勸農為治國之要。由是，朝野上下終成力農貴粟之風。當今，力農貴粟之風漸衰，咎在朕也。」

成帝言落，王莽、何武和翟方進慌忙離席下跪道：「臣等有罪。」

成帝說：「難得子陵趣言藏真，使朕醒悟。朕近讀《戰國策》，其《楚策》篇有云：『見兔而顧犬，未為晚也；亡羊而補牢，未為遲也。』」

成帝起身說：「擬旨，平原縣令氾信，出入阡陌，止舍離鄉亭，稀有安居，創區田法，好為民興利，重農貴粟，茲授其黃門侍郎，輕車使者，知農事，督三輔。」

王莽、何武和翟方進齊聲頌和：「陛下聖明！」

嚴子陵慶賀氾信升任一個能夠施展人生抱負的官職，也暗喜自己今天的表現贏得成帝聖心，但是他難測成帝會授他何官何職。

成帝對三位大臣說：「子陵真知灼見，心繫國憂，善諫言議政，堪當大任，可為社稷之臣。」

「堪當大任，可為社稷之臣。」嚴子陵絕然難以想像，成帝對他的評價竟會如此之高。成帝話已至此，嚴子陵料定對他的任職詔命即刻將會頒下。他不禁浮想聯翩，開始憧憬自己的錦繡前程。他心馳餘姚，想自豪地告訴家鄉的親人們，他的仕途就要開啟，自己的夢想、祖父的期待和家族的崛起即將成為現實。

正在嚴子陵凝神屏氣靜候聖旨時，突然，殿外傳來疾奔的腳步聲和急吼的軍報聲：「汝南急報，鐵官徒暴亂！」

成帝聞聲道：「快傳！」轉而對嚴子陵說：「子陵暫且回去，朕擇日邀你再敘朝務。」

落向嚴子陵的鴻運懸在了半空。

嚴子陵的鴻運懸了，但是他對國家大事的關心未懸。未央宮對話成帝後，嚴子陵夙夜難眠。第二天，他一氣作成〈論力農疏〉，請王莽轉呈成帝。

嚴子陵的鴻運懸了，但是國運昌了。後世評成帝在位期間唯有兩項政績，一是重視農業，二是採校圖書。成帝對農業的重視，正是肇始於嚴子陵未央宮趣談農事。

而自未央宮趣談農事後，王莽對嚴子陵愈加倚重，凡朝中事務，無論鉅細，都要與嚴子陵商討，以此汲取思路，驗證己見。

嚴子陵儼然成為王莽的幕僚謀士。

王莽背後有高參，在朝中的政聲日隆。

但是，正因成帝褒揚嚴子陵「堪當大任，可為社稷之臣」，此言傳到天祿閣劉歆耳中，引起劉歆的警覺與忌憚。

劉歆利用其父光祿大夫劉向的影響力，暗中糾合劉向在朝中的門生故友，百般攻訐詆毀，阻擾嚴子陵出仕。

四

成帝永始元年（西元前一六年），成帝封王莽為新都侯，遷騎都尉、光祿大夫侍中。騎都尉與侍中都是中朝官，而光祿大夫則為光祿勳下高級智囊人物。由此，王莽成為經常侍皇帝左右，頗有影響和權力的大臣。

王莽對嚴子陵的仕途，一直切切在心。這次，王莽的升遷，對嚴子陵是一個極大利好。果然，王莽再次聯合何武與翟方進舉薦嚴子陵。

成帝詔命，任命嚴子陵為諫大夫（同諫議大夫）。

當天，王莽提前下朝回家，想儘早轉達嚴子陵這個喜訊。夫人迎上來告知他：「嚴子陵因家母病故，等不及侯爺下朝，已急奔餘姚去了。」夫人隨手遞上一封書札說：「這是嚴先生臨走時留給侯爺的信。」

王莽接過嚴子陵的書信，閱畢，茫然道：「未就職就遭丁憂，這難道是天意嗎？」

言畢，王莽仰天長嘆：「宣帝啊！」

王莽之所以嘆宣帝，是因為「丁憂」原是周代沿襲下來的一種民間禮俗——父母或祖父母去世後，子女須持喪三年，其間不得行婚嫁之事，不預吉慶之典。

進入戰國時代，經久不息的戰亂，使這項禮俗漸漸淡出民間。

成帝的祖父宣帝，為引領百姓養成敬老孝老的社會風尚，重拾「丁憂」這個古老習俗，並把它上升為國家制度。

宣帝把「丁憂」的對象，調整為各級官吏和士子、賢良，並強制實行。按照這個禮制，凡遭逢丁憂的士子、賢良，三年內朝廷和郡縣均不得任其官，凡遭逢丁憂的官吏，朝廷和郡縣必須解其職，讓其居喪三年。

三年，說長不算長，說短也不短。王莽已經習慣了和嚴子陵共商國是，沒有嚴子陵在身邊，他頓覺缺了一條臂膀。對王莽而言，這三年，正是用人之際。誰能預見三年後的朝局會如何變化呢？

王莽不禁再次長嘆道：「子陵啊子陵！」

第九章　影子太守

一

成帝永始三年（西元前一四年），「丁憂」期滿的嚴子陵未回京師，而到九江與梅李陀結成百年之好。婚後的嚴子陵，過起了居家漫讀的日子。當年，他離開長安時，根本不知成帝已頒下他的任職詔命。

時值九江郡守換任。新任太守房元，是一位聲望卓著的通儒，特別重視教育。房元到任九江後，著手提振九江精舍，親兼精舍經師。房元政務教務兩頭忙，為了不荒教務，他扶攜自己的一名高足弟子為精舍都講，主理精舍日常事務。

這名高足弟子姓侯名霸，字君房，河南郡密縣人。侯霸的族父侯淵，辯才出眾，曾在元帝時，佐助權臣石顯管理中書事務，職銜號稱「大常侍」，侯霸因此多少沾了些官宦世家的光。侯霸身高七尺，方臉，不苟言笑，故史稱「侯霸嚴肅有威儀」。

侯霸素聞嚴子陵大名，他任精舍都講後，獲悉嚴子陵就在九江，以房元之名親自登門，聘請嚴子陵為九江精舍經師。

嚴子陵在精舍主講禮學，講得聲動四方。剛開講時，弟子才幾十人。後來，聽者越來越眾，達上百人及至數百人。聽者中不僅有精舍弟子，也有精舍經師，還有從各地聞名而來的儒生學子，以至於原本只有鴻儒博士講座時才可啟用的大禮堂，專闢為嚴子陵的講堂。

二

房元聽聞此事，特意抽個公務間隙，來到精舍聽嚴子陵講學。課未過半，房元已在心中暗暗讚佩。課後，房元對嚴子陵說：「子陵講學如行雲流水，引人入勝，難怪能遜聽遐視。」

嚴子陵說：「明府謬讚，嚴光豈敢貪譽。今日，禮學已非昔比，上有皇上推崇，下有大儒鼓吹，禮學正沐春風徐徐升溫，才會呈現如今盛況。」

房元說：「子陵言之有理。然而，我聽子陵所講之禮學，獨樹一幟，自成一家，不知師承何人。」

嚴子陵說：「我所講，非師承，而源自《周禮》。」

房元說：「《周禮》？《周禮》亡佚幾百年矣，前些年剛被劉歆在天祿閣校勘典籍時發現，難道子陵已有幸見過讀過？」

嚴子陵略一沉思，說：「是啊，我在典籍浩瀚的天祿閣幸見《周禮》且讀之。《周禮》字字珠璣、句句精闢，令我過目而不能忘。」

房元贊說：「劉氏父子校理群書功垂千秋啊！」

「欺世盜名！」嚴子陵輕聲蹦出一句不屑話。他自知不宜向房元揭開自己發現《周禮》，以及將《周禮》獻於天祿閣的真相。經一事，長一智。經驗告誡他，《周禮》可以被發現，但是發現《周禮》的人必須被淹沒。他順口罵劉歆欺世盜名，實是心性所至時的情不自禁。

房元並沒注意嚴子陵的罵聲，他對陪同在身邊的侯霸說：「君房能請到子陵先生這等年輕有為的儒學經師來精舍講經，也是慧眼獨具啊。日後無論學問做事，君房應以子陵先生為師。」

侯霸趕緊向嚴子陵作揖說：「今後務請子陵先生不吝賜教。」

嚴子陵說：「豈敢，都講才華橫溢，可為我師。」

三

嚴子陵這話是由衷之言，沒有半點客套的意思。嚴子陵在精舍與侯霸相處時間不長，但是侯霸主理精舍事務有條不紊的幹練功夫，他看得清晰。還有，侯霸助房元講《春秋》，課也講得生動透闢，尤其是講《穀梁傳》。

《穀梁傳》是注釋《春秋》的書。《春秋》即《春秋經》，據傳由孔子編著。中國古代最早用甲骨文記載的兩部書，一部是《尚書》，一部是《春秋》，合稱左右史。「左史記言，右史記事，言為《尚書》，事為《春秋》」。《春秋》是中國第一部編年體史書，也是周朝時期魯國的國史，被列為儒家經典之一。

《春秋》用於記事的語言極簡練，然而幾乎每個句子都暗含褒貶之意，被後人稱為「春秋筆法」。春秋經文，如無注釋，無法弄明其意。

後來，出現了很多對《春秋》所記載的歷史進行補充、解釋、闡發的書，統稱為「傳」。傑出的「傳」有《春秋左氏傳》、《春秋公羊傳》、《春秋穀梁傳》，是為「春秋三傳」。

侯霸師從房元研習《春秋》，通三傳，而獨精《穀梁傳》。

侯霸獨精《穀梁傳》，並不是他的隨波逐流之舉，而是他發自內心對《穀梁傳》思想的認同。

嚴子陵聽過幾次侯霸講《穀梁傳》的課，認為侯霸的身分雖僅為房元的高足弟子，但是他講《穀梁傳》，已遠超他的先生房元。

在房元蒞臨精舍聽課之前，嚴子陵與侯霸早已惺惺相惜。自房元聽課以後，侯霸對嚴子陵更加敬重，人前背後都稱呼嚴子陵為先生。嚴子陵依舊稱侯霸為君房，心裡對侯霸也很欽重。

嚴子陵與侯霸走得近了，二人常在一起談學問、議國政。有時，他們會因某個問題爭得面紅耳赤，互不相讓，但是又各自謙遜，互相尊重對方的觀點和立場。

嚴子陵交好侯霸，還因侯霸與他一樣，心中有同一個頂禮膜拜的人物，這個人物就是荀子。

荀子不僅是《周禮》承前啟後的關鍵人物，也是「春秋三傳」繼往開來的關鍵人物。譬如《春秋穀梁傳》。

穀梁赤為《春秋》作傳後，第一個傳人就是荀子。作為《周禮》和《春秋》的傳承人，荀子的思想很大一部分根源於《周禮》和《春秋》。

由此推演，嚴子陵和侯霸可謂師出同門。

雖然師出同門，但是他們性格迥異。嚴子陵瀟灑隨性，侯霸不苟言笑。相同的是他們都志向遠大，期待「學而優則仕」，做強國悅民的朝臣。而且，他們確具治國理政的才能，這在他們協助房元處理郡務時就展現出來了。

四

漢時，名儒學士邊從政邊講學的現象很普遍，帶高足弟子參與政務，歷練弟子的從政能力亦屬尋常之舉。

房元聽嚴子陵講學以後，看好嚴子陵的才幹和前途，因此，時常召嚴子陵和侯霸到郡府問策。

一天，房元對嚴子陵和侯霸說：「我上任伊始，以當今皇上仁治國策治郡，如今兩年有餘，郡下十五縣，近半數難以彰顯仁治之功，尤以浚遒縣為甚，豪強大族橫行鄉里、訛官欺民，民怨沸沸，我時常為此夜不能寐。請問二位此因何故，又有何策？」

侯霸說：「先生遵皇上的仁治國策，力農桑、興教化、勤理訟，嘔心主事，今過半數縣已顯成效，先生當再堅持力行數年，治功定可追文翁黃霸。」

嚴子陵道：「明府遵皇上的仁治國策，並無錯誤。然而，天下之大，郡縣情況各有異同，時勢常有變遷，因此，務必對症施治。有的須崇仁治，有的須修法治，通例則可以懷仁輔義而治之。仁是德，義為法。仁愛以施德，正義以申法。明府可奏請皇上，撤換浚遒令，擢任勇於擔責、嚴格執法的官吏為令，嚴治浚遒的豪強大族，以儆效尤於他縣。」

房元依嚴子陵之策，奏請朝廷，改任鄒昀為浚遒縣令。

鄒昀上任後，即令縣衙屬吏和轄境內各鄉里亭長，摸查作威作福的豪強大族。結果，無論縣衙的屬吏、或是鄉里亭長，皆故意拖沓辦事且瞞而不報。鄒昀一怒之下，立速撤換了履職不力的縣尉、縣丞等幾個主要屬吏，進而嚴厲訓誡各鄉里亭長，責令他們限期上報。

此後，鄒昀很快查實了一些豪強大族的胡作非為，毫不留情地對他們施行嚴刑峻法。

當朝丞相薛宣，因娶成帝姑母敬武公主為妻，權傾朝野。薛宣的舅父就在浚遒定居，其族人仗著薛宣的權勢，為非作歹日久。鄒昀不畏強權，秉公執法，對薛宣舅父一族犯有惡行者，全部予以追究法辦。

就此，鄒昀任縣令不足兩月，浚遒縣治安迅即向好。相鄰的全椒、歷陽、阜陵、博鄉等縣的豪強大族，有的聞風而遁、有的龜縮安分，九江郡社會和諧，百姓安居樂業。

次年春，天連降大雨，淮水洪峰衝潰了鍾離縣境內的堤壩，造成鍾離大災。許多民房被毀，莊稼受澇而幾近絕收，百姓食不果腹、貧病交加。

房元前往鍾離巡察災情，請嚴子陵和侯霸同往。

在鍾離縣衙，鍾離縣令向房元陳情說：「朝廷下撥的救濟物資杯水車薪，卑職身為父母官，眼看著自己的百姓遭災受難，心急如焚，曾多次向縣內富豪鄉紳發出呼籲，請求他們開倉放糧接濟災民，然而響應者寥寥。卑職懇望明府指點良策，救災民於水火。」

房元對縣令說：「聽聽子陵和君房有何良策。」

侯霸向縣令獻計說：「欲使富豪鄉紳出手相賑，只需明廷刻一批『為富不仁』的匾額，明日差遣縣衙屬吏，奔各地富豪和鄉紳家，挨個勸捐，若有不願捐者，則將匾額釘於門首，並收集他們隨意增收田賦地稅等惡行，加倍予以罰沒，直至施刑嚴懲。」

鍾離縣令拍案說：「好手段！」

房元問嚴子陵：「子陵認為如何？」

嚴子陵說：「君房的招術很高明，不過，我想這匾額可改為『樂善好施』，明日縣衙屬吏，敲鑼打鼓奔赴各家富豪和鄉紳，無須問他們捐與不捐，只管將匾額往門首上釘。」轉而，嚴子陵笑著對房元說：「如若這匾額上的字，為明府親筆所題，成效必會更佳。」

房元頓首說道：「有理，大災之年，既然要富豪鄉紳賑災，就該為他們記功彰德。對富豪鄉紳而言，『樂善好施』是感召，更是一道處事立身的考題；於郡縣而言，此舉則能彰顯仁治之功。」

房元當場揮毫書就「樂善好施」四字。

縣令命人連夜趕製匾額，次日差遣屬吏依計行事。這招果真靈驗，不出幾日，從鄉里到縣城，所有富豪鄉紳紛紛解囊，賑施者眾多。他們於數月內賑米賑錢，到處設粥廠藥局，救助貧困百姓與逃難流浪者。直到來年稻熟，再無饑民來領取善食，賑災方告結束。

一次，郡督郵向房元反映：「有民眾舉報某些縣令長索賄受賄，卻一時難以查到實據，若任其發展，恐敗壞政風。」督郵請示房元應如何應對。房元囑咐督郵去向嚴子陵和侯霸討要計策。

督郵來到精舍，借太守名義問計於嚴子陵和侯霸。

嚴子陵說：「明府懷仁愛之心，就應防微杜漸，扯袖提醒，不使人致江心補漏的地步。」

督郵問：「怎麼扯袖、怎麼提醒呢？」

嚴子陵睇眼斜望一眼侯霸，說：「君房應有計策。」

侯霸說：「借古鑑今。」

督郵又問：「怎麼借古、怎麼鑑今？」

嚴子陵說：「公、儀、休。」

督郵再問：「怎麼公？怎麼儀？怎麼休？」

侯霸笑笑，正欲說明，卻被嚴子陵搶了話頭。嚴子陵說：「督郵回去稟告明府即可。」

督郵回到郡府向房元一一道來，最後說：「不明嚴子陵說的『公儀休』謂何計。」

房元哈哈大笑，誇讚嚴子陵和侯霸的主意好。房元對督郵說：「過些天我在府第舉辦家宴，督郵務必把那些被舉報的縣令長都請來。」

幾天後，房元舉辦家宴，受邀的縣令長悉數到齊。

開席、舉杯。房元說：「九江郡魚鮮多，今日特意辦個全魚宴，請諸位品嘗。」

席間，幾個縣令長一邊品著魚鮮，一邊趣談有關九江人捕魚吃魚的風俗，酒興濃郁。

房元瞅個機會說：「我是外鄉人，肚裡挖不出九江魚鮮故事，我為大家講個公儀休的故事，為各位助興。這個故事我揣度諸位曾讀過聽過，權當重溫吧。」

房元喝一口酒，說：「春秋時期，魯國有位名叫公儀休的博士，因品學優異做了魯國宰相。公儀休嗜好吃魚，有人就送他一條大魚，他堅拒絕受。其弟子問因由，公儀休說：『正因我嗜魚，故不能受他人之魚。若我受了他人之魚而遭免職，到那時，還會有誰送魚給我吃呢？我今位至宰相，自己買得起魚，何時想吃就何時買。因而，我絕不受他人之魚。』」

督郵這才知曉何為公、何為儀、何為休，滿臉通紅。他望望那些縣令長，他們的臉比他還要紅。真是酒不醉人人自醉。公儀休嗜魚而拒收他人之魚，故事小，道理大，與席的縣令長誰不懂這個道理，誰算不清這筆帳呢？

房元的全魚宴，使九江官場颳起一股清廉風。

五

轉年，陳遵託人捎來王莽口信，請嚴子陵速回京師長安。入仕為官的願望在嚴子陵心中復燃起來。行前，嚴子陵遇上了兩件事。

第一件：精舍學潮。

侯霸有個弟子，品行不端，結交了城裡的幾個混混，去城外偷吃農家的雞，一回兩回，終致被捉，關進縣衙牢裡。鑒於此事已經觸犯精舍學規，侯霸依規辭退了犯事弟子。

犯事弟子竟記惡於侯霸，挑唆一些不明真相的同學，誣告侯霸貪墨官府補貼給精舍學生的人頭費，揪著侯霸闖進郡府鬧事，欲搞臭侯霸的名聲。

事關自己，侯霸百口莫辯。

正在學生鬨鬧時，嚴子陵帶了精舍司會和數十弟子趕來。

嚴子陵對鬧事的學生和圍觀起鬨的百姓說：「君房家境殷實富足，自任都講以來，一不領受精舍一銖錢薪水，二還勸說父母按年向精舍施捐錢財，資助貧寒學子或家有急難者，卻不事張揚。嚴光務請諸位思度，樂行此等善舉之人，還會貪墨精舍錢財嗎？」

隨後，嚴子陵手指精舍司會和受助弟子，說道：「今日所講之事，精舍司會和受助弟子均可佐證，嚴光亦願以本人性命為君房具保。」

場面平緩下來。嚴子陵繼續說：「武帝朝的司馬相如在〈上書諫獵〉中用過一句民諺：『家累千金，坐不垂堂』，還說『此言雖小，可以喻大』，願諸位留意幸察。」

嚴子陵一番慷慨陳情，使鬧事的學生頓悟而生羞愧，各自悄悄離開。侯霸感佩嚴子陵敏事之捷，擔責之剛。

第二件：梅福遭朝廷通緝。

嚴子陵岳父梅福由郡文學補南昌縣尉，以一縣尉之微官，連續兩次上書朝廷，指陳政事，暗諷王氏外戚專權，被朝廷斥為「邊部小吏，妄議朝政」。朝廷傳令九江郡逮捕梅福，押送京師嚴辦。

這事被侯霸從房元處獲知，他迅即策馬疾馳南昌，透露消息給梅福。梅福掛冠藏匿，避開殺身之禍。事後，嚴子陵醒悟侯霸親馳南昌通風報信，且故意不讓他知情，其用意是寧願自己獨擔風險，也不願讓嚴子陵牽連惹禍。從此，嚴子陵對侯霸的人格品行深懷好感。

這兩件互不關聯的事，卻為嚴子陵和侯霸的仕途，帶來了截然不同的結果。

五年後，嚴子陵與侯霸在京師長安相聚時，侯霸已入朝為官，嚴子陵卻成了商賈之人。

侯霸是因禍得福。

因為精舍學潮事件，侯霸督學嚴格、捐資辦學的事蹟傳揚天下。時逢成帝立劉欣為太子，頒詔向全國徵聘賢良士子為東宮屬吏。房元以此為由，薦侯霸入仕。朝廷很快予以錄用，任侯霸為太子舍人。太子舍人雖品秩不高，然在儲君身邊做事，如無意外，前程可期。

嚴子陵是難擺牽連。

原來，在天祿閣校書的劉歆，聽到王莽要召嚴子陵回京入朝的傳聞，擔心嚴子陵抖露出他貪昧發現《周禮》的老底，他找來哀章商議。平日裡，哀章在他面前摧眉折腰，早已依附於他。

哀章果然多陰謀。他獻計說：「校尉還記得前時陛下斥責南昌縣尉梅福『邊部小吏，妄議朝政』之事嗎？我從同學處得悉嚴光已與梅福之女完婚，如此，嚴光就是亂臣賊子的女婿。亂臣賊子的女婿豈能步入朝堂聖殿？校尉只需在嚴光進京之前掀一番輿論，那時，還有誰敢為他出頭？」

劉歆說：「甚妙。」

嚴子陵人在旅途，有關他是亂臣賊子女婿的輿論已沸揚京師。

正如哀章所料，王莽見勢不順，暫時不敢為嚴子陵復職出頭，以免自惹麻煩。王莽不出面，何武、翟方進也一時難以扭轉局面。

當然，王莽還另藏心機。其一，梅福攻擊的對象是作為外戚的王氏家族，他當然不能與自己所倚仗的家族背道而馳，這對於他而言是個大是大非問題。其二，他看重嚴子陵的才幹，況且他們又是同門師兄弟，一旦自己掌權，重用嚴子陵還不是一句話的事。其三，他正好藉此打壓一下嚴子陵，以利於今後啟用嚴子陵時能讓他感恩戴德、死心塌地地忠於自己。

回到京師後竟是這種結局，鬱憤之下，嚴子陵拋卻入仕念頭，搖身做起買賣來。

嚴子陵躋身商界，遠離政治舞臺，這讓劉歆和哀章都暗自高興。劉歆高興的是，發現《周禮》的歷史大功，將毫無爭議地歸於他們父子了。哀章高興的是，他的仕途中少了一個氣勢強勁的敵手，少一個，算一個。

就這樣，劉歆和哀章對嚴子陵的戒備鬆弛下來。

第十章　眼前一杯酒

一

嚴子陵涉足商海，背後有翟方進的謀劃。

任京兆尹的翟方進和屬吏京兆史陳遵，暗中一直在蒐集劉歆冒領發現《周禮》之功、陷害嚴子陵的證據。事關重大，在證據不夠確鑿的情況下，他們不好貿然行動。為避免嚴子陵再遭劉歆陷害，翟方進勸誨嚴子陵改行經商，權且避開政治漩渦，蟄伏靜候時機。

嚴子陵有經商買賣的智慧。他的經商智慧，來自計佑的傳授。

計佑為計然後裔，計然是范蠡的先生。計然曾授范蠡七策，其中一策即為商策（商業理論）。故而，范蠡離開越國後，以經商為業，做什麼賺什麼、做到哪富到哪。

想必當年，計佑在向嚴子陵傳習經書之餘，也捎帶向他傳授了商策。

商策是商策，實踐歸實踐。嚴子陵的切身體會是，經商一分靠本，二分靠智慧（商業敏感），七分靠誠信。

第十章　眼前一杯酒

嚴子陵初入商界時，巧合氾信鼓勵商人在京畿租購低丘緩坡種植果木。嚴子陵因此購進一塊山地。過不多久，有位胡商（胡族商人）找上門來，說他從邊國採到一批胡桃苗種，看好一塊向陽且土質適宜栽種胡桃的山地，一打聽這地已被嚴子陵購去，他就特來請求嚴子陵將地轉讓給他。嚴子陵覺得這是好事，欣然同意按原價轉讓。胡商討價說他本錢有限，希望嚴子陵能夠低價出讓。

嚴子陵覺得反正這塊山地閒著荒著，不如轉給胡商讓它早出效益，也為氾信力農做些貢獻。他當即答應並立下契約，以原價對折將土地賣給了胡商。胡商父親了解此事之後，覺得兒子做事過分，拽著兒子前來補償錢款。嚴子陵對胡商父子說：「既然雙方立下契約，再沒補錢一說。」嚴子陵的商德令胡商父子留下深刻印象。

是時，京城名流皆以擁有越窯青瓷為時尚。嚴子陵的家鄉餘姚牟山湖和上林湖兩地，正是燒製青瓷的地方，其中的祕色瓷屬青瓷中的絕品。嚴子陵嗅到商機，籌劃去老家採購青瓷器皿。這筆買賣對他而言輕車熟路，商機得天獨厚，只是本錢不足，只能小打小鬧。胡商獲知消息，上門說他有餘錢可充盈嚴子陵本錢，不過要以二分計息。胡商雪中送炭，嚴子陵爽快答應。藉此機會，他鼓動胡商聯繫朋友多湊本錢，並許諾這次生意如果虧了，他保證以二分利歸還本息，如果賺了，除歸還本息外，營利部分再對半分成。胡商笑著說：「我會鼓動朋友一起投資，不過有二分息就足夠了。」

結果，青瓷買賣大順，貨到即被搶購一空。嚴子陵結清帳目，拿出一半利潤分予募資給他的商人。胡商及其朋友萬萬不敢相信此事是真。當時，他們只是信任嚴子陵的商德人品，想讓餘錢生些小錢，何曾想過這筆買賣會大賺，又何曾想過嚴子陵真的會將一半盈利分給他們。當時，他們只把嚴子陵的話當作一句詼諧玩笑。嚴子陵一夜成為商界紅人。此後，京城內外大小商賈都喜歡和他交易買賣。不出三年，在長安九市最繁華的東市、西市、直市和柳市，都開有嚴子陵的商舖，買賣晉地木材、齊地生漆、薊冀穀粟及牛羊，還有吳越的絲綢、茶葉和瓷器，多至十數家。

生意做得多了，總有失的時候。一次，嚴子陵從會稽販來一批上等綠茶，由於路途不暢，運抵長安時，已過新茶季節。嚴子陵吩咐各店掌櫃以陳茶處理，對折上架零售。店鋪掌櫃們都不忍心，認為打折處理虧損太大，一致要求東家以新茶價格上市。嚴子陵堅持己見。結果很讓掌櫃們吃驚，街坊閭巷紛紛傳揚嚴字鋪號講究信用、貨真價實。上市的新茶虧了，嚴字店鋪的生意卻由此大旺。日久，嚴子陵的買賣愈加興隆，在京師商圈的財富和名望，有直追首富張長叔的趨勢。

二

成為富商的嚴子陵，從來沒有動搖過入朝為官的念頭。生活在一個讖言盛行的時代，嚴子陵也難以脫俗，滿月酒上「三朝為相」的讖言，始終縈繞在他的腦海。他堅信曙光終會出現。

曙光似乎出現了。

成帝綏和元年（西元前八年）十月，王莽在暗流洶湧的朝廷爭鬥中奮力一擊，登上了大司馬、大將軍高位，列群臣之首。

然而，時局瞬息萬變。王莽尚未穩固自己在朝局中的地位，歲月已流轉至成帝綏和二年（西元前七年）。這一年，西漢王朝的政壇波譎雲詭、跌宕起伏，直至劇烈震盪。

二月，丞相翟方進自縊。事源於年初，大漢境內接連發生地動、水災、日蝕等天災異象，朝野惶悚。翟方進為相多年，交惡過多，有人趁機上書成帝，說天意震怒，須有大臣替身賜死才能消災。上書者指摘翟方進為相多年，不能順天應人，應擔此責。成帝聽信讒言，賜翟方進自縊。

三月底，成帝暴崩，皇太子劉欣嗣位，是為哀帝。哀帝即位後大肆張揚帝威，陸續誅殺罷免一大批朝臣。年前剛被成帝遷為大司空，封為汜鄉侯的何武，被責舉措煩苛，去國還鄉。

五月，因劉向年邁病重，劉歆以典校古籍發現《周禮》之功，被授侍中太中大夫，遷騎都尉，奉車光祿大夫，全面代理其父劉向領校群書，主持儒林、文史、占卜、考定律令工作。

七月，在王氏與傅氏兩族外戚的爭勢纏鬥中，哀帝的權重明顯偏向傅氏。哀帝厭惡王莽，下定聖心要罷免他。太皇太后王政君審時度勢，授意王莽暫罷職歸家，以避傅氏和皇帝的銳利之勢。王莽被迫罷官歸第、杜門自守，不久轉徙其新都侯封地——南陽郡新野縣新都鄉蟄居。

年僅半載，嚴子陵可依傍的大樹先後倒了：翟方進自縊、何武罷歸、王莽下了臺。而敵視嚴子陵的劉歆卻飛躍升遷，長成一隻足可阻截他入仕進階的攔路虎。

這道曙光，恰似風雨後的彩虹，只給了嚴子陵瞬息夢幻般的美麗。

三

嚴子陵並不甘心做一輩子商賈，守著金銀財寶老去。他清醒地看到：政治勢態變幻莫測，個人的命運和發展的機遇，全憑自己的智慧去洞察和捕捉。如今，原本可以仰仗的貴人大多倒了，他必須主動出擊、危中探機，去實現自己的人生抱負。因而，他更加重視利用儒商身分，廣泛頻繁地交往朝中大臣和京師儒學名流。他隨時準備著。

機遇總為有準備的人而生發。就在嚴子陵尋覓機遇的時候，有人向他透風來了。

透風者是陳遵。

人皆知陳遵嗜酒且喜好交友，但是在酒席上，陳遵從不與人議論朝政。因而，在這場朝廷易主的政壇劇震央，陳遵安然無涉，還被遷為越騎校尉。

那天，陳遵踩著晚餐的點，來到尚冠里嚴宅。陳遵剛一入席，就說有朝中事要與子陵說。

嚴子陵意識到，陳遵喝酒不議朝政，今天卻要破例，必有大事。

陳遵一臉凝重，壓低嗓音告訴嚴子陵：「朝局又將生亂。」

原來，皇上寵信董賢，朝野無人不曉。董賢在太子府時任駙馬都尉，皇上即位後，擢任他為大司馬大將軍領尚書事。時年董賢二十有二。

前日，皇上在麒麟殿擺下酒宴，與董賢共宴飲。皇上連飲數杯，突然認真地對他說：「朕想效法堯舜禪讓的典故，把皇帝讓給你做，如何？」

董賢愕然不知所措。

在旁服侍的侍中，中常侍王閎反應迅速，立即阻止皇上：「天下乃高皇帝之天下，非陛下之獨有也，陛下承宗廟，當傳子孫於亡窮，統業至重，天子無戲言！」

皇上厲聲斥退王閎，並不許他再在宴席上露面。其餘服侍左右的臣子個個大驚失色。

聽完陳遵的敘述，嚴子陵認為，這可能是皇上的醉言。

陳遵深感不然。因為朝中早有傳聞，在皇上任董賢為大司馬大將軍的冊命詔書中，就有「允執其中」一詞。「允執其中」可是堯帝禪位於舜帝時的冊文中的用辭，絕然不能用於冊命三公詔書。朝中大臣原本以為此乃皇上一時之錯，現在聯連繫起來，皇上說不定真的早萌此意。此事已在朝中傳得沸沸揚揚，朝臣們對時局多有憂慮。他們憂皇上身子羸弱，至今尚無子嗣，倘若一意孤行，真做出荒唐事來，後果不堪設想。

嚴子陵問陳遵：「既然皇上生此邪念，朝中大臣有何對策？」

「朝臣們都祈望新都侯王莽復出。」陳遵說。

見嚴子陵反應平平，陳遵加重語氣，鄭重其事地說：「子陵想過沒有，新都侯蟄居南陽，他在想些什麼？他想做些什麼？他又需要什麼？我想，新都侯定在隨時準備重掌朝局。新都侯要重掌朝局，現下最大的難處，就是不能及時知悉朝廷動向、不能及時與和他交好的朝臣通聯。他急需可靠之人為他傳遞情報，替他周旋於朝中大臣之間。

這個人選，我看子陵最為合宜。子陵身浸商賈，南陽恰是當今天下五大商城之一，如你往來於長安與南陽之間，自然不會招惹人眼。你與新都侯為同門師兄弟，又曾在他家『居作』，肯定會得他信任，並仰賴你為他出謀劃策，助他重返朝廷。此時此刻，不正是子陵建功立業、實現人生夢想的絕佳時機嗎？子陵務請深思透酌。」

聽完陳遵的這番鼓勸，嚴子陵心裡有一股衝動。以嚴子陵對王莽的了解，王莽蟄居南陽，既非閉門思過，亦非蝸穴冬眠，而是在等待新的變局——帝位之變。哀帝體羸多病，「痿痹」已「浸劇」，朝野多有其「享國不永」的私議。而王莽的後臺靠山——他的姑母太皇太后王政君，歷經三朝，隆譽依舊，且健朗矍鑠。如今，朝廷輿論鄙視董賢，一邊倒地向著王莽，王莽重返政壇毫無懸念。一榮俱榮，在此朝局微妙迷茫時機，前去投奔王莽，為其運籌帷幄，確可彰雪中送炭之情，實現自己的人生夢想也就指日可待了。

但是，嚴子陵浸潤京師政界、儒林和商圈，消息管道眾多，他在綜合各方消息後，總覺王莽此人深不可測，其言行舉止多有矯情之嫌。這一切的背後，似乎埋藏著王莽巨大的政治野心。他對王莽的人品心中無底，因此內心矛盾重重。如果王莽真非君子，自己盲目投奔，豈非黨豺為虐？

陳遵看出了嚴子陵內心的猶豫，說：「子陵近來多與政界儒林交往，定是聽到一些貶低新都侯的流言蜚語。依我所見，製造這些輿論的都是趨炎附勢之輩，他們以為新都侯既已倒臺，再無復出可能。其實新都侯的品性和作風不同凡響，其知書達理、尊師好學、敬老禮賢、胸襟磊落，諸多美德集於一身，值得追隨和輔佐，子陵為何還猶豫困惑？難道子陵真願做一輩子商賈，終生守著金銀財寶老去不成？」

嚴子陵認為陳遵言之有理。人事是非，仁者見仁，智者見智，況且金無足赤，人無完人，也許是自己對王莽多心誤判了。他起身舉杯說：「嚴光多謝師父指點迷津。」說完，他一口飲盡杯中酒。

陳遵也起身舉杯說：「預祝子陵為朝廷立不朽之功，圓自己人生夢想。」

四

嚴子陵到達南陽郡治宛城，找一家客棧丟下行囊，便直奔新野新都侯府而去。不巧，他趕上了王莽的一樁私事——次子王獲殺死了家中的一個婢女。

嚴子陵不知王莽家裡出了狀況。他一步踏進侯府客堂，才知去得不是時候。眼前的場景是：王莽坐在客堂正案，一臉暴怒，眼珠子突得滾圓，右手握拳撐著案角，正在氣頭上。王獲被五花大綁跪在王莽面前，昂首斜目，一副委屈不服的神情。王莽夫人在一旁由家眷攙扶，用手絹抑著眼角，怯生生地用哭腔向王莽哀求著。

嚴子陵左腳已踏進門檻，右腳還在門檻外。他進退兩難。

王莽看到嚴子陵突然進府，喝斥家人都下去，把王獲押去後院看管。

將家事擱置下來後，王莽招呼嚴子陵進書房敘談。

書房裡，王莽不問嚴子陵因何來到侯府，而是先向嚴子陵述說王獲殺奴一事。按王莽的說法，他家的一個婢女，在打掃他的書房時，不小心打碎了一尊獨山玉雕。這個婢女恰是王獲從街市上買來的。王獲怕父親責備，悄悄把婢女拖到後山的竹林裡殺死了。

嚴子陵做過玉器買賣，知曉南陽獨山玉雕的珍貴。自古獨山玉雕多作貢品，或為達官貴族所尊享。「完璧歸趙」的和氏璧就屬獨玉類。和氏璧為白玉，是獨玉中的「透水白」，極為珍貴。

王莽說道：「就因這點小過，竟信手殺死婢女，子陵你說，這種逆子該不該殺？」

嚴子陵有點犯難，他就事論事說：「這事大半是新都侯的家事，小半才是官府的公事，新都侯依常律處置即可。」

嚴子陵的回答有據可循。類似王獲這樣殺奴婢的事，在貴族和富豪家中經常發生。那時，奴婢的社會地位極低，可像牛馬一樣在市場上公開買賣。依據漢朝律令，主人只要在處死奴婢前，先向官府打個招呼，就算合法；如果不打招呼，擅自處死奴婢，雖以違法論處，但是懲罰也極輕微。譬如王獲殺婢這事，王莽只需嚴厲譴責一下他的兒子，然後報告官府交點罰金，問題則可全了，誰也不會因此等小事非議王莽。

但是，王莽不願就此了事。他對嚴子陵說：「記得子陵在府上『居作』時曾經說過，當下奴婢之弊與土地之弊一樣，已成為影響天下長治久安的重要癥結。今日事發我家，正可考驗我敢否力行，公子的命是命，奴婢的命也是命，人生而平等，命亦無貴賤，一命抵一命，逆子務必死。」

嚴子陵憎惡世間不把奴婢當人待，痛恨王獲輕率無辜殺死婢女，但是今天涉事的是新都侯的公子，他認為如果王莽按常律辦事，是既合情理，也合法理的穩妥解法，哪會想到王莽真會處死自己的親生骨肉。

嚴子陵說：「我當然記得自己說過的話，可是，時至今日，朝廷法令尚未改變，因此，依常律行事，並無不妥，也不為過。」

王莽說：「大丈夫當言而有信，言而由衷，我當時就贊同子陵的限田限奴和天下人人平等主張，那麼，今日就從我王莽做起，從新都侯府開始。」

嚴子陵說：「還請新都侯三思。」

王莽說：「子陵不必顧左右而言他，你直接回答我，贊不贊同殺逆子王獲？」

王莽決意這樣做，嚴子陵不再反對。

五

因王莽還要處理家事，嚴子陵不便留在侯府，只得暫別侯府先回宛城。行至不遠，有一快馬疾追而來，超越他的馬車後，攔住了他的前路。

來人下馬跪拜，對嚴子陵說：「請先生稍等片刻，夫人正趕來見您。」

來者是王莽夫人，這讓嚴子陵大感意外。王莽夫人下了馬車，啜泣著向嚴子陵敘述王獲殺奴的原委。

按照王莽夫人的說法，王獲所買婢女長得秀麗，不久，他們暗中相好。不知何時，侯爺也看上了這個婢女，經常使喚婢女去清掃整理他的書房。昨日午後，王獲路過父親書房，無意間聽到父親與婢女的甜言蜜語。王獲心生狐疑，貼近門縫往裡瞅，瞅見書房內父親正摟著婢女親熱。婢女雙手把玩著獨山玉雕「鳳凰于飛」（「鳳凰于飛」寓意夫妻相親相愛）。

王獲下意識聯想到眼前正在發生什麼。他怒髮衝冠，忍不住對著房門猛踹一腳。門關得嚴實，這一腳沒把門踹開，卻把裡面的婢女驚得厲害。「啪啦啦」，婢女手上的玉雕摔落在地。王莽厲聲喝問。王獲慌忙逃離。傍晚，在後花園的竹林裡，王獲拔劍殺了婢女。

夫人對嚴子陵說：「先生的話侯爺向來多能聽從，我將家醜說與先生，只為懇求先生返回侯府勸說侯爺，千萬不可真動殺心。」

嚴子陵不敢相信夫人所說，因為他心中的王莽是崇禮的儒官。但是，面對夫人的哀求，嚴子陵實難推卻，他答應返回侯府，再去勸導新都侯放棄殺子之念。

嚴子陵剛掉轉馬車，忽然颳來三分鐘熱風沙。沙塵裡一個侯府家奴迎面跑來，氣喘吁吁地告訴夫人：「侯爺已逼王獲自殺了。」

夫人立時昏倒在地。

嚴子陵嘆息一聲，回了宛城。

不日，王莽威令兒子自殺以償奴婢之命的故事傳揚天下。天下的儒學士子對王莽心懷激賞，百姓們更把王莽看成救星。

王莽把一樁家事炒作成了一件帶有轟動效應的大事件。他以兒子的死，換來了天下人對自己的美譽，贏得了不可估量的社會影響。

在與天下人一起讚譽的同時，王莽夫人所說的那個版本，終究在嚴子陵心中留下一片陰影。

六

辦完兒子的喪事，王莽就急著派人來請嚴子陵。

被迫下野，蟄居南陽，這對王莽而言，打擊確實重大。但是，對沉浮宦海二十多年的王莽而言，他信心雄厚。

王莽深諳朝堂奧祕，儘管哀帝可以罷黜他的官職，可以革除王氏外戚薦任的官僚，然在短時間內，哀帝無法掃除王氏集團把持朝政所造就的巨大影響，無法消弭他用各種手段建立起來的威望和聲譽。面臨國勢衰退的劉氏漢室，國家絕不是哀帝及其左右能夠得心應手治理的，接踵而至的難題會使他們束手無策，政策的失誤會令他們焦頭爛額、狼狽不堪。

而這一切，恰恰會激起朝野對王氏集團的懷念，成為王莽東山再起的重要條件。現在，王莽急需一個相宜的人，為他傳遞情報、斡旋於朝臣之間。對於嚴子陵的到來，王莽既驚訝又興奮，他認定這是天意所賜。

王莽用侯府最好的酒菜招待嚴子陵。

王莽與嚴子陵邊酌邊談，他對嚴子陵稟述的哀帝寵信董賢，朝臣和貴族祈盼他復出的消息格外上心。

王莽說：「既然朝臣和貴族多盼我復出，為何不見他們抱團向皇上諫言呢？」

嚴子陵說：「新都侯所言切中要害，據我所知，這是因為現時他們的既得利益尚未受到損害，他們沒有切膚之痛，自然只會坐視議論，不會抱起團來死諫。」

王莽沉默，眉頭緊鎖。

嚴子陵問：「不知新都侯是否聽聞過長安鄉間的一句俚語『牛不鞭笞耕田慢』？」

王莽意會道：「子陵之意是要設法鞭笞一下朝臣和貴族？」

「正是。」

「如何鞭笞？」

「這要看新都侯能否下定決心。現在，朝中大臣一批一批換新，新晉的官僚人人都想在皇上面前施展才幹、建功立業。皇上也想速有建樹，改變氣象，做一位萬民敬仰的好皇帝。此時，正可利用新帝和新臣的這個心理，乘勢做一件大事。」

「何等大事？」

「諫言皇上廢除任子令。」

一聽要做的大事竟是廢除任子令，王莽放下了剛碰到唇的酒杯，神情疑慮。

任子令始於漢文帝，指二千石以上官吏，做官滿一定年限，可以保舉子弟一人為郎；大貴族大官僚援引此令，可以保舉子弟二人甚至數人做官。任子令是一種按門蔭入仕的制度，為西漢中上層官僚的封建特權之一。

王莽暗自思忖：「嚴子陵出的主意真夠狂妄無忌。」

嚴子陵釋惑道：「只要皇上下詔廢除任子令，新都侯可坐收漁翁之利。一則，廢除任子令，增加了布衣士子入仕員額，必能獲得天下士人擁護，此等利國利民好事，新都侯早就有心做，此舉正可了卻您的心願。二則，任子令一旦被廢，就會引起官宦貴族的反對和怨怒。因為他們不知這是您的計略，他們的怨氣會潑向皇上和上奏疏的大臣，此時他們才會心向新都侯，抱團死諫新都侯復出。」

王莽動了心，但是他又犯起難來。他問嚴子陵：「誰來上這個奏疏呢？此人既要位尊言重，又要自己願奏敢疏，還要皇上能夠信他從他。」

「高樂侯大司空師丹最為合適。師丹出身貧寒，對任子令深為厭惡，又懷儒士秉性，行事心切，必定願上此奏。師丹曾為太子太傅，皇上的師父，現居大司空職，名重位顯，是皇上的主要智囊和重要輔臣，而今皇上對他言聽計從，只要他敢上疏，皇上定會從他所奏。」嚴子陵答。

王莽聽了嚴子陵的分析，覺得師丹確實妥當。心頭一轉，又生疑慮，問：「何人能夠說動師丹？」

「這個不難。」嚴子陵很有把握地說。「師丹原為博士，成帝時，經丞相翟方進舉薦，入朝任光祿大夫。翟方進對師丹有恩。翟方進被成帝賜死時，師丹曾死諫反對，然成帝不為所動，由此師丹一直心懷歉疚。師丹知我與翟方進私交甚厚，故而由我出面說動師丹上書，應在把握之中。」

王莽頻頻點頭說：「如此甚好。」

「以師丹的脾性，一旦廢除任子令之奏被皇上採納，他還會向皇上再奏一疏。」

「哦，他還會再上何疏？」王莽疑問道。

「限田限奴。」

王莽先是一愣，繼而笑道：「此舉不是往朝臣貴族的傷口上，再撒一把鹽嗎？」

「唯有如此，朝臣們才會群起攪亂朝局，才肯死諫請願，當哀帝難以掌控朝局時，新都侯復出就水到渠成了。」嚴子陵語氣從容自信。

「師丹若真如此肇疏，那他就如為自己挖坑，況且這坑著實挖得深，難道他對後果不會有所預感？倘若預感在先，師丹還會上疏嗎？」王莽蹙眉問。

「師丹忠於皇上，勤於政事，心性耿介無私，只要是他認定的利國利民之事，哪怕赴湯蹈火，也會無畏向前。我等能夠利用師丹的把握就在此處。因此，新都侯不必擔憂師丹是否肯上疏。」

說到這裡，嚴子陵欠身作揖道：「不過，我有個不情之請，萬望新都侯答允，否則，不敢周旋此事。」

王莽說：「子陵有何請求，但說無妨。」

嚴子陵說：「可以料想，廢除任子令和限田限奴，必使朝廷掀起巨瀾，皇上若箝制不住，再要平息巨瀾，情非得已之下，只能將責任推於他人，師丹將首當其衝。師丹是皇上的師父和信臣，只要皇上在位，難免撤職奪爵，但必無性命憂虞。我此番周旋，請求新都侯給個保證，在您復出後，務請皇上為師丹平反，復官還爵。」

王莽聽後心裡掠過一絲不悅，他原以為嚴子陵要藉端為自己謀定官職，沒想到嚴子陵竟要逼他許下承諾，為師丹解除後顧之憂。

王莽問：「難道子陵要將此事向師丹明言不成？」

嚴子陵說：「正是因為此事機密，只可意會，不可言傳，才需新都侯做出承諾，使我胸中坦蕩，放開手腳去奔波，事成後亦不致有功者蒙冤遭屈。」

事已至此，復出欲望強烈的王莽，起身離席，向嚴子陵深鞠一躬說：「如此拜託子陵了，只要子陵能說動師丹，大事定局後，我定不負諾言，師丹若撤職，我復他原職，師丹若削爵，我還他爵位。子陵可大膽行事。」

第十一章　不與時人同夢

一

漢王朝的局勢朝著嚴子陵預設的方向發展：

哀帝劉欣採納大司空師丹奏疏，下詔廢除任子令，天下儒學士子無不歡欣鼓舞、奔走相告，而官宦貴族對師丹惱羞成怒。

廢除任子令後不久，師丹又聯合丞相孔光和復出不久的御史大夫何武，向哀帝提出限制私人占有田地和奴婢數量的新政，史稱「限田限奴之議」。詔令甫出，即遭強烈抵制，哀帝只得下詔「且須後」。「限田限奴」改革被擱置起來，成為一紙空文。

廢除任子令和「限田限奴之議」，徹底激怒了朝中各個利益集團和權貴大臣，他們拋棄成見抱成一團，連番不斷地聯署上書哀帝，強烈要求彈劾師丹，請求王莽復出輔政。聯署的大臣中，有寵臣董賢和傅氏、丁氏外戚新貴，他們本是王氏集團的政敵，但是當他們面對固有的特權將被剝奪，既得利益將慘遭損失時，他們的立場迅速倒轉過來，自覺加入挺王派的行列，為王莽大唱讚歌。

哀帝元壽元年（西元前二年），哀帝迫於朝野壓力，先撤了師丹的大司空一職，並削了他的爵，再以「侍候元后」太皇太后王政君的名義，讓王莽回到政治中心——京師長安。

不過，哀帝留了一手，他只准王莽還京，未替王莽復職。

然而，虎已歸山。回京後的王莽，即時關切朝局變化，廣泛聯繫京師官員，為之後哀帝病逝時以疾風迅雷之勢控制朝局、掌握政權奠定了堅實的基礎。

二

哀帝元壽二年（西元前一年）六月，哀帝劉欣走完了二十五年的生命歷程。他沒有留下子嗣，傅、丁兩太后已先於他離世，收拾殘局的任務便落到了年邁但是仍健碩的元后王政君身上。

在得報哀帝病逝後，元后立即駕臨未央宮。她收取皇帝璽綬後，火速召王莽進宮，將兵符以及皇宮衛隊的統帥權交予王莽，又授王莽百官奏事權。

王莽受命後迅疾行動。第一，以元后之名剝奪董賢的職權爵祿並令他自盡。董賢是哀帝想要禪讓帝位的對象，這個隱患必須徹除。第二，迎立元帝的直系重孫、中山孝王之子劉衎即位，是為平帝。君主才九歲，王莽依例請出元后臨朝稱制。第三，請元后下達詔書，由公卿民主推舉大司馬，結果「舉朝皆舉莽」，王莽冠冕堂皇地坐上大司馬領尚書事之職。

東山再起的王莽，其職務雖與先前相同，但是氣勢和威嚴則更勝一籌。王莽將軍事權和執政權牢牢攥在手中，整肅朝廷和郡縣官吏，大部分要害職位都換上了自己的親信。那些想著攀龍附鳳獵取富貴的人，無一不以得到王莽的賞識和重用為榮。

偏偏出了兩個不知好歹的人，對王莽採取不合作態度，在王莽勝利的笑臉上撒了一把灰。

一個叫彭宣。彭宣是補師丹之缺，成為哀帝朝的大司空。彭宣在朝時慎獨正直，從不依附董賢和傅氏、丁氏外戚，頗具人望。故而，王莽復出後，保留了他的大司空職，讓彭宣和孔光與自己一起並列當朝三公。做此安排，王莽以為彭宣會感激涕零。可是，彭宣不願與王莽為伍，更不願做王莽的應聲蟲，而以年事已高為由，向王莽提出辭呈。王莽恨彭宣不給自己面子，他在允准彭宣請辭的同時，剝奪了他的一應待遇。

另一個是嚴子陵。嚴子陵是王莽重返政壇的主要謀士和功臣，是王莽總攬朝權後需倚靠的智囊人物和執行者。他不與王莽合作，著實讓人費解。

王莽秉政後，打算讓嚴子陵任少府丞。少府丞為少府（九卿之一）的副職，秩千石。王莽認為嚴子陵是個政壇新人，初出仕便得千石官秩，足以令他滿意。

當王莽把這個安排告訴嚴子陵時，不料，嚴子陵當面辭謝。

王莽問：「子陵是否嫌少府丞的官秩低了？」

嚴子陵側臉不答。

王莽想到嚴子陵性氣狂傲，又為自己重返政壇立下了大功，他在心裡盤桓一番後說：「我改請子陵出任大司馬長史，如何？」

嚴子陵搖頭不語。

王莽納悶了。「大司馬長史無論實權亦或秩祿已相當高了，嚴子陵到底想當多大的官呀？嚴子陵確有柱國之才，難道他真想一步登天當丞相不成？」王莽不禁心中窩火。

難為王莽壓著心頭之火說：「子陵先屈就大司馬長史，一旦閱歷見長，我自有說辭隨時拔擢你。」

嚴子陵說：「大司馬在上，大司馬長史這官確實小了一點，我想要大司馬轉稟皇上，封我為高樂侯大司空。」

王莽恍然明白，原來，嚴子陵是為師丹鳴冤來了。此時的王莽已與師丹結怨，只是未向嚴子陵交底。

王莽拉下臉問：「你是要我為師丹昭雪平反？」

嚴子陵說：「大司馬所言不妥，我不是要大司馬為師丹昭雪，而是要新都侯兌現在南陽新都侯府時的承諾。師丹若不復官還爵，嚴光我有何顏面立於朝堂之上？」

王莽雙手一攤，狡辯道：「子陵不懂，師丹先前位列三公，三公職位得由元后決定。」顯然，王莽開始推諉。

王莽這句推諉棄約的話，倒啟發嚴子陵悟到另一條進路。他心中頓時有了辦法。不過，他不忘嘲諷王莽說：「嚴光真就不懂，難道大司馬竟與我等百姓一般，連諫言上疏的機會都沒有？」說完，拂袖而去。

三

出了大司馬府，嚴子陵直奔前將軍何武府第。

從成帝朝開始被重用，何武算是三朝元老了。何武的夫人與元后沾親帶故，元后對何武一直很信任。嚴子陵了解這層關係，想請託何武說動元后，為師丹恢復名譽。

何武深知嚴子陵性情。嚴子陵從不託人辦事，今為師丹之事奔波求人，情真意切，何武爽快地答應了他的請求。

何武向嚴子陵透露：「當時哀帝迫於朝野輿論和壓力，無奈決定撤免師丹，允王莽返京復職。師丹離京歸鄉前力諫哀帝，要隨時防範王莽野心。王莽返京後遲遲未予復職，原因就在於此。王莽獲知個中關係，對師丹懷恨在心，因此他絕不會讓師丹復官還爵。」

至此，嚴子陵才明白王莽不復師丹官爵的緣故。他原以為王莽要復師丹官爵，可能一時真有為難處，不曾想王莽的心胸竟這般狹隘。他慶幸自己還有前將軍何武這條門路可走，否則自己的良心將無處安放。

不過，嚴子陵仍心存疑惑。他對何武說：「我沒想到王莽會耍小人伎倆。」

何武哈哈大笑道：「子陵想不到的事多著呢。」何武轉而神情坦然且鄭重地說道：「子陵，這是我最後一次幫你了，可惜沒能幫到你本人。」

嚴子陵忙問：「前將軍為何說這是最後一次？」

何武說：「先前，元后下達公卿推舉大司馬詔書，王莽謊稱『舉朝皆舉莽』，其實我和左將軍公孫祿事前商定絕不舉莽，而採互舉策，以免舉了他人而加害他人。王莽對此極為惱怒。所以，我被削職應是早晚之事。」

嚴子陵問：「前將軍和左將軍為何要與王莽針鋒相對？」

何武說：「王莽是個兩面人，我不堪與他同流合汙。」

「兩面人？根據何來？」

何武說：「子陵聽聞過王莽買婢女送朱博之事嗎？王莽任騎都尉，光祿大夫，侍中時，曾悄悄買過一個漂亮侍婢偷歡，此事本屬尋常小事，擱在其他達官顯宦身上，不會引發風波，然而出在王莽身上，反響則大有不同。

王莽慣以正人君子自居，世人視他如聖賢，所以有人竊竊私議，譏諷他是偽君子。私議饋至王莽耳中，王莽自覺不妙，他當機立斷，命人盛裝車輿，將侍婢送至後將軍朱博家裡。王莽恬不知恥地廣為宣揚，說他聽聞朱將軍至今尚無子嗣，念念在心，有相面人說，這個女子端莊淑麗，宜生兒子，他就特地為朱將軍買下。哈哈，你看，如此一來，王莽既解了自身之圍，又討好結交了朱博。回顧公卿推舉大司馬一事，可見王莽的兩面人手法玩得有多嫻熟。」

何武之言頓讓嚴子陵思及王莽南陽殺子事件，他心中忽然明朗，那天王莽夫人半路截車說的話，才是當時王莽殺子的真相。

何武搖搖手說：「不議王莽了，說說你吧。朝中傳言王莽要任你為少府丞，可有此事？」

嚴子陵笑說：「何止少府丞，剛才王莽許我任大司馬長史。」

何武語氣平和地說：「子陵堪當此任，看來王莽對你還算真心結好。」

嚴子陵說：「入仕經世濟民，是我畢生宏願，但是我絕不會在師丹恢復名譽之前入仕為官，縱然許我丞相，我也堅決不就。」

何武說：「子陵真有君子之風。我現在就進宮，拚盡老命也要說動元后恢復師丹官爵。」

三天後，元后詔令：「特封師丹為義陽侯，食邑二千一百戶」——比之前大大提高。師丹自請不再還朝仕宦，朝廷准其在家安享晚年。

畢竟元后還在「臨朝稱制」，王莽難以再施阻梗，師丹之事便塵埃落定。

當王莽獲知這事的幕後推手是何武後，他氣急敗壞，新帳舊帳一起算，指使監官彈劾何武和公孫祿屢犯「劣跡」，免了二人官職。

四

在何武歸鄉前，嚴子陵設家宴為何武餞行。

二人山南海北暢談一番後，話題切到朝局上來。談到朝局，必然扯到王莽。

何武仕宦三朝，對王莽的了解透澈其骨。

王莽入仕二十餘年，初期還算誠懇，待到積蓄了一些聲望之後，他挖空心思，抓住機遇，常做一些讓世人激動奮發之事：

他在伯父王鳳、叔父王根病榻旁，蓬頭垢面、衣不解帶服侍月餘，欲彰其「孝」。

他視姪子如己出，擇名儒為師，還與自己的兒子同時婚娶，不分軒輊，欲彰其「慈」。

他嚴責殺奴的次子，令次子自殺以償婢女之命，欲彰其「義」。

他買婢女送將軍朱博，椎劍鼻而贈孔休，欲彰其「交友以信」。

他數辭封爵，幾讓戶邑，散財賑賓客，下惠至鰥寡，欲彰其「謙讓」和「清廉」。

他當下輔佐九歲高祖後裔為帝，延續漢室香火，欲彰其「忠」。

何武悵然道：「王莽這般激奮行為如若為真，可謂蓋世忠臣。可惜，我等全被王莽的虛假面具所迷惑。王莽的所作所為，其實是在不擇手段地獵取美名、獲取高位、攫取權力，以使朝野形成『當今治國平天下，捨我其誰』的格局。子陵是否想過，彭宣為何不與王莽合作？師丹為何苦諫哀帝不復王莽之職？我和左將軍公孫祿為何互舉而偏不舉莽？因為我等都已看穿王莽的兩面人嘴臉。王莽的一切考量與活動，都在繞著篡漢自立的野心磨盤。」

嚴子陵聽懂了何武的話外之音。何武是在勸他認清王莽大偽似真的面目，不做王莽篡漢自立的幫凶。當初，他聽從師父陳遵建議，決定去南陽追隨王莽時，曾對自己的行動有過徬徨，這種徬徨正是源於他對王莽行為品性的懷疑。但是，讓他最終下定決心的，是他認為王莽必將勝出，只要王莽重執朝政，作為王莽的患難之交和主要謀士，自己的前程注定無量。

所以，他在新都侯府為王莽竭盡智慧，甚至不惜以犧牲賢臣師丹為代價。人性的本能，驅使他做出這些狂妄的謀劃，因為他無法抵禦「三朝為相」的誘惑，以致對於時人對王莽的負面印象和評價，他也採取了寧可信其無而不肯信其有的態度。他決意為自己的夢想而博弈。如今，他意識到自己的行為確實大謬不然。

想到這些，嚴子陵悶頭喝酒，不敢正眼對視何武。

何武打破悶局，問：「子陵何以沉默？」

稍等片刻，嚴子陵說：「我在猜想今天餘姚老家的天氣。」

「何故猜想老家天氣？」何武見嚴子陵面露尷尬，笑問。

嚴子陵說：「成帝永始元年，我在餘姚家中為母居喪，鄰居悄悄跟我說，只要天氣晴朗，我的祖父必定到南牆角的石槽上晒魚鯗。有時，魚鯗被風吹走了，或被人順手牽羊了，或被貓狗叼走了，祖父總會立時補上。後來，我觀察祖父行蹤，果如鄰居所言。唉！」嚴子陵輕嘆一聲，自酌一杯。

何武體會到嚴子陵話中苦澀，舉杯說：「怪我酒後胡言，還望子陵聞過且過。來，喝酒。」他也痛飲一杯。

這頓餞行家宴，嚴子陵不知自己喝了多少酒，酩酊中也不知何武後來跟他說了些什麼。他醉了，醉得人事不省。

大醉一場的嚴子陵病了。他臥在床上，晒魚鯗的爺爺、為他暖足的母親、大詐似信的王莽和德高望重的何武，在他眼前幽靈般地忽隱忽現。左耳是祖父和王莽的鼓呼：「勿忘三朝為相！」右耳是母親和何武的吶喊：「做人要有骨氣！」他的心似被烈馬分撕，晝夜劇痛。他正在經受一場靈魂的詰難與拷問。他必須在劇痛中做出關乎自己前途命運的抉擇。

王莽聞得嚴子陵病了，差家丞到嚴府問疾，以探真相。家丞去過嚴宅後回稟王莽，嚴子陵形銷骨立，料是真疾。

王莽遂緩了嚴子陵大司馬長史之職。

五

事實確如何武所料，王莽終究按捺不住政治野心，他用讖緯符命肇端，跨出了篡漢自立的第一步。

平帝元始元年（西元一年）正月底，王莽附會《尚書》記載的越裳氏向周天子敬獻白雉的古例，暗示益州邊郡一個官吏自稱越裳氏，向朝廷獻上一隻白雉、兩隻黑雉。王莽黨徒群起鼓譟，為王莽歌功頌德，請求元后封賞王莽，以上應古制，下順天心。二月初，被逼無奈的元后效成王封周公，加封王莽為太傅，號「安漢公」，益封二萬八千戶。王莽的封號之高、封邑之大，遠超劉邦時的蕭何和宣帝時的霍光，成為漢王朝歷史上的第一人。

王莽篡漢的舞臺至此已足夠穩固堅實。

行將自立的王莽，急需一批忠誠而具才幹的人來襄助他。王莽想到了劉歆。他任劉歆為羲和（王莽新設定的官職），封紅休侯，讓劉歆掌典「儒林史卜之官」，使劉歆成為漢朝儒學的最高權威。

劉歆善文不善政，王莽反覆盤點權衡之後，又想到了嚴子陵。經歷這次宮廷政變，王莽自以為對嚴子陵瞭如指掌：嚴子陵至今仍是政治新人，與朝中官宦瓜葛甚少，不可能也無資本結黨營私；嚴子陵在他落難時拔刀相濟，獻計謀且周旋於南陽與京師間，足見其忠誠；嚴子陵有獨到的治國襄政見解，理事勤勉，可為臂膀。王莽決意授嚴子陵為尚書令。

在西漢末期的官制序列中，尚書令屬內朝官，是皇帝近臣，其地位與外朝官九卿相當，位在重臣之列。

在請元后下達任職詔書前，王莽授意家丞到嚴府，察詢嚴子陵身體是否痊癒。王莽吩咐家：「若見嚴子陵身體康健，可故意向他透個口風，讓他有所心理準備。」

嚴子陵早就做好了心理準備，他將經商所獲資產，除尚冠里一處宅第外，都悉數轉移至會稽餘姚。待王莽家丞走後，嚴子陵為王莽撰就書信一封。正在他考慮是自己親自去送還是託人轉送時，哀章來了。

哀章聞知嚴子陵將出任尚書令的內幕消息，以看望同學之名，趁早趕來巴結。哀章在天祿閣做讎校多年，劉歆只管自己升官，不顧手下前途，所以他至今還在原地踏步。哀章以為嚴子陵肯定沒有察覺以前自己對他的陷害，想嘗試著走一走嚴子陵的門路。他想嚴子陵重情義，必會念同學情誼，讓他暗室逢燈。

主賓在客堂落座後，聽了哀章的三言兩語，嚴子陵便猜出其用心。嚴子陵暗喜，哀章不請自來，正好借他一用。

第十一章　不與時人同夢

嚴子陵說：「難得學兄光臨寒舍，歡迎。」

哀章說：「學弟身體調養如何？」

「託學兄的福，好了。」嚴子陵起身在客堂裡踱方步一圈。

哀章拱手道：「聽說安漢公要授學弟尚書令之職，哀章特來道賀，今後還望學弟多多提攜。」

「一定，一定，學兄市面靈通啊。」

「聽紅休侯（指劉歆）說，明日安漢公要召紅休侯和學弟對策。」

嚴子陵故意麵呈難色說：「是啊，可是事有不巧，明日有一南陽客商來談玉器買賣，我脫不開身。」

哀章好生奇怪，問：「學弟你是做尚書令重要，還是做買賣重要啊？」

嚴子陵說：「尚書令要做，買賣也要做，做了尚書令，更利做買賣。這個學兄一定懂吧？」

哀章隨口應和：「我懂，我懂。」哀章心裡妒忌：「這個嚴子陵，何來此等好運，升官又發財，還如此放肆。」

嚴子陵隨手遞給哀章一個信札說：「我已擬就對策一封，有勞學兄帶此信給紅休侯，明天紅休侯去見安漢公，煩請他轉呈。」

哀章連忙點頭答應，接過信札離開嚴宅。

哀章回到天祿閣，馬上去見劉歆。哀章怕劉歆生疑，謊稱此信是嚴子陵差家僕送來，家僕告知明日嚴子陵有重要商賈接待，已擬就對策一封，特請紅休侯轉呈。

劉歆接過嚴子陵的對策信，罵道：「狂妄之徒！」他很想窺探信中內容，但是信札加了泥封。他又罵道：「小人之心！」

六

第二天，劉歆帶上嚴子陵的對策信去見安漢公王莽。劉歆遞上信札，王莽接過，啟封讀來：

「別矣，安漢公！若公能真安漢而不篡漢，嚴光定會緊跟公走；若公是假安漢真篡漢，嚴光絕不做公之幫凶。

別矣，安漢公！公之野心昭然若揭，嚴光豈能再不醒悟？公授嚴光官位越高，嚴光所犯罪過越大矣。」

王莽的臉色紅一陣白一陣，青筋暴起，持信的雙手抖得劇烈，以致信箇發出「簌簌」聲響。「啪——」王莽將信狠狠地摔在桌上，捂著胸口起身，手指著劉歆，聲嘶力竭地吼道：「嚴光，你這個不識抬舉的狂逆之徒，你想找死嗎？我就讓你立刻去死！」

劉歆不知嚴子陵信中寫些何事，竟氣得安漢公把他當成了嚴子陵。他趕緊跪道地：「請安漢公息怒！」

王莽氣急敗壞，怒瞪著劉歆。劉歆噤若寒蟬。

過了好一會兒，劉歆說：「要不立刻派人將嚴光逮捕入獄。」

王莽無語，跌坐在席。

又過了一會兒，劉歆再告：「請安漢公下令，即速逮捕嚴光。」

不料，王莽說：「這是紅休侯該管的事嗎？」此時，王莽震怒的心有所平復。他惱恨嚴子陵恃才傲物，目空一切，卻又感慨嚴子陵才勇兼優。王莽心底暗思：「從當下看，能夠看穿我野心的，定然不止嚴子陵一人，然而有膽魄勇於揭露我野心的，恐唯有嚴子陵一人了。何況，面對如此大好機緣，嚴子陵竟能不藉榮華，揚長遠離，足見其人格非凡。」

王莽長嘆道：「嚴子陵，真大材也！」稍後又傳令：「速將嚴光逮來見我。」

將官受命後，王莽遲疑一下說：「記住，告誡手下兵士，千萬不可傷及嚴光，誰敢傷及嚴光，我必先殺他。」

將官領命，剛出大門，又被王莽喝回。王莽說：「倘嚴光已逃，則不必追趕，由他去吧。」

劉歆當即察覺王莽不願殺嚴子陵，忙進言道：「安漢公不可重蹈魏王藐視中庶子商鞅之覆轍，嚴光萬不可留，若留著他將來被人利用，那就後患無窮了。」

王莽看著劉歆，語帶嘲諷地說：「紅休侯真乃儒學泰斗，商鞅嚴光怎可比擬。古時的商鞅處於何等形勢？現今的嚴光又處於何等形勢？戰國時，六國紛爭，君主由商鞅選擇；如今，天下歸一，嚴光還能去選擇誰，難道他會去投奔匈奴，做武帝時的中行說嗎？」

王莽陰笑一聲，極其自負地說：「我就要等待嚴光臣服於我的那一天！」

第十二章　滄海橫流

一

平帝元始二年（西元二年），嚴子陵輾轉回到闊別十五年的家鄉餘姚。

十五年前，嚴子陵二十六歲，正值青春年華；如今，他已步入四十壯年。人說四十不惑，嚴子陵卻深感迷茫，不知自己該何去何從。等待入仕嗎？他決心已定，只要王莽當政，就絕不踏進官場半步。繼續做買賣嗎？他有此天賦，且有商賈資本，但是這與他的人生夢想南轅北轍。

嚴子陵的回鄉，對嚴家人而言，有高興，有失落。高興的是嚴子陵平安回來，還攜妻帶兒，腰纏萬貫；失落的是嚴子陵至今無一官半職，難說光宗耀祖。

嚴子陵回家不久，父親嚴士恂卻要離家遠行。年前，朝廷詔令「舉敦厚能直言者」，年近六旬的嚴士恂在推舉之列，被委為南陽郡新野縣令。

在為父親赴任餞行時，嚴子陵感慨不已。

二

一天，嚴家來了一位客人，是鄉里的三老。三老在亭長的陪同下，輕車熟路地走進夏荷莊。

三老開門見山不繞彎，對嚴子陵說：「聽說嚴公子在外買賣做得紅火，能否捐些財資為家鄉做點好事。『富貴不歸鄉，如錦衣夜行，誰知之者。』」

三老善言，他用司馬遷的話，為迷茫中的嚴子陵點亮了一盞燈，把他的心說活了：「是啊，人若富貴了不回家鄉，猶如穿著錦衣走夜路，有誰知曉你的富貴、你是誰？捐些錢財，為家鄉做些好事，正可填補心頭的空虛。」嚴子陵爽快應下三老的請求。

於是，嚴子陵出錢，三老督工，一舉在家鄉造了七座橋。四鄰八舍的鄉親，人人都誇嚴子陵好。

縣令獲悉這個善舉後，命人用八抬大轎把嚴子陵請到縣衙宴會。

爨筒熱老酒，推杯換盞，幾番客套，很快，一席人都有了七分醉意。

興頭上，縣令對嚴子陵說：「《禮記》云：『博聞強識而讓，敦善行而不怠』，嚴公子真君子也，耗巨資造七橋，惠及鄉民，卑職無以為報，今日我連敬嚴公子七碗老酒，以表感謝。」縣令說完，咕嚕咕嚕一氣喝下七碗老酒。

嚴子陵被感動了，說道：「《禮記》云：『來而不往非禮也』，明廷敬我七碗酒，我再為明廷造七座橋。」

眾人擊掌叫好。縣令提議所有陪席的僚佐，同敬嚴子陵三碗老酒。嚴子陵心情暢快，說：「我與諸位共飲。」咕嚕咕嚕咕嚕，也連下三碗。

放下酒碗，嚴子陵心高氣豪地對縣令說：「已造七座橋，再造七座橋，七七四十九，我要為家鄉造四十九座橋。」

「好！」眾人舉杯喝采。

第二天，嚴子陵醒來後，滿嘴還存酒氣。妻子梅李陀為他送來醒酒暖肚湯，對丈夫說：「三老說你昨晚醉酒狂言了。」

「醉酒狂言？我說了什麼？」

「三老說你要再捐資造橋，一直造完七七四十九座橋。」

「我真這麼說嗎？」

梅李陀說：「你自己去問三老。」

「唉！這個爨筒熱老酒，真厲害！」嚴子陵拍了一記仍暈乎乎的腦門說。他細細一算，七七四十九，已造七座橋，還需再造四十二座橋，這筆資財傾囊也不夠啊。他搖頭說：「喝酒誤事。」他似乎有點後悔。

三老上門來了。三老問嚴子陵：「昨晚宴席上對縣令誇下海口，說要造七七四十九座橋，縣令囑我問嚴公子是酒醉之言，或是真心所至？」

三老這話問到了嚴子陵為人的點眼上。嚴子陵想了一想，對三老說：「孟子曾讚頌舜『聞一善言，見一善行，若決江河，沛然莫之能御也』。我自幼長在舜帝故里，舜的品德感化於心。請三老回稟明廷，嚴光昨晚是醉了，卻是酒後吐真言，一字不會含糊。」

三老勸道：「嚴公子，醉酒狂言，不必當真，請三思而行。」

嚴子陵說：「醉酒狂言亦是言，一言既出，駟馬難追。」

三

為籌齊造橋財資，嚴子陵重拾買賣。他不僅在本邑開商舖，還將商舖開到臨縣的句章、山陰、錢塘城裡，以確保有足夠財源來兌現自己的諾言。

嚴子陵到底出了多少錢、建了幾座橋，史無記載，僅是傳說而已。但是先富起來的嚴子陵，為家鄉做善事的確是真心樂意。

然而，修橋鋪路只能讓嚴子陵暫時忘卻心中愁緒，每回他看到祖父佝僂著背走向南牆角的石槽晒魚羹，心中便生愧意。他甚至後悔，當初王莽向他拋來「尚書令」這個大繡球時，為何不先順手接過？難道非要做個「舉世皆濁我獨清」的君子不可嗎？這個念頭雖轉瞬即逝，嚴子陵還是為此滿臉羞紅。

在家煩悶時，嚴子陵常去登夏荷莊東南的白雲峰。他站在峰頂，面北遠眺，彷彿看到山山水水後面繁華的長安城裡，自己坐在平帝對面，似當年與成帝那樣趣談政事。

後來，他將新造的兩座橋，取名為「醒后橋」和「騰龍橋」。他祈願元后猛醒，平帝親政，誅殺大奸似忠的王莽，只有到那時，才能還他一片施展才華、助漢中興的天地。

嚴子陵每天都到醒后橋上去等郵人，盼朋友捎來朝廷的好消息。但是事與願違，所有友人的來信，都讓他氣餒——元后依然昏昏，王莽氣焰囂張：

平帝元始三年（西元三年）夏，京師長安發生「狗血門事件」，王莽趁勢大肆誅伐異己，連已經撤職歸鄉的何武也不放過。何武蒙冤屈死。

平帝元始四年（西元四年）春，元后復加王莽為「宰衡」。

平帝元始五年（西元五年），祥符又現，王莽再加「九錫」，成為無冕帝王。是時，平帝春秋漸壯，王莽為絕後患，果斷鴆殺平帝。

之後，王莽逼元后立宣帝玄孫劉嬰為太子，史稱「孺子嬰」，自己則步周公居攝輔佐成王典故，稱「攝皇帝」，改次年（西元六年）為「居攝元年」。

四

居攝二年（西元七年），深秋，有驛使送來東郡太守翟義信函，邀嚴子陵迅即北上東郡商議機要，信中未露任何商議內容。翟義，字文仲，翟方進長子。翟義二十歲被委為南陽都尉，後升任東郡太守。翟義有機要商議，嚴子陵即刻收拾行裝匆匆北上。

途經秣陵時，路人紛紛傳言：「東郡太守翟義聯合劉氏宗室王侯起兵討莽了。」嚴子陵聞言，聯想翟義信簡，篤信是真，當即棄了車輿，策馬日夜兼程。

是年，寒潮來得早，未及臘月，淮水南北地區已漫天飛雪。這天，嚴子陵行至圉縣，時近傍晚，因有大雪覆蓋大地和房舍，傍晚猶如白晝。

嚴子陵進入城中，見城內有多處燒焦的民房，仍燃著點點星火，伴著「噼啪」的器物燒裂聲。他騎馬沿街前行，邊走邊觀察城中情形，望見前面有一百尺見方的石壇，石壇旁圍著幾十個百姓，正在指指點點，交頭接耳。

嚴子陵近前，原來石壇中央橫攤一具被磔裂的屍體，七八塊屍塊血糊糊一地。圍觀的人在議論，一個說：「當了太守還造什麼反，真是人心不足蛇吞象。」一個說：「翟太守是個好官啊，怎會造反呢？」還有人嘆息道：「翟太守死得慘啊。」

「是翟義太守！」嚴子陵躍下馬，撥開人群，一步跨上石壇。他湊近屍體頭顱端詳，果真是翟義。翟義的臉上濺滿了血汙，但是這方臉、寬額、高鼻，嚴子陵太熟悉了。

嚴子陵蹲下身，一把抱起翟義的頭顱，哭喊著：「文仲啊文仲……」

哭過一陣，嚴子陵忍著悲痛，在好心人的幫助下，買來一口上等棺木，請來「二皮匠」（古代縫補屍體之人），為翟義縫合身容。他看好城外的一處風水地，和「二皮匠」一起埋葬了翟義。

料理完翟義後事，嚴子陵囑託「二皮匠」，待來年開春時，在翟太守的墳頭種兩棵樹，代他四時祭祀，三年不斷。嚴子陵向「二皮匠」作揖鞠躬，並送上一筆厚資。「二皮匠」受了財，連連表示請先生放心，他定會按囑辦事，絕不委屈翟太守。

安排妥當，嚴子陵準備動身。「二皮匠」見狀，提醒嚴子陵：「先生是要南下還是西行？若要西行，我勸先生緩過這陣再走。」

「為何？」嚴子陵問，

「西邊三輔有人跟著翟太守起事了，往長安的大路都被官兵堵了。」「二皮匠」答。

本來，嚴子陵是應翟義之邀北上的，現在，既然翟義已死，他本該返鄉南下，偏偏這時「二皮匠」告知西邊有人跟著翟義起事，他即決定西行，轉往長安去。他要探明翟義起兵的經歷，他要觀察長安的形勢變化，他想知曉緊跟翟義造反的又是誰。

五

嚴子陵出南陽，經念慈，至三輔邊境時，前面的道路被木石截斷。他接連翻過十幾道路障，遠望前路已無障礙。這時，一隊兵士從山腰衝下來攔住去路。

一個什長喝問：「何方逆民，竟敢闖入三輔地？」

嚴子陵在馬上施禮：「我乃會稽人氏，去長安做買賣。」

什長厲聲說：「一派謊言，身為商賈，為何騎馬佩劍，定是翟義反賊的細作，給我拿下！」

十幾個兵士衝殺過來擒拿嚴子陵。嚴子陵拔劍縱馬，這些兵士哪是他的對手。什長見勢不敵，忙下令後撤。嚴子陵順道追趕前行，追出三四里許，一隊援兵趕來。援兵氣勢洶洶撲來，團團包圍嚴子陵。

嚴子陵揮劍突圍。正在纏鬥之際，援兵陣中的百夫長喝令：「住手！退後！」

兵士們立刻退出戰場。百夫長高聲道：「敢問這位勇士，你認識嘉威侯越騎校尉嗎？」

嚴子陵被問得雲裡霧裡，反問道：「嘉威侯，越騎校尉，姓甚名誰？」

百夫長揚劍指向陣中飄揚的營旗，說：「杜陵陳遵，陳孟公。」

嚴子陵望一眼營旗，似有所悟，說：「可是那個『陳遵投轄』的陳遵？」

百夫長答：「是。」

嚴子陵笑道：「孟公，是我師父，我們相識三十餘年了。」

百夫長驚喜：「你是會稽餘姚嚴光，嚴子陵？」

「正是在下。」

百夫長納劍入鞘，抱拳說：「原是師兄駕到，請師兄隨我來。」說完，百夫長調轉馬頭，雙腿一夾馬肚，驅馬朝遠處的軍營馳去。嚴子陵緊隨其後。手下的兵士們被眼前這一幕弄得一愣一愣的。

至轅門外，百夫長引嚴子陵下馬步入軍營，並肩往中軍營帳走去。百夫長邊走邊自詡說：「我在陣中一看師兄劍法，料定是校尉舊人，一問，還果真是。」

百夫長很得意，繼續道：「師兄有幾招劍法與校尉不同，可是師兄獨創？」不等答話，百夫長又自顧自續上話頭：「昨天來了一位校尉的舊友，今天又來一位校尉的弟子，看來，今晚校尉那酒得喝到明日天亮了，哈哈。」

「舊友？」嚴子陵好奇地問：「可知這位舊友名姓？」

「京畿三輔婦幼皆知的勸農使者汜信汜勝之。」

聞知汜信來了，嚴子陵加緊步伐。百夫長見狀緊趕在前，說：「三輔亂了，勸農使者來營中避亂。」

六

無論嚴子陵、陳遵，還是汜信，都沒想到會在兵戈烽火的軍營相遇。營帳外冰天雪地，營帳內三位舊友卻脫得僅剩一件單衣，或許是校尉營帳裡的炭爐特別火熱，又或許是翟義舉義的話題太過壯烈。

平帝猝然暴逝，舉國震驚，引起朝野正義人士對其死因的懷疑和猜測。人們嘴上不說，心裡都很明白，這是王莽毒死一個將要長大親政的皇帝，再抱一個嬰兒皇帝做擺設。人們對於王莽這種花招，看得一清二楚。

誰也不知民怨始於何時，又聚積起了多少，在它爆發前，似乎一切都風平浪靜。忽然，某一天，有某一個人，在某一個地方振臂一呼，整個江山便震顫起來。

東郡太守翟義就是那個振臂一呼的人。

翟義看透了王莽的野心，他與嚴鄉侯劉信等密商起兵反莽。翟義深知，與王莽為敵，極有可能拋頭顱灑熱血，然而，即使死國埋名，只要不慚於先帝，終也心甘情願。

翟義大義凜然，意志決絕，於九月的一個講武演兵日，斬殺觀縣縣令，發兵直奔長安，奮裾首倡反莽義旗。

第十二章　滄海橫流

翟義擁嚴鄉侯劉信為天子，自封大司馬，柱天大將軍，釋出檄文傳告天下，聲討王莽毒鴆平帝，騙取「攝皇帝」尊號，蓄意篡漢奪取天下的罪惡。剎那間，舉國皆震，響應者達十餘萬。

王莽「大懼」，但是他再次以周公匡扶劉氏江山的忠臣面目，日夜抱著幼帝謁高廟祈禱天下太平。在做足輿論的同時，王莽火速徵調重兵輔以重賞，全力圍剿翟義起義軍。

不出三月，起義軍大部被官軍擊潰剿滅，翟義及十數個親兵敗逃至圉縣，終被官兵包圍擒獲，磔屍街市。

朝廷已向州郡頒布翟義被擒磔屍的告諭。陳遵取來告諭給嚴子陵和氾信閱覽。

氾信閱後悲傷不已，嘆道：「不知可有好心人為翟太守收屍入殮。」

嚴子陵說：「翟太守被磔當天，我碰巧從圉縣城裡過，他的後事已由我料理。」嚴子陵一臉哀傷。

氾信說：「子陵最重情義。」

嚴子陵問陳遵：「師父是來合剿翟太守義軍的？」

「不是，但是有關係。」陳遵說：「翟義起事，京城腳下賊盜併發，右扶風槐里平民趙明、霍鴻，自稱將軍，殺了右輔都尉及斄縣令，聚眾趁機攻燒京師府衙，大火殃及未央宮前殿。京畿三輔從趙明和霍鴻者多達五萬。我奉詔命，來平息趙明、霍鴻亂民。」

氾信補充道：「孟公因剿滅亂民有功，剛被朝廷封為嘉威侯。」

「恭賀師父獲爵嘉威侯。」嚴子陵拱手說。他語帶嘲諷，話中有話。氾信察覺到了，不禁望了一眼陳遵。陳遵也感覺到了，他仰首無言。

嚴子陵並不留情，他對陳遵說：「師父是否想過，翟義本就沒有準備勝利，他就是為了滾響一聲驚雷，以死喚醒天下忠勇之士舉起反莽義旗。如今，師父眼中的亂民，不久將成視死如歸的勇卒。那時，師父再有本領，恐也難以將他們剿滅。」

嚴子陵此言分量極重，陳遵聽後羞愧低頭。

汜信見陳遵難堪，心有不忍，他想子陵這話言辭過激，陳遵畢竟是他師父。

他為陳遵辯解說：「如今乃劉氏天下，我等都是劉氏皇帝的臣子，孟公官居越騎校尉，皇帝之命，豈能不從。」

嚴子陵說：「誰人不知當今皇帝其實就是王莽，所謂太子只是一個被王莽捏在掌心裡的嬰孩。」

汜信說：「王莽還沒即真，天下還姓劉呢。」

嚴子陵反駁汜信說：「依你所言，今後王莽篡漢做了皇帝，天下改姓為王，官軍就可堂而皇之把天下百姓殺個屍橫遍野？」

陳遵忽地起身說：「王莽若真篡漢做了皇帝，我陳遵斷然不再做官。」

見陳遵激憤，嚴子陵起立作揖說：「嚴光言重了，請師父包涵。」

「子陵就是這副狂奴性情，還請孟公包涵。二位都請坐下。」這回，汜信幫嚴子陵圓場。

待二位重新落座，汜信建議換個話題，談些趣事。

陳遵哪有心思談趣事，他依舊追著老問題問：「子陵倒是剖析一下，王莽真敢篡漢嗎？王莽會在何時即真稱帝？」

嚴子陵說：「王莽即真篡漢，已經不是他敢與不敢的問題，而是他在等候瓜熟蒂落的時機。就時勢而言，翟義的舉義，掀開了天下反莽的序章，也振奮了王莽那顆蠢蠢欲動的心。」

陳遵問：「子陵此說何解？」

嚴子陵說：「一則現在造反者被撲滅，使王莽誤以為天意屬於他。二則造反者的迅速積聚之勢，逼迫王莽要丟掉抱在手上的孺子嬰，自己坐上龍位。因為王莽以為只要天下改姓王，他就是名正言順的天子，所有反對者皆為忤逆叛賊。三則王莽的爪牙們人人樂做王莽篡漢的吹鼓手，他們日夜思盼這一天早日到來，從而獲取更高的官爵。」

陳遵和汜信幾乎同聲說：「如你所論，王莽即真已為時不遠。」

嚴子陵頷首：「快了，一年半載而已。」

七

嚴子陵的判斷極準。居攝三年（西元八年）十一月，哀章以太學生身分，獻上一道符命，把王莽推上了皇帝寶座。

哀章何以成了太學生？

原來，王莽做了「攝皇帝」後，將太學擴增至萬人。哀章為結黨營私，謀求仕途進步，利用劉歆的影響及關係，為自己在太學記了一個名額。哀章一邊繼續跟劉歆做讎校，一邊擠出閒餘時間到太學習經。哀章目睹王莽從安漢公到假皇帝，一步一環，把符瑞奉若神明，並以符瑞為階梯，趾高氣揚逼近皇帝寶座，早晚有一天要即真代漢。

窺透王莽心思的哀章，決定來一次政治大冒險。他暗地裡做了兩檢銅匱，一檢繪「天帝行璽金匱圖」，另一檢署「赤帝璽某傳予皇帝金策書」。

金策書說：「高皇帝劉邦受赤帝命（史載劉邦為赤帝之子），決定將皇帝位傳予王莽，太皇太后（指元后）應尊承天命。」

金匱圖和金策書中寫有王莽的十一位大臣姓名，在這十一位大臣中，現任的八位，新任的有三位。新任的三位，其中一位就是哀章。十一位大臣名下還署明爵祿和官名，明示他們是新朝的輔臣。

哀章做好銅匱不久，聽聞有人將齊井、石牛的符瑞上奏以後，他急不可耐，當天黃昏，他身披黃衣裳，跑到高帝劉邦的祀廟，把兩檢銅匱交給了僕射。僕射迅即向王莽稟報。

翌日清晨，王莽煞有介事地來到高帝廟，虔誠朝拜了陳放銅匱的神壇。隨後，他戴上皇冠趕去長樂宮拜元后。他向元后陳述符瑞情形，明諭自己是承天命登帝位。最後，他來到未央宮前殿，在群臣的狂呼聲中坐上龍座，釋出即天子位詔書。

新朝始建國元年（西元九年）正月初一（實為居攝三年十二月初一，王莽為慶賀自己登基稱帝，把居攝三年十二月改作新朝始建國正月），王莽舉行隆重的登基儀式。王莽定國號為「新」，下詔拜元后為「新室文母太皇太后」，封妻子為皇后，立兒子王臨為太子，策命前朝廢太子孺子嬰為「定安公」。

同時，王莽依據哀章獻上的金匱圖和金策書，大肆封賞那些為他效勞的黨徒附臣。劉歆在少阿、羲和、紅休侯之上，加封為國師嘉新公。哀章被王莽封為國將美新公。

由一個太學生讎校而一舉登封為公，哀章如願以償。

第十三章　一叢深色花

一

王莽篡漢改朝後的第二年，下詔徵聘嚴子陵為羲和命士。

羲和命士是王莽新設的朝廷高級官僚，擔負總理國家經濟的職責。

王莽建立新朝後開局順利。他拜元后、封皇后、立太子、策孺子，完成了王朝頂層權力的更迭和穩固。他渥親族、貶劉貴、改官制、賞百官，抬升了王氏族統的地位，貶抑了劉氏貴族的權重。

接著，王莽準備推行新政：一、冠王田；二、廢奴婢；三、改幣制；四、重農桑；五、興工商。可謂雄心勃勃。

如何付諸實施，卻使王莽頭大。前兩項似乎比較省力，冠王田實則依周朝古制恢復土地井田制，廢奴婢即改稱「奴婢」為「私屬」，並禁止買賣。後三項就艱難費力了，王莽理想宏偉，卻苦於缺少既能領悟他的精神，又能殫精竭慮善於執行的官員。

國師劉歆不懂經濟，卻善於賣弄理論。劉歆奏稱：「周王朝專門設有泉府官（經濟官），倡導官府賒貨，收購民間兜售的貨物，供應民間匱乏的貨物。《論語》設有五均（物資調節官）各管一事，以使財物能夠公平分配，百姓能夠安逸生活，這些都源於《周禮》主張。」

王莽陡然開竅，找來一幫大臣博士，根據《周禮》和《論語》，製出「五均六管」法（史稱「五均六筦」）。

事非前定，王莽以周禮有「命士」爵為據，從朝廷至郡，專設一個新的官職，稱作「義和命士」。朝廷的義和命士秩比義和（義和由大司農改稱而來），郡的義和命士秩比太守。各郡的義和命士均由王莽欽點，足見王莽對這個職務的重視。

待到郡的義和命士全部上任，卻遲遲不見朝廷的義和命士列隊朝班。是朝中無人了嗎？還真是。

在王莽看來，眾多朝臣，獨缺胸藏經世濟民之策的相國之才。誰來擔任朝廷的義和命士，王莽掰著指頭，挑來揀去，最終選定了嚴子陵。

王莽的理由是：嚴子陵才高，他通儒學、精《周禮》，歷經商海，見多識廣，是難得的經世濟民之材。嚴子陵德好，他品行忠直守信，要麼不當官，一旦當了官，定能忠君履事。嚴子陵義重，他當年經王莽相救出獄，這恩應該不會忘，何況他們還有同師之誼。

對王莽而言，徵聘嚴子陵為朝廷義和命士，還有一個重要原因，或者說一個如意盤算。王莽獲封「安漢公」後，曾準備授嚴子陵尚書令，卻被嚴子陵拒絕，還倒著被他痛罵一頓。這筆舊帳王莽記憶猶新，一直耿耿於懷。王莽以為，那時嚴子陵罵他，因天下還姓劉，自己還只是個安漢公而已。如今天下姓王了，自己已為真命天子、九五之尊，你嚴子陵有何理由不屈附，有何膽魄不臣服？

王莽得意地想：「只要你嚴子陵上朝入班，那麼你的生死就攥在我的手心，我就要目睹你心甘情願地匍匐在我的腳下。」

二

當朝廷謁者抵達餘姚縣衙時，縣令報告說：「嚴子陵離家去了外地。」

謁者問：「他去哪了？」

縣令說：「卑職不知。」

「他的家人可知他的行蹤？」

「問過，也說不知。」

「他是獨自離家，還是帶了家眷？」

「妻子、兒子都跟著走了。」

謁者說：「怪事，這一大家人出門，竟連他的父母兄弟都不知他們去向？」

縣令說：「他的母親早亡，父親遠在新野為令，家裡兄弟不睦，故無人知他去向。他是個商人，天南地北、四海為家，離家遠遊，乃是平常之事。」

謁者搖頭嘆道：「可惜了，嚴子陵，你錯過這等美事，恐怕機會不再了呵！」

其實，嚴子陵是頭晚才離的家。那是因為縣令聽聞這等喜事美事，就第一時間趕來通報嚴子陵。縣令的本意是想討好嚴子陵，也為自己今後升遷綳一綳這條線，不料，嚴子陵卻對縣令說，他不想當王莽新朝的官。縣令平日裡常與嚴子陵來往，知道嚴子陵是個說一不二的人，他提醒嚴子陵，倘真有此意，可先出去暫避，不要正面讓謁者難堪，也好為人為己留個迴旋餘地。

嚴子陵知道縣令的好意。縣令是勸他要「婉拒」，不要「決拒」。他還覺得縣令的話說得誠懇，這次倘若再正面嚴拒朝廷的徵聘，想來王莽是絕不肯放過他的。大丈夫能屈能伸。嚴子陵應承了縣令的意思。今天，縣令對謁者說的那通話，都是隨機應變的謅詞。

三

嚴子陵去了哪？他上句餘山了。縣令到他家傳過信後，當天夜裡，他和妻子梅李陀帶著兒子摸黑進山，到句餘山北的梁馮村隱避。

梁馮村位於餘姚西南，離縣邑約六十里地。梁馮是個大山村，居住著數百戶人家。村西北有一條寬三十餘丈的大溪，名「東明溪」。東明溪畔建有一座精緻的瓦房小院落，曰「東明莊」。東明莊坐西朝東，是嚴子陵為岳父梅福隱居修道而建的一處莊院。莊前的東明溪晝夜潺潺。莊與村隔溪相望，夜晚燈火相映。

歷史上的梅福算不得什麼重要人物，其所任的「南昌尉」也只相當於現在的縣警察局長，但是他的名字卻屢見諸史。梅福曾與匡衡——成語「鑿壁偷光」的主角聯名上書，要求皇帝「封孔子世係為商朝開國君主成湯之後」。後來，梅福又上表章，敦醒皇帝應廣攬賢士、虛心納諫、警惕權臣「勢隆於君」。當時「勢隆於君」的權臣，無疑是指以王鳳、王商及王莽為代表的王氏外戚集團。可見，梅福是一位極具政治遠見的人物，他早已預見漢室的岌岌之危，故而貢獻愚忠。

梅福的忠言並沒有得到皇帝的採納，反而遭惹了王氏權臣的忌恨報復。那年，侯霸冒死報信，才使梅福躲過一難。為避王氏權臣的挾嫌追殺，最初梅福藏匿於南昌城南郊外，偶垂釣於湖；轉年，梅福幽居於南昌城西郊的飛鴻山學道；後來，梅福潛遁至會稽泰寧棲真岩煉丹修行。在獲悉嚴子陵斷然拒絕王莽之聘，回到家鄉餘姚的信報後，梅福扮作「吳門市卒」，旋即雲遊至越東句餘山，翁婿會合。此後，梅福在梁溪村東明溪畔築舍隱居，修道煉丹。

嚴子陵一家在東明莊暫住下來。每天，梅福都要步行五里地，去白水沖修練。梅李陀帶著兒子，或下東明溪捉溪魚、或上山去採草藥。嚴子陵不便出去，就留在莊裡看書，累了就在莊院附近散步賞景。

莊院四周多有沉香、紫檀、香榧、紅葉石楠和香樟等古木，還有不知名的山花綻出一叢叢的赤橙黃綠。儘管樹高大，花亦美，但是每次嚴子陵都無暇顧及，直接往莊院後面去探賞一棵小喬。

嚴子陵有生以來第一次見到這樹，不知它謂何名。小喬樹態婆娑、枝葉繁茂，初開花時，花朵生鮮鮮朝上，色淡綠，十數日，由綠轉白，形似梅花，滿樹星光點點，盛花期時，花朵彎腰微垂，白的花色中漸漸生一絲藥黃色，枝枝叉叉似銀絲縷縷。

一天，吃完早餐，在梅福出門前，嚴子陵忍不住問岳父：「莊院後面的那棵小喬叫什麼？」

梅福從沒注意過莊院後面有哪些樹啊草的，所以根本搞不清楚嚴子陵說的是哪一棵樹。嚴子陵帶著岳父去看，後面跟著好奇的梅李陀和孩子。一家人圍著樹遠看近看，都說是第一次見。梅福摸了摸頭上的銀髮，微微一笑說：「就叫它『銀縷梅』吧。」

自從小喬有了銀縷梅這名字後，嚴子陵只去看過它兩三回。當嚴子陵再看到銀縷梅時，便會觸景生情、心緒大變，他感慨自己的人生猶如這銀縷梅，初時淡淡綠綠地不爭春，待盛時卻已彎腰垂首、銀絲縷縷。又過了一段日子，嚴子陵推測著徵聘的風聲已經過去，他留下妻子照顧岳父，自己帶著兒子嚴慶如回了夏荷莊。

嚴子陵怕看到那棵銀縷梅。

四

在夏荷莊，嚴子陵一面經商，一面教兒子嚴慶如讀書。一晃又是數年，日子過得很平靜。

他的祖父嚴景仁因年邁去世了。

他的父親嚴士恂致仕回家了。

致仕後的嚴士恂，每天第一件事就是到南牆垣的石槽上晒魚鯗。祖父嚴景仁嚥氣前，曾囑咐守在床前的兒子，要他凡天晴日，定要把魚鯗晒到石槽上去。記得當時父親輕聲嘟噥了一句「晒也白搭」，祖父聽到後氣喘加劇，臉色比死了更難看，憋足全身力氣罵兒子無知，竟不知姜太公出山時的年歲。一想此事，嚴子陵便覺好笑。

這段時間，嚴子陵從未間斷朋友間的書信往來。對嚴子陵而言，最珍貴的莫過於收閱朋友的信函。陳遵來信說，他被朝廷撤了太守之職。陳遵一直都有為官一地的心願，這次朝廷遂了他的願，任他為河南郡太守。赴任前，陳遵應朋友邀約，乘藩車進入閭巷，夜間到一家酒肆把酒唱歌。酒酣，他起身舞劍，一陣狂舞，不慎失足跌倒在地，於是留宿酒肆。酒肆的店主恰是一名寡婦，名叫左君，性格熱情且奔放不羈。

這下闖了禍，陳遵夜宿寡婦酒肆之事，傳得沸沸揚揚。陳遵遭彈劾，說他沉溺於美食享樂，並且毫不顧忌男女之別，輕辱朝廷賜予的爵位，使官府的印綬蒙羞。因此，陳遵還未上任就被免了官。陳遵在信中告訴嚴子陵，雖被免官，但是家裡的賓客並沒有減少，反而越來越多。嚴子陵不信陳遵會做出入閭巷調戲寡婦之事，一直以來，陳遵投轄，聞名天下，從沒有因飲酒而耽誤大事或行糊塗事。嚴子陵想，這定是陳遵為了踐行自己的諾言，不做王莽的官，而使出的脫身之計。嚴子陵內心為自己的恩師感到自豪。

來信給嚴子陵最勤的人當數氾信。先前，氾信在信中說，他已寫成一本有關農耕方面的書，並建議嚴子陵也把自己的所見所聞、讀書心得寫下來。氾信甚至斷言：「人活百歲者稀罕，想讓自己長生不老，唯一的方法就是寫一本或實用或啟智的書，只有書才能讓人活百年千年。」嚴子陵認同氾信的話，他也蠢蠢欲動準備動筆。

近日，氾信又來一信，說是朝廷加他為御史，他本想請辭，但是一想到他一生的夙願——勸農重桑，便接受了。氾信在信中為自己辯解，說他的這個御史雖為加官，但是對他的事業而言意義重大，因為擁有這個身分地位，說話辦事的分量和力度便重了，有益於他推行農耕「區種法」。嚴子陵知道汜信的躊躇，是在顧及老友的感受。嚴子陵回信給汜信表明態度：「民以食為天，只要利民的事，我嚴光不會決絕反對。」

近日，嚴子陵接到侯霸來信。侯霸已有很長一段時間沒有來信了。之前，侯霸謹言慎行，來信多是告知他升遷事。嚴子陵記得，一次是侯霸升遷侍郎，還有一次是侯霸由侍郎遷中郎。這回嚴子陵接信猜想，侯霸可能又有進步。

果不其然，侯霸在信中說，五威司命陳崇舉薦他出任隨縣縣宰，不日就將赴任。侯霸在信中還說，他敬仰嚴子陵的風骨，為信口一諾，一生不做王莽的官，連義和命士這等秩比九卿的高官也不動心。侯霸在信中懇望嚴子陵能夠理解他的行為，最後不忘勸說嚴子陵該入仕就入仕，了卻一生宏願。

前些天，父親嚴士恂忽然收到南陽郡新野縣鄧宏來信。信中大意是，久仰子陵先生大名，特邀其赴新野，為鄧家兒孫及親戚子弟傳經講學，望嚴縣令鼎力相助。

父親把書信交予嚴子陵，同時告訴他，鄧公原是豫章都尉，最近請辭還鄉，鄧公與他有過命交情。至於具體細節父親沒有詳說。

嚴子陵懂得父親的言下之意，作為兒子的他，務必應鄧公所邀，赴新野傳經講學。嚴子陵不假思索答應下來。

不日，嚴子陵收拾行裝辭別家人，往南陽新野而去。是年為新朝天鳳元年（西元一四年），嚴子陵五十三歲。

第十四章　嚴子陵在新野

一

在新野城郊的「泌水莊」，鄧宏設晚宴，為嚴子陵接風洗塵，同時召集他的晚輩前來拜師敬酒。

嚴子陵在鄧宏陪同下，向莊園的「嘉讌堂」走去。離家前，父親曾向他描摹過鄧公晚輩們的相貌及性格特徵，他們的形象在他心中早已活龍活現。父親還說南陽名儒孔休，曾應鄧公之聘到泌水莊講學，結果沒講半天，竟被這群聰慧頑皮的孩子轟出堂來。他想像著老先生當時的窘態，臆測自己將要迎來的場面，不禁囅然一笑。

鄧宏的公子鄧晨、族姪鄧禹、姪孫鄧奉已在門口迎候。

說是迎候，實是擋門。

擋在前面的鄧禹，菱形臉、腮骨突而圓，新野神童，十二歲時就能將《詩經》倒背如流。果然，他上前一步行禮攔路，劈頭便問嚴子陵：「孔子論《詩》，曰：『人而不為《周南》、《召南》，其猶正牆面而立也與！』按孔子的意思，一個人讀《詩》，若不學《周南》、《召南》，就好像面對牆壁站著一樣無法前進啊。

可是，我讀《周南》、《召南》，多見吟唱周代婚姻、服飾、採集、漁獵與家畜飼養、飲食烹飪等民俗之句，請問長者」——他不情願稱嚴子陵為先生，「聖人是否有點誇大其詞？」

嚴子陵心頭一震，這位年方十三的舞勺少年，竟敢懷疑聖人之論有「誇大其詞」之嫌，足見他不盲從和迷信聖人聖言，具有獨立思考的人格品性，不愧有「新野神童」美譽。

「聖人所論當然無錯，只因鄧禹理解有偏。」嚴子陵回道。

鄧禹一愣，疑問：「偏在哪？」

「我不是你的先生，答與不答，得看我興致，是否？」嚴子陵笑著攤開雙手反問鄧禹。

嚴子陵的別樣風采，令鄧禹刮目相看，他不由自主欠身讓路。

二

剛在主賓席落座，鄧宏的兩個外甥——陰家兄弟到了。兄弟倆相貌酷似，長方臉、稜角分明，然性格迥異。長兄陰識沉穩練達，他的仲弟陰興則一臉狂野氣。陰家是新野第一望族，他們的先祖為號稱「天下第一相」的管仲。

陰興傲慢，甫入門檻就要與嚴子陵比劍。他遞上一柄長劍——當真是有備而來，硬要與嚴子陵過招。

嚴子陵接劍起身，離席走到堂中，捋鬚一笑說：「陰家仲弟尚小，我讓你三劍如何？」

陰興聞聽此言，頓覺受了羞辱，大吼：「狂奴看劍！」不由分說，拔劍刺向嚴子陵。

嚴子陵按劍且不亮劍。他迅疾左右躲閃。一劍、兩劍、三劍，當陰興撩起第四劍「蛇信毒煞」時，他倏地側閃上前，持劍鞘猛地擊向陰興劍鍔。陰興手中的劍「噹啷」落地。

眾人看得驚呆了。他們誰也不曾料想嚴子陵身手如此不凡。在鄧宏晚輩中，陰興雖年未及冠，但是論劍技可與春陵劉縯相敵。若與劉縯比試，陰興也不會輸得這般不堪。其實，嚴子陵先讓陰興三劍，明似禮讓，實是要看陰興劍法破綻，再使殺手鐧，旁人哪知這招。

嚴子陵整理裝束怡然入席。陰興愣在原地，一時沒了反應。

三

「哐當」一聲，一個龍眉鳳眼、彪悍豪氣的青年推門而入。是鄧宏姻親，蔡陽縣春陵劉家長子劉縯到了。他渾身上下透出一副天潢貴胄的氣派。劉縯後面跟著他的三弟劉秀及劉秀族兄劉嘉——他自幼寄養在劉家。

就在嚴子陵望向劉秀的那一霎，忽見一道紅光照耀嘉讌堂，他兩眼迷幻，恍惚間這個高眉大耳、英俊朗逸的青年，變成了一條赤龍，場上的人都幻化為熊羆虎豹。

嚴子陵眨眼定神時，耳邊傳來劉縯聲音：「先生除了講經，可知當今天下局勢如何？」

劉縯此問應時而敏感，吊起了眾人胃口。鄧宏心裡暗讚劉縯所問，是考問嚴子陵真才實學的關鍵之問。天下學問精深者許許多多，而能學以致用者則少得可憐。鄧宏滿臉期待。

嚴子陵心裡咯噔：「劉縯此問私議尚可，豈能在大庭廣眾公論？」但是他一瞥鄧宏神情，心便有底。他暢言道：「當今王莽以假仁義欺騙民心，篡奪劉氏天下，天怒人怨，危機伏於四海。拭目天下，人心思漢已成大勢，依我之見，三年五載間，新朝必亡於『沸乎暴怒，洶湧澎湃』中。」

劉縯聽後奮起說：「三年五載太久，當早日起事。」

嚴子陵欽佩劉縯英雄膽識，他委婉相告：「鼓破須待時，牆搖須伺機。三年五載，必到鼓破之時，牆搖之機。」

劉縯一拳擊在案几上說：「好，破鼓萬人捶，牆倒眾人推，就待這一天了。」

鄧宏以為此類話題不宜多論，便打住話頭說：「今日只為接風拜師，不論朝政。」

劉縯哈哈大笑。稍後，他轉頭對劉秀說：「都尉伯父囑我等不問朝政，文叔好種田，還好買賣，因何不問先生，你的買賣為何只虧不賺？先生原本可是京師大賈。」

劉秀深沉，他憨憨微笑，不予回應。剛才，嚴子陵獨察洞見縱論天下，已使他感到面前的這位先生，是需要他仰望的大智之士。

嚴子陵主動回應道：「嚴光與文叔做的買賣不同，嚴光只善小買賣，文叔善謀大買賣。只是，買賣無論大小，想要營利，必須遵守天理，這個天理就是一分本錢、二分智慧、七分誠信。」

劉秀欠身點頭說：「先生所言深刻。」

四

鄧宏慶幸自己請對了先生，即時，他吩咐家僕斟酒、上菜。

他起身，舉杯，莊重地對諸公子說：「子陵先生少有高名，獻策保大堤、辯難氣文學，師從陳孟公習得一手好劍，年輕時在九江精舍講學聲震儒林，後赴長安與成帝對策，為大臣獻謀，又經商做買賣足跡遍天下，還拒絕新朝皇帝高官厚祿，如此殷實閱歷，足夠你們學上幾年。你們啊，不要學我輩尚武輕文，但是也不要光做書蟲，將來你們應當善謀兵，亦善謀政。來，諸位請舉杯，同敬子陵先生一杯拜師酒。」

嚴子陵引身壓手道：「且慢，鄧公在上，嚴光今生有緣與諸公子相識，已是平生之大喜，孔子曰：『三人行，必有我師』，故嚴光不敢為人師，只願與諸公子互為師、互為友，學眾人所長，補自己所短，互學互鑑。」

鄧宏說：「子陵先生，師父就是師父，怎可師友相稱？」

嚴子陵說：「請鄧公放心，該我講的學問，我定會盡心講，不過講學不一定拘泥於師徒關係。」

任憑鄧宏如何勸說，嚴子陵堅辭不受。

鄧宏以為，嚴子陵「不敢為人師」，或許是他擔心自己的敏感身分，有礙諸家子弟成長，亦或許出於他自己的「避禍」之慮。

其實，嚴子陵「不敢為人師」是另有遠見。他看準這是一群卓越絕塵的子弟，這是一群能中興漢室的棟梁之材，只有避師名，才可取其實，才能讓自己更自由地向他們明道，也才能讓他們更自由地邁開奮鬥步伐。嚴子陵要的就是這種「不圖為人師之虛名，唯求師人之實效」的理想效果。

「若此，我們就以兄弟相稱，您是我們的大哥。」劉縯坦率地說道。

嚴子陵說：「師與徒，兄與弟，終有羈絆，不如直呼其名，來得實誠爽快。」

自此，嚴子陵與鄧、陰、劉諸公子不囿任何禮數，只呼其名。唯獨陰興執意稱嚴子陵為先生，嚴子陵只好接受。

五

當晚，饕餮盛宴後的嚴子陵睡得香甜。他做了一個夢。

夢中的他變成一匹驊騮，被一條赤龍追趕。赤龍尾後追著一群熊羆虎豹。赤龍趕上驊騮並騎到驊騮背上，駕著驊騮騰雲駕霧向天上飛去。驊騮憋足力氣，使勁地在空中奮蹄。噌一蹬腿，他醒了。

他睜開眼，窗外月光皎潔。

他憶起兒時祖父曾請瞎子伯伯為他算過一命，瞎子伯伯說子陵屬馬，是周穆王的八駿「驊騮」投胎。瞎子伯伯還說：「『驊騮事天子，辛苦在道路』，驊騮雖辛苦，可身分高貴著呢。」

如今夢境展現兒時命理，使他回想起晚宴前望見劉秀那一刻紅光閃耀的幻覺，似乎一切正在應驗。

他暗暗思忖：「這是驊騮奮蹄的時代降臨了嗎？難道丞相夢的旅程將在新野開啟？」他翻身坐起，心情振奮，一股強烈的使命感在他胸中磅礴。

他打定主意，務必用心教導這群卓爾不凡的公子，與他們志同道合，一起攀登人生巔峰。

第十四章　嚴子陵在新野

第十五章　有桃花紅，梨花白

一

嚴子陵講學別具一格，除課堂講經外，常帶公子們出去遊學。他不僅帶他們問學名士碩儒，還拜訪劉氏貴族、地方官吏，以及各類社會達人。他的觀點是：「人所長，皆學問。」他帶他們走到哪、講到哪、學到哪。

嚴子陵帶公子們遊學至汝南，問學名士鄭敬。鄭敬原為汝南都尉府功曹，王莽建新後，託疾辭職賦閒在家。鄭敬最善《孫子兵法》，他向公子們傳授兵法心得。劉秀聽得認真，問得也勤。他問：「當今朝廷，何人精兵法、善用兵？」

鄭敬評說：「當屬嚴尤。嚴尤著《三將》，自比樂毅、白起，頗受王莽器重，為當朝大司馬，征戰無數，多勝算。可惜嚴尤常受王氏官宦貴族排擠，難以施展其才華。」

嚴子陵帶公子們來到南陽農穰，問學碩儒蔡少公。蔡少公精《周易》、好讖緯。到農穰後的第一日，嚴子陵和蔡少公密談至深夜。

翌日中午，講學餘暇閒談間，蔡少公說：「有圖讖曰『劉秀當為天子』。」

鄧晨問：「是當朝國師公劉秀（劉歆曾名劉秀）嗎？」

劉秀笑說：「為何就不是我呢？」語氣很自傲。眾人大笑。笑聲裡帶著調侃和嘲諷。

後世有人猜測，蔡少公讖言「劉秀當為天子」煽動起劉秀的反莽之心，極可能就是那晚嚴子陵與他合謀的結果。

嚴子陵帶著公子們去隨縣，拜訪在隨縣任縣宰的侯霸。侯霸的老成持重和施政手段，令劉秀留下深刻印象。

隨縣遠離京師，因而常有亡命之徒流竄到此落草為寇，百姓深受其害。草寇仗地方豪強及複雜地形庇護，使官府的剿匪之役常事倍功半。

侯霸上任伊始，經過一段時間的偵察，制定了周密的剿匪計畫。侯霸先將與草寇有勾結的豪強全部抓捕關押，爾後發起剿匪之役。失去豪強庇護的匪徒，很快被官兵分割包圍，各個殲滅。然後，侯霸再找尚被關押的豪強算帳。他堅決殺了其中幾個長期與匪寇勾結、為非作歹的豪強，而允許那些罪行較輕的豪強，按他們與草寇勾連的時間長短，計算贖金贖糧，交足一個放一個。就這樣，危害隨縣多年的匪患被徹除。

劉秀問侯霸：「為何要將抓捕歸案的不法豪強，按年論月，定殺定贖？」

侯霸說：「豪強為自求平安，而與草寇勾連，使草寇氣勢日漲，不殺一批不足以震懾豪強和匪徒，以收斬草除根之效。隨縣百姓多窮困，准許那些輕罪的豪強以錢糧贖罪，充盈縣衙庫備，以隨時接濟貧困百姓，此謂『殺猴儆雞』。殺一猴，儆百雞。雞有蛋，可接濟百姓。」

劉秀對侯霸的「殺猴儆雞」手段暗自讚佩。歷史總在因緣際會中造就，正因這次隨縣訪學，才有後來劉秀與侯霸的「壽春之約」，才有後來東漢政權的顯赫人物——大司徒侯霸。

二

嚴子陵帶公子們來到南順郡的州勾，拜訪一位養牛達人。這人是嚴子陵經商時相識的朋友。

在去州勾的路上，嚴子陵向公子們揄揚，他的這位朋友，養牛招術極厲害，其中一招，就是一到秋冬季節便會請來一位樂師，逢暖陽日，把數十頭牛犢牽到村口晒坪，由樂師操琴奏樂。牛犢們邊聽音樂，邊撒懶匐地晒太陽，長得既快又壯。來年開春，他的壯牛便成為各地牛市的搶手貨。

公子們大感新奇。

果然，在離州勾二里開外，他們聽到了陣陣悅耳的琴聲。他們加緊步伐趕到村口，只見晒坪中央，一精神矍鑠的長鬚老者，雙手撫琴，微閉雙眼，指落琴弦時，身首形體合著音樂的韻律，一會兒左擺前俯，一會兒右搖後仰……忽然，左手一個打摘劈託，一曲終了，老者正身，張目，吁氣。眾人一瞧，都驚呆了，原來這對牛彈琴的竟是南陽名儒孔休。

嚴子陵見狀也萬分感慨。他想到自己未到新野時，就聽父親說過孔休受請到鄧家講學被逐之事。他覺得該向公子們補上一課。

嚴子陵對公子們說：「聽說孔老先生曾到過泌水莊，你們應早已認識。」

公子們點頭稱是。

嚴子陵說：「孔休為孔子後裔。孔休授課講學刻板，可是做人做得道地生動。王莽下野蟄居新都時，南陽太守派孔休為新都侯國國相。王莽為表自己禮賢下士的風度，執意要送孔休一把寶劍。王莽說：『我見先生臉上長了褐斑，想到美玉可以除它之說。此劍鼻恰為美玉所做，正可助您消去瘢痕。』說著解下劍鼻，非要孔休收下不可。孔休堅辭不受。王莽慨然說：『難道先生嫌它貴重嗎？』說完，毅然將美玉劍鼻椎碎，親自包好贈予孔休。此即王莽『椎劍鼻而贈孔休』。後來，王莽即真做了新朝皇帝，下詔徵聘孔休入朝做官。孔休裝病乾咳，直到嘔出血來，才拒了王莽徵聘。此謂『孔休嘔血拒王莽』。」

公子們對孔休敬仰得五體投地：這位被他們轟走的先生，不事皇帝而好飼牛，看似迂腐老朽，實則曠世通達，真是一位舉世無雙的正人君子。

劉秀說：「子陵帶我等遊學四方，這課最受教益。」

三

晒場的「牛犢樂會」結束了，嚴子陵和公子們隨孔休來到朋友家。公子們向孔休致以歉意，對他們過去的無知深表愧疚。孔休一臉無所謂，他毫不介意年輕人的一時莽撞，卻極為關心他們的進步發展。

孔休對嚴子陵說：「近來朝廷又擴大了太學規模，增了太學博士，革新的招生策放寬了入學年限，子陵當引導諸公子上太學去，一來豐厚學養，二來廣結人脈，這對諸公子今後仕途進步至為要緊。」

嚴子陵說：「先生提醒得是，嚴光已鼓動文叔、仲華等上太學，他們正在等待郡縣的學業考試和品行稽核。」

其實，嚴子陵鼓勵劉秀等人上太學的目的，比孔休想得更深遠也更宏大。在新野的這些年裡，嚴子陵已經看出劉縯起事反莽的步伐愈來愈緊，只要劉縯起事，那麼，劉秀定將義無反顧緊跟長兄走。因此嚴子陵要劉秀等人上太學，目的不在仕途，而是冀許他們在豐厚學養的同時，洞悉朝廷動向、廣交有識之士，為日後起事發展奠實基礎、積蓄力量。

孔休說：「子陵為何不陪諸公子同去長安？老夫記得您也一直嚮往太學。」

確實，嚴子陵雖有廣陵精舍的學歷，還有九江精舍的經師生涯，儘管他的學識絲毫不遜太學博士，有的方面——如禮學，甚至還高於太學博士，但是他也嚮往能有一段太學生活的經驗。

聽了孔休勸勉，嚴子陵搖頭說：「我雖比先生年輕，終究已過知命之年。」

孔休說：「子陵錯也，子陵比太原周黨如何？周黨六十五了，尚在太學讀經。」

「倘我真想去，恐也無人敢薦。」嚴子陵遺憾地說。

孔休拍著胸脯說：「若子陵不覺委屈，老夫願意出面保舉，您回新野等候消息便是。」

王莽建立新朝後，擴大太學規模，大量增加自費生。王莽把自費生的學業考試和品行稽核（政治審察）權下放郡縣，改太常（主管太學）的審批制為備案制。王莽特許各地名儒，每年可直接保送高足弟子一名。真該感謝王莽的招生新政，否則像嚴子陵這般人物，怎能透過太常的品行稽核？

如是，嚴子陵和劉秀、鄧禹，還有劉嘉一起，成為新朝天鳳四年（西元一七年）的太學生。

四

長安有九市，四里為一市。市面上商鋪林林總總，貨品目不暇接。四人一入長安城，便下了馬車步行，在嚴子陵的嚮導下，邊賞街景，邊朝太學走去。帝都的繁華，看得劉秀、鄧禹和劉嘉眼花撩亂，一切皆新鮮。

忽然，一陣喧譁，只見街道上的行人急忙靠向兩邊，中間空出一條寬闊的甬道來。少時，一眾儀仗隊浩蕩行來。

「執金吾巡街了！」街道兩旁的人，都興奮得大呼小叫起來。

執金吾每月巡街三次，每次都沒有固定的出巡時間和路線，因此就算住在京師長安，要在家門口看到執金吾巡街也不容易。

執金吾的巡街儀仗，打頭二列縱隊，每隊十八騎，全是身高八尺、高鼻微髭、黃金衣甲、手持戈矛的騎士。

緊隨前導騎隊的一介大漢，雙手高擎「執金吾王」大旗，大旗後是六騎並列的一百單八騎的馬隊方陣。方陣後，門旗開處，當中一員大將，正是當朝執金吾王駿將軍，容貌威嚴無比。

執金吾後面緊跟三員戰將，中為式道，左右為中侯，其後又是六騎並列的馬隊方陣，有緹騎二百人，持戟五百二十人。

漢朝規制，執金吾負責京畿的日常治安。武帝開拓四夷，威震八方，此後百多年裡，萬邦來朝，為顯示大漢威儀、鼓舞民心，執金吾巡街就有了閱兵示威、震懾蠻夷的意義，百官出行，風光以此為最。

目視執金吾八面威風的神姿，以及巡街隊伍雷動風行的氣勢，劉秀禁不住遙想起遠在新野的窈窕淑女陰麗華。他仰天吟道：「仕宦當作執金吾，娶妻當得陰麗華！」

鄧禹和劉嘉望著劉秀失常的舉止，大感愕然。

嚴子陵知曉個中緣故，心中暗笑：「這個文叔，當真痴情。」

原來，就在動身赴太學前，嚴子陵發現劉秀做事心不在焉，還時常長吁短嘆。他直言相問，方知劉秀鍾情陰家女孩陰麗華已久。劉秀怕上了太學，丟了麗華，為此心中不安。

嚴子陵毛遂自薦做媒人。他探得劉秀與陰麗華情始草鳶，便要劉秀編就數百草鳶。不日，他捎上草鳶直奔新野而去。

嚴子陵走進陰家大院，一改往日徑往客堂的習慣，招呼陰家僕人，把草鳶撒遍陰家院落。嚴子陵對家僕說：「這是蔡陽劉文叔親手編的草鳶，它會為陰家和麗華女孩帶來鴻運。」

當天，陰麗華在院落裡撿到了幾百隻草鳶，她好生奇怪，問家僕原由，家僕將嚴子陵的話悄悄告訴了她。陰麗華眼前立時浮現出劉秀的音容笑貌，她一臉羞澀，笑靨如花。從此，劉秀這顆情種，在陰麗華的心頭扎根猛長。

今日，看劉秀如此亢奮，嚴子陵拍拍他的肩膀說：「這一天必會迎著文叔走來。」

五

在太學，嚴子陵、劉秀、鄧禹和劉嘉，都師從許子威，習《尚書》。劉秀習《尚書》，由於他的聰穎和勤奮，很快就能「大義略舉」。

這時，嚴子陵指點劉秀，要善於學以致用，關心朝野大事。

劉秀自此留意國事，凡「朝政每下，必先聞知」，且能把自己聞知的朝廷新政或朝中大事，用《尚書》理闡述給同學聽。

嚴子陵白天到太學研習《尚書》，晚上次尚冠里嚴宅住宿。他還常邀請劉秀、鄧禹和劉嘉到尚冠里聚宴論學。後來，劉秀的交際面寬了，也總喜歡帶一些同學友人來尚冠里交流或聚宴。

獲知此情形，陳遵建議嚴子陵索性將尚冠里嚴宅交與劉秀，自己搬到他家去住。

陳遵認為此舉可得兩全：一則可防止嚴子陵返京的消息擴散，以防宿敵起而傷害；二則可為劉秀廣交朋友提供適宜空間——尚冠里地處繁華街巷，居者非富即貴，是一處交友宴會的好地方。

之後，劉秀利用尚冠里嚴宅，時常接待從南陽來京師「朝請」的達官貴人，還透過嚴子陵請陳遵牽線，招待過大司馬嚴尤和司隸校尉陳崇等一些朝中要員。

尚冠里嚴宅成了劉秀掌握朝野動向、結交盟友的私家驛館。

第十六章　一朝英雄拔劍起

一

王莽託古改制、急政暴虐、賦斂不時，朝令而暮改，把社會折磨得極度混亂。天也不佑新朝，水、旱、蝗災連年不斷，還有地動和海嘯，使成千上萬的百姓淪為災民。民怨多了積聚成民憤，終於引爆了綠林、赤眉農民大起義。

綠林農民起義，以王匡和王鳳為首領，他們占據綠林山，稱綠林軍。赤眉農民起義，以樊崇為首領，他們占據泰山，將眉毛畫成紅色，稱赤眉軍。

綠林、赤眉兩支義軍，一支在南方，一支在東方，多次打敗王莽派出的圍剿官軍。勝利的消息一傳開，鄰近郡縣的平民紛紛舉起義旗，江漢平原、河水兩岸，大大小小的起義軍多達幾十路。

隨之，北方也動盪起來。當時，扯起義旗的隊伍大小有數十支，他們或以山川土地為名，或以軍容強盛為號，其中有銅馬、大彤、高湖、重連、鐵脛等，人數多達百萬。他們各自為戰，以銅馬軍為最強，故稱河北一帶的起義軍為銅馬軍。

新朝地皇元年（西元二〇年），南陽傳來消息，劉縯正在家鄉串聯豪俠義士，圖謀起事。劉秀獲知這個消息，決定提前結束太學的學習，回春陵去。

劉秀到尚冠里請教嚴子陵，回春陵後當怎麼做。

嚴子陵極力鼓動劉秀：「應天命、順民心，當起即起。」

劉秀意會頷首。這時，唯一讓他遺憾的是，從此以後不知何時才能再見嚴子陵。

嚴子陵諾言：「文叔有召，我必響應，回到文叔身邊。」他還胸有成竹地說：「我料想，重逢不會太久。」

劉秀打點行裝，和鄧禹、劉嘉一起，毅然離開了生活三年的京師長安。

二

新朝地皇二年（西元二一年）秋，在風起雲湧的起義浪潮中，平原女子遲昭平，聚眾數千人，在城西南河阻起義、抗官稅、燒官衙、掠貴族，一時聲威大振。

朝廷聞報極為恐慌。王莽急召大臣商議應對方略。群臣紛紛議論：「三年前，山東琅琊海曲縣的呂母率眾肇亂，不久因病而死。現在這個獲罪於天的女犯死而復生，更姓換名遲昭平，擇山東平原郡治所平原縣起兵，這是王朝行將滅亡的徵兆，哪裡還有擒賊方略？」群臣只發議論，一籌莫展，王莽竟也不加苛責。可見，滿朝文武甚至皇帝自己都心志已衰。

當陳遵將朝廷情形說與嚴子陵聽時，嚴子陵誤將「平」聽作「瓆」，他驀然想到象鼻島上的少時難友遲昭瓆。

嚴子陵追問：「是『遲昭平』還是『遲昭瓆』？」

「遲昭平。」陳遵肯定地說。陳遵說完覺得奇怪，問：「子陵怎知此事還關乎一個遲昭瓆？」

陳遵此問，把嚴子陵問急了：「真有遲昭瓆？師父速將情況告訴我。」

陳遵說道：「遲昭瓆和遲昭平為同胞姐妹，在平原城裡開一家南貨鋪，近年因常被官府逼捐，只得閉門歇業。今年夏末，官府又出新捐，還逼她們納捐。姐姐說：『要捐沒有，要人算我一個。』官府衙役真的抓走姐姐了。

衙役為威逼其他民眾納捐，竟把姐姐關在公豬籠裡，擺到縣衙門口示眾羞辱。如此大辱，何人能夠承受？姐妹倆平日裡帶徒授劍，妹妹遲昭平還能說『博經八投』(漢代一種博戲)，博友眾多。當天，遲昭平一呼百應，率眾從城西南河阻殺向平原城，他們殺了縣宰，救下姐姐，縱火燒了縣衙和郡府。不出兩日，一個小小平原女子，竟聚起幾千人馬，攪得朝廷不安。」

原來如此。嚴子陵決定立時動身赴平原，他要去見一見這位受辱的遲昭瓆，是否就是他的少年難友，還有她的妹妹——巾幗豪傑遲昭平。

三

嚴子陵匆匆東行，離平原愈近，聽到平原義軍的消息就愈多，沿途還可看到開赴平原圍剿義軍的官軍。他為平原義軍憂心如焚。

汜信任平原縣令時，嚴子陵曾到訪過此，至今他對平原的情況記憶猶新。平原縣地處一片大平原。正因平原是平原，無山可依，平原義軍就索性占了縣城為據點。正因平原義軍占了郡治所在縣城，對朝廷的震動極大。迄今所見，義軍都是占山為王，哪有堂而皇之占據郡縣城池的。王莽詔令官軍暫緩圍剿別處義軍，改而全力圍剿平原義軍，奪回平原城，試圖挽回朝廷顏面。

平原城守備鬆懈。晚戌時，嚴子陵未遇任何盤問便入了城，並很快找到了義軍大將軍府——承淵第。承淵第為深宅大院，這裡的守衛倒很嚴密。守門義兵細細盤問之後，才進去通報。約半個時辰，義兵出來帶嚴子陵進入大門，向內院客堂走去。

月光下，嚴子陵遠遠望見有兩位女子，一年輕，一年長，在承淵第客堂前迎候。

忽聽年長的呼喚他：「嚴光，子陵哥。」

嚴子陵一眼認出，喚他名姓的女子，正是遲昭瓆。俏麗的臉龐，還有美人痣，那是刻骨銘心的記憶。他快步上前，緊緊握住遲昭瓆伸來的手，動情地說：「昭瓆，真是妳啊！」

透過淚目，遲昭瓆看到嚴子陵腰間的佩劍，正是當年他離開象鼻島時自己所贈的那柄「青女劍」，她泣不成聲，撫摸著「青女劍」說：「想不到子陵哥還帶著它。」

一旁的年輕女子說：「姐姐，請先生進屋敘談。」說著，她向嚴子陵做一個請姿，自己攙扶遲昭璌進入客堂。

進客堂落座後，嚴子陵看到，燭光裡的遲昭璌妝容整潔，著一身蟬衣白裙，想她定是經過一番打扮，儘管如此，仍難掩一副病容。

遲昭璌說：「妹妹，見過子陵大哥。」

遲昭平行禮說：「平原女子遲昭平，見過子陵大哥。」

嚴子陵這才正眼打量這位激盪朝野的平原大將軍。這是一個三十開外的女子，五尺個頭、俊俏長圓臉，一款深色襦裙，喇叭狀的衣襬長及地面。他看不出她有大將軍的威武，有的則是青春女子的婀娜。

嚴子陵起身施禮道：「嚴光晉謁平原大將軍。」

遲昭平羞澀一笑，說：「哪來大將軍，都是自說自話罷了。」

遲昭璌說：「不知子陵哥因何來到這烽火地？」

嚴子陵敘述一遍來龍去脈，趁機稟陳官軍動向、義軍面臨的危情。

遲昭平說：「我們也探悉了官軍動向，正愁如何迎戰禦敵。」

「妹妹，就請子陵哥幫著出謀劃策吧。當初，因我掀起這波浪，現在你我已無退路，必將與官軍血戰到底。」遲昭璌對遲昭平說。

「一切聽從姐姐吩咐，不知子陵大哥願與不願？」遲昭平問。

「嚴光唯大將軍是命。」嚴子陵鄭重應答。

這時，門外報來緊急軍情，說有大批官軍圍城。遲昭平立即命人通知各路將軍，前來承淵第商議對策。

趁此間隙，嚴子陵了解了平原義軍情況。平原義軍總共三千餘人，由三類人組成：一類是跟遲家姐妹習武練劍的徒弟，共百餘人，會武藝，現大多擔任義軍的百什長，為義軍骨幹；另一類是平原城裡聽遲昭平講「博經八投」的人，約千人，因博為友；再一類是平原城內外的饑民，足兩千餘人，多為因飢餓為填飽肚子而跟著造反的平民。

四

七八位軍官很快趕到承淵第。遲昭平對他們說：「據報目前多路官軍正向平原集結，圖謀包圍平原城、滅我義軍，我等須即刻議定對敵策略。」

少頃，遲昭平指著身邊的嚴子陵說：「這位是我姐的師兄嚴光嚴子陵。子陵師兄千里跋涉從長安趕來，助我抗擊官軍，我意從即刻起，以子陵師兄為謀士，助我平原義軍奮勇殺敵，諸位是否願從？」

眾將打量著嚴子陵，只見眼前這位將要成為謀士的人，年約五旬，左手按劍，儒雅而器宇軒昂，都表示願尊嚴子陵為謀士。

遲昭平遂請嚴子陵主持軍務。嚴子陵挺挺胸說：「請大將軍和諸位將軍先隨我去各處城門，檢視官軍布陣圍城情況。」

嚴子陵帶眾將檢視完城門外官軍圍城情形，回到承淵第推演作戰策略。他畢竟學識豐富，又見過大世面、善論辯，三言兩語就將作戰方略闡述清晰，眾將一致服從。

嚴子陵的策略部署是：第一，趁著大部官軍尚未集結到位，迅即集中兵力從圍城官軍力量較弱的南門突圍。突圍出來的義軍，至城西南三十里虬龍槐會合。第二，鑒於平原無險可守，義軍應朝高唐、茌平，直至東阿方向南進，據泰山立足，徐圖未來。

突圍戰於亥時發起。

嚴子陵和遲昭平揮劍衝進敵軍陣營，一個使孟公劍術，一個舞越女劍法，捷如豹，厲如虎，左撩右刺，奮勇當先，殺出了一條血路。

義軍將士大受鼓舞，個個英勇殺敵。至次日天矇矇亮時，義軍已突出重圍，集結到虬龍槐下。

虬龍槐是一棵老樹，在今平原縣西南腰站鎮，相傳秦始皇第二次東巡時在此拴馬飲水。樹的直徑有六尺多，樹圍達三丈，頂端雖已乾枯，但是下枝依然生機勃勃，像虬龍一般貼地蜿蜒伸展。

各營將領清點完義軍隊伍，報告遲昭平和嚴子陵，義軍折損一層，但是士氣不減。嚴子陵請遲昭平下令，命義軍按既定方針向高唐前進。

剛入高唐境內，正在楊屯休整的義軍，突遭王莽官軍圍襲。這支官軍本是開赴平原去圍剿義軍的，沒想在半路遭遇了義軍。

官軍上萬人馬從四面包抄過來。

義軍血戰突圍。

突圍中，遲昭瓆不幸負傷。

突圍而出的義軍繼續向南出發，官軍緊追不捨。前方橫亙一條徒駭河，似天塹斬斷了義軍的南進路。候騎連番急報：「官兵追近了。」

義軍將士們聽報後，大都驚慌絕望。

「徒駭河真將成為義軍的死河嗎？」

嚴子陵和遲昭平疾馳到徒駭河邊，仔細檢視地形與水勢。嚴子陵看到河岸上殘柳枝條茂密，河裡水流平緩，水面上漂浮著樹葉和枝根。他計上心來，將自己的意圖告知遲昭平。

遲昭平傳令全軍：「每人速砍柳枝一捆，違者斬！」

義軍們遵命而行，不多時，一捆捆柳枝堆成了小山。

嚴子陵指揮義軍將士，把一捆捆柳枝捆紮成排，縱橫連結，鋪在徒駭河上。不到小半時辰，一座柳枝浮橋鋪在徒駭河上。

遲昭平一聲令下，平原義軍腳踩柳枝橋，迅速渡過徒駭河。

官軍遠遠望見義軍正在疾步透過長橋，渡河南去，可待他們追到河邊，發現長橋不見了，河面上，僅三三兩兩漂浮著幾捆柳枝。

官軍們望著徒駭河驚奇無比。

五

平原義軍南進至茌平縣境，隊伍在博陵安營駐紮。

嚴子陵打好地鋪，準備休息片刻，忽傳大將軍口信：「請嚴子陵去晉文公祠議事。」

嚴子陵快步走到晉文公祠門口，遲昭平迎上前來輕聲說：「姐姐請子陵大哥去廂房臥榻敘話。」

見嚴子陵略顯難色，遲昭平說：「姐姐舊疾添新傷，傷勢危重，子陵大哥不必拘禮。」

祠堂廂房內，遲昭璸仰臥在床，氣息微弱。遲昭平近前，貼著她的耳朵說：「姐姐，子陵大哥到了。」

遲昭璸睜開眼，望著嚴子陵，淚水潸然。

那年，嚴子陵離開象鼻島後，白狐劍娘的病好得很快。誰料，前波方平，後波又興。不知何故，島上傳言海盜要殺鄉黨。危急之下，鄉黨帶著她們母女乘船出逃，歷經險風惡浪，至琅琊登陸，再經北海、臨淄和濟南，一路風塵逃到平原城，找到了鄉黨早年的一個生死朋友，並在平原定居下來。後來，鄉黨開了南貨鋪重拾買賣，還娶了白狐劍娘，不久生下昭平。昭平小昭璸二十歲，平原人都說她們姐妹長得像雙胞胎。

遲昭平到了讀書年齡，鄉黨請了塾師教她念書。讀書暇餘，姐姐帶她習劍，母親也時常指點，因此，遲昭平的劍藝不在白狐劍娘之下。遲昭平聰慧、頑劣又膽大，鄉黨和白狐劍娘病逝後，她受的管束少了，不知何時，竟跟人學了一套博經八投。世事無常，當姐姐因被官府逼捐遭受侮辱時，膽壯性烈的遲昭平，在博經朋友的煽動下起來造了反。

遲昭璸氣喘吁吁，語速緩慢，但是口齒清晰。說到傷心處，哽泣淚目。最後，她用懇切的語氣說：「子陵哥，我的壽限到了，今有一事請求子陵哥應我。」

「只要力所能及，我定萬死不辭。」嚴子陵神態堅定。

「我一流浪女子，早過適嫁之齡。因我不嫁，昭平也不肯嫁。子陵哥，我求你娶我妹妹為妻。」

嚴子陵絕然不會想到，遲昭璸臨終前竟會提出這等請求，他後悔自己剛剛誇下「萬死不辭」的海口。他立即回答遲昭璸：「我會像待自己的親妹一樣，照顧好大將軍。」

遲昭璸氣喘得厲害。

見姐姐一時不能回話，遲昭平對嚴子陵說：「其實我們姐妹知道，子陵哥是有家室之人。前些年父親健時，回過一趟山陰老家。他回來後曾告訴我姐，他專門去餘姚打聽過你的消息，餘姚人說你萍蹤浪跡，居無定所，你的夫人已在幾年前因病過世了。」

嚴子陵點點頭，心中湧起一陣對梅李陀的思念和歉疚。

遲昭璸長嘆一聲，說：「我妹妹豪俠義膽，眾人擁她做了義軍首領，但是她不懂兵法，不知如何能把義軍帶活。義軍將士多為習劍或博戲弟子，他們內心只聽命於我妹，如果子陵哥成了昭平丈夫，他們定會服從你的號令，由你率義軍走向光明。」

嚴子陵覺得遲昭璸所言，既是託辭，也是實情。但是婚事突如其來，他毫無心理準備，不敢輕易點頭。他說：「妳的妹妹，就是我的妹妹，我會……」

遲昭璸攔下嚴子陵的話頭，聲音雖弱然語氣堅決：「子陵哥，昭平就是你的妻子。」「昭璸可知，我年已六十，不知來日還有多少，不能委屈昭平妹妹。」嚴子陵坦誠直言。

「就算跟你一天，也是她的福氣，你不答應，我死難瞑目。」遲昭璸「呼哧——呼哧——」大口喘氣。

遲昭平輕咳一聲，悄悄示意嚴子陵應承下來。

嚴子陵佯作不見。

遲昭平按捺不住，大聲說：「子陵哥，我願嫁你。」她隨即從衣袖裡取出長命鎖玉墜說：「這是子陵哥當年離開海島時送給姐姐的禮物，平原突圍那晚，我姐將它交給我，囑我好生珍藏，那時我已明白姐姐心願。」

姐妹真情相逼，嚴子陵無奈答應下來。他緊握遲昭璸的手說：「一切都聽你的，我會真心待昭平好。」

遲昭璸笑了，她的笑容很舒展，不像一個重疾之人。良久，她說：「我聽管祠堂的老伯說，博陵有座晉臺，是齊國人為流亡在齊國的晉文公重耳，與齊國赤狄部族的絕色美女季隗大婚而造，那是一處吉祥地，我想看你們在晉臺上拜天地。」

嚴子陵深知遲昭璸的心情，也懂得遲昭璸選擇晉臺的寓意。春秋時，十三歲的季隗嫁給了四十三歲的重耳。重耳回國後，發憤圖強，成為春秋五霸之一的晉文公。晉文公始終給季隗以慈父般的呵護和丈夫的體貼，季隗婚後的生活很美滿。

「子陵哥，明天是個好日子嗎？」遲昭瓊問。

事已至此，嚴子陵只能一切盡遂遲昭瓊心願。他說：「明天正是黃道吉日。」

遲昭瓊伸出顫抖的雙手，各拉過遲昭平和嚴子陵的一隻手，她將他們的兩隻手抱合在自己的掌心，說：「就選明天大婚吧。」

翌日，豔陽高照，在博陵晉臺，嚴子陵與遲昭平舉行了簡樸但是盛大的婚典。

當義軍將士和博陵百姓的歡呼聲傳進祠堂時，遲昭瓊含笑瞑目。

大婚當日，遲昭平下令：「任嚴子陵為軍師，今後義軍的一切行動聽從軍師指揮。」

從此，嚴子陵成了事實上的平原義軍的主帥。

六

平原義軍繼續南進，在東阿艾山渡過河水，進入泰山北麓。南進途中，平原義軍幾次遭到王莽官軍的圍追堵截，到達泰山時，損兵折將過半，全軍僅剩千餘人。

嚴子陵率軍進入泰山，目的在於以泰山為依傍，訓練義軍，再伺機行動。

其時，泰山東部和南部，是赤眉軍的主要活動區域。平原義軍進入北山後，整個泰山地區幾乎成了反莽義軍的天下，有利於開展練兵活動。

從平原至泰山，嚴子陵充分意識到，平原義軍劫富濟貧不成問題，而要與王莽官兵對陣，實力相差懸殊。因為這是一支既沒經過軍事訓練和紀律訓導，又缺乏精良充足的武器裝備的隊伍。這支隊伍的成分也很特殊，那些嗜好博戲的兵士，常在營帳裡日夜博戲，深陷其中而不能自拔，時常還因輸贏互毆。整兵成為嚴子陵練兵的首要一步。

嚴子陵對義軍中屢教不改的博戲者堅決予以清退，對義軍中的年長者和意志搖擺者堅決予以勸返。如此下來，一千餘人的隊伍，最後只剩下三百餘人。

遲昭平堅定支持嚴子陵的整兵之舉。幾次大的突圍、小的戰鬥，已使她深明「兵不在多，而在於精；將不在勇，而在於智」的道理。

整兵後，開始練兵。平原義軍偃旗息鼓，白晝操練騎射搏殺，晚間識字學文。

練兵期間，嚴子陵遣人赴長安，委託陳遵變賣了尚冠里的全部財產，祕密換取軍馬、武器和糧食等，改良義軍裝備。

練兵後的平原義軍，成為一支「一而當十，十而當百」的精良突騎。

在泰山北練兵的嚴子陵，一直顧念著南陽劉氏兄弟的動靜。因為，他訓練的這支突騎，正是為劉秀而準備的。

劉秀終於在南陽舉義了。

新朝地皇三年（西元二二年）十月，劉縯與劉秀、鄧晨約定，劉縯在舂陵，劉秀會同李通在宛城，鄧晨在新野，同時舉起反莽大旗。劉秀在宛城的起義因洩密而流產，所幸劉秀硬是拉起了一支隊伍。十一月，三支隊伍在春陵會合，史稱「春陵兵」。

劉秀春陵起兵的消息傳到泰山東阿時，已是次年即新朝地皇四年（西元二三年）二月底。嚴子陵當即決定義軍拔營春陵，投奔劉氏兄弟。

這支訓練有素的突騎，向南陽疾馳，一往而無前。

第十七章　昆陽城下

一

就在平原三百突騎疾馳南進之時，昆陽大戰爆發了。

這是一次影響中國歷史的著名戰役。戰役的一方是草創不久的更始政權的漢軍，另一方是王莽新朝的官軍。

更始政權是由舂陵兵與綠林軍合兵聯軍後建立的封建王朝。為了師出有名、召喚人心，聯軍擁立漢室宗親劉玄為帝，恢復漢朝國號，史稱「玄漢」，軍隊統稱為漢軍。劉玄登基前為綠林軍「更始將軍」，故史稱劉玄為更始帝，稱其政權為更始政權。

更始政權建立後，漢軍分兩路：一路由劉縯指揮主力，圍攻南陽郡治所宛城；一路由王鳳、王常和劉秀率領向東北擴展。

是年（新朝地皇四年）三月，王鳳、王常和劉秀部在連克定陵和郾城後，又攻下了昆陽。

昆陽，因坐落於昆水北岸而得名。對兵家而言，北進者得昆陽，猶如打開了向西北至洛陽、向東至黃淮平原的兩扇門戶；南進者得昆陽，猶如掌握了直通江漢流域、南陽盆地的鑰匙。因此，昆陽歷來是兵家必爭的軍事要衝。

王莽聞奏這一連串壞消息，十分氣惱、害怕。他重新調整策略部署，將原來對綠林、赤眉的兩線作戰，變為集中兵力的一路作戰。他的企圖是，先吃掉更始漢軍，然後再剿滅其他叛軍。

王莽調集了當時他所能調集的全部軍隊——總四十二萬兵力，由大司空王邑、大司徒王尋和納言將軍嚴尤統率，在洛陽會合後開赴昆陽前線。

二

平原突騎馳至昆陽，在一個名為逍莊的地方隱祕駐紮下來。

逍莊處於昆陽與定陵之間，相距各約四十里。若戰，可迅即殺向昆陽；若退，可快速避入定陵。漢軍攻占昆陽前，定陵已在手中。

在逍莊，嚴子陵聞到了從昆陽城飄來的硝煙味，卻捕捉不到戰爭的蹤影。入夜，他帶一候騎，去昆陽城外偵探軍情。

昆陽城外的敵情讓嚴子陵吃驚：夜色中，官軍鋪天蓋地一般，將昆陽城圍得密不透風。

突然，就在這密密麻麻的陣仗裡，有一小股漢軍從城牆南門奮勇突圍出來。嚴子陵靠近前去，看清突圍的漢軍有十三騎。令嚴子陵驚奇的是，從身姿上判斷，衝在最前面的那位勇將正是劉秀，而斷後的是鄧晨。

突圍出來的漢軍轉向東，直奔定陵方向。嚴子陵策馬追趕。見有人追來，劉秀等十三騎揚鞭加速。嚴子陵一邊追，一邊高聲呼喊：「文叔！我是嚴光！」

追啊、喊啊，終於，劉秀聽清了嚴子陵的聲音，他勒馬回望，大呼：「子陵！」

此時，此地，嚴子陵的從天而降，使劉秀大有櫟陽雨金之感。

一行人馬來到逍莊平原突騎營地，大家相互執禮後席地而坐，話題直入眼前的戰事發展。

根據劉秀的陳述，嚴子陵對戰況略掌大概：

現時，王莽官軍已達昆陽城下的近十萬，城北還在陸續開來，軍陣數百里，綿綿不見其後。昆陽城中，漢軍總兵力才九千人。所幸昆陽城小而堅固，易守難攻，尚能堅持。但是，終究是面臨大敵，在守城漢軍中，部分將領的軍心開始動搖，包括首領王鳳。

這次，十三騎冒險突圍，是劉秀提議並請纓執行的應急計策。

劉秀的策略是，由他率十數人突圍出去，到定陵和郾城去搬援兵——那裡駐有萬餘漢軍。待這萬餘援兵開抵昆陽前線後，將在外圍對王莽官軍實施機動攻擊，一來可減輕守城漢軍壓力，二則可擾亂並拖住官軍陣腳，遲滯他們南進，為正在全力圍攻宛城的漢軍主力爭取時間。

嚴子陵對劉秀的突圍作戰大加讚許。

劉秀說：「子陵不要光顧著讚我，說說你的韜略。」

嚴子陵收了笑臉，說：「我確有一慮。文叔想過沒有，假如官軍在久攻不克情況下，一面留下業已布圍的十萬兵卒，對昆陽圍而不攻，一面命大軍快速南進，對攻宛漢軍主力來個反圍殲，先得宛城之勝，回頭再來收拾昆陽漢軍，如此，文叔將如何應對？」

劉秀說：「此事我細酌過，官軍主帥王邑，曾率軍圍剿翟義反莽義軍，因而居功跋扈，現有四十二萬大軍做他依仗，越發驕縱輕敵。昆陽謂軍事要衝，王邑志在必得，他豈肯放棄攻城？因此，王邑不可能像子陵這樣能想到此策。」

嚴子陵說：「文叔對王邑的判斷我贊成。但是，王邑自己想不到，不等於旁人也想不到。王邑副帥納言將軍嚴尤，是當今知名兵家。如果嚴尤出此計策，為王邑採納，那麼王莽官軍真的拔營南進，憑文叔萬餘人馬，能擋得住這浩蕩大軍嗎？」

劉秀一聽，臉色嚴峻起來。對嚴尤其人，他印象深刻，當年嚴子陵帶他遊學穰縣，在鄭敬處學兵法時，曾經議論過他。後來在太學求學，嚴子陵還特地請陳遵帶他拜訪過嚴尤。他確認嚴尤是帥才。

劉秀說：「若應驗子陵所言，漢軍危矣。」

眾人靜屏氣息，急盼嚴子陵的破敵對策。

嚴子陵說：「敵我力量懸殊，我軍只能見招拆招，當務之急要分頭做成兩件事。第一，文叔去定陵和郾城搬援兵，務必速去速決速回。第二，還須施計離間嚴尤與王邑，使王邑疑心嚴尤，讓嚴尤英雄無用武之地。」

劉秀問：「王邑、嚴尤身居中軍帳，如何才可施展離間計？」

嚴子陵成竹於胸，輕鬆一笑說：「文叔莫急，古有芒卯（戰國時魏國將領，善使詐術，多次以詐術救魏國擺脫亡國之危），今有嚴光，我自有辦法。明日，我親自去嚴尤營中走一趟。」芒卯使詐，無一不成，劉秀鬆口氣，放下心來。

眾人見嚴子陵頗為自信，且大言不慚，不知他是輕狂，還是真有本領，都願拭目以待。

三

第二天，黃昏時分，嚴子陵坐一輛軺車，駛到嚴尤部軍營的轅門外。他下車對守營兵士說：「請通報納言將軍，納言士張長叔，特從京師趕來犒勞攻城將士。」

嚴子陵故意撩開車簾，讓守營兵士檢視車廂。一道落日的餘暉射進車廂，照得軺車內一隻金邊木箱金光耀目。

張長叔乃京師巨賈首富，新朝皇帝的座上賓，聞名朝堂閭巷，但是除了達官貴人，罕有普通士卒見過其面目。

「張長叔？你是張長叔？」兵士們像觀賞寶物似的，上下打量這位自稱張長叔的人士——只見他身著珠羅紗禪衣，頭戴進賢冠，足履革鞜，十足的富豪大賈之態。

嚴子陵掏出一把金錯刀幣，一一分予兵士，說：「勞煩辛苦。」

「一個金錯刀幣可抵五十貨泉啊。」兵士們眼饞心動，絲毫不再懷疑來者身分，他們大開轅門，點頭哈腰請嚴子陵進入軍營。嚴子陵的軺車直達中軍帳。

大約過了個把時辰，軺車再經轅門返程，守營的兵士一見，紛紛交頭接耳悄聲細語，嚴子陵坐在軺車上笑容可掬，他自信預測，張長叔犒軍之事很快就會傳遍軍營。

軺車悠然遠去。

是夜，漢軍成國上公王鳳頂不住壓力，下書向王莽官軍乞降。王邑召王尋和嚴尤共議對策。

嚴尤閱過降書，擊掌稱好。嚴尤力主接受漢軍乞降，兵不血刃占領昆陽，進而主力揮師南進，與漢軍決戰宛城。

王邑反對嚴尤主張，斷然拒絕漢軍乞降。王邑洋洋自得地說：「昔日我率十萬兵馬，輕鬆剿滅翟義叛軍，今有百萬大軍（王邑自詡），遇城而不能克，豈不有辱我軍威武？我當先屠此城，喋血而進，前歌后舞，豈不快哉！」

見王邑拒降堅決，嚴尤另謀一計說：「兵法云『圍城為之闕』，我軍圍城應留一個缺口，有意讓部分叛兵逃逸出城。如此，一面讓逃逸出去的人散布城內的緊張情緒，從而造成攻宛部隊恐慌，動搖其軍心；一面則削弱了漢軍守城兵力，易於我軍攻城。」

王邑冷笑一聲，說：「納言將軍此計，是要我放走困在昆陽城內的叛軍嗎？」

嚴尤說：「大司空怎可無辜責我。」

王邑板著臉說：「聽聞傍晚京師鉅商張長叔，上納言將軍營中犒軍去了，不會是昆陽城裡派來的細作吧？」王邑故意停頓一會兒，「哼」了一聲道：「可惜啊，京師那個張長叔上月死了。」

王邑沒有故弄玄虛，京師那個巨賈首富張長叔確實死了。只怨嚴尤近來一直征戰在外，對京師發生的事不甚了解。

嚴尤頓時啞口無言。他悶聲不響地回到自己營帳，拿來一把軍刀，劈開鐵鎖，打開金邊木箱一看，裡面裝的全是磚塊，哪來什麼金錯刀幣。

嚴尤確認自己中計了。嚴尤心中憂懼。他憂懼消息無脛而行。他本來還想建言王邑先揮主力反包圍宛城，現在看來主帥對副帥已高度懷疑，副帥再高明的謀略也不可能被主帥採納，一切只能就此作罷。

嚴子陵的離間計立顯成效。

四

劉秀的定陵和郾城之行，由於採納了嚴子陵「速去、速決、速回」的建議，雖遇波折（定陵主將態度曖昧，被劉秀立斬），也算馬到功成。定陵、郾城漢軍一致擁護劉秀，服從劉秀調遣，預定於次日傍晚抵昆陽紮營。郾城主將還親點八百精騎，交劉秀先行開赴前線。

突圍後的第三天，午時正，劉秀率郾城精騎回到逍莊營地。一下馬，劉秀就帶將領們來與嚴子陵商議。

劉秀決定當日午後組織現有兵力，向官軍發起一次小規模進攻。

嚴子陵立表贊成，認為此舉勢在必行。

首先，城內將士正在急盼援兵到來，若遲遲未見援兵動靜，難防有將士心生異動而譁變。因此，打這一仗，可讓守城將士看到希望、鼓舞士氣。這點劉秀看得很準，當時城外漢軍均不知王鳳已經遞了乞降文書。

其次，漢軍目前僅靠候騎偵探敵情，難以掌握敵軍全盤底子，因此這次進攻行動，實際上也是透過實戰，偵察官兵戰力、士氣和協同作戰等狀況，以利漢軍謀定下一步軍事行動。

這時，有將領提出：「僅靠郾城八百人馬，兵力過於單薄。」

劉秀諳曉這些將領的言外之意，就是希圖聯合平原突騎一起行動。但是平原突騎屬友軍，劉秀不能發號使令，能否聯合行動，要看嚴子陵和遲昭平的態度。

面對劉秀和眾將期盼的眼神，嚴子陵說：「諸位將軍，平原突騎早就決議，易幟加入漢軍，隨時聽候太常偏將軍劉文叔點檢指麾。」

眾將鼓掌歡迎。

接著，嚴子陵自詡：「不是嚴光吹噓，平原突騎論數雖只三百，然其實力遠在定陵、郾城八百精騎之上。」

將領們感覺嚴子陵有點瞎吹，心裡頗不服，但是在這關鍵時刻，平添三百兵力，還是讓他們歡欣鼓舞。

劉秀暗誇嚴子陵：「這個狂奴，這回狂得恰到好處，讓眾將領倍增勇氣。」他向嚴子陵深鞠一躬，動情地說：「子陵乃我漢軍貴人也。」

劉秀宣布，拜遲昭平為平原將軍，嚴子陵為昆陽前線軍師，待戰後報請更始帝允准。

更始元年六月初一，未時正，劉秀率漢軍在距王莽官軍二三里地布下陣勢，王邑遣兵數千迎戰。漢軍率先向王莽官軍發起衝鋒。劉秀一馬當先，他左砍右殺，斬首數十級。漢軍將士人人勇武，斬首數百上千級，王邑頂不住壓力，命令官軍往後退卻。漢軍不予追擊，就地稍息。

將領們圍住劉秀，紛紛誇讚他英雄虎膽，說：「劉將軍平生見小敵怯，今見大敵勇，甚可怪也！」

此時，嚴子陵拉劉秀擠出圈中，向他獻謀說：「文叔宜從速發起二次攻擊。攻擊開始後，可使人佯裝向城中傳遞我軍攻克宛城的假情報，以迷惑官軍。」

說完，嚴子陵拿出一封帛信遞給劉秀，信中內容為漢軍已攻下宛城，正凱旋迴援昆陽。

劉秀讀完帛信，興奮地說：「妙啊！原來子陵早有籌謀。」

劉秀悄聲交代鄧晨依計行事，然後，他下令向王莽官軍發起二次攻擊。

衝鋒隊伍中，鄧晨帶一員勇卒，右手揮劍殺敵，左手高舉信帛，往昆陽城門方向突擊過去，一邊衝殺，一邊高呼「宛下——兵到——」，並佯作不慎將書信丟落，而讓官兵拾得。

官軍不知虛實，即令退兵。漢軍見好便收。

五

傍晚前，定陵和郾城援兵按時趕到，在昆陽外圍紮營。面對昆陽前線態勢，漢軍亟須明確下一步作戰方略。當晚，劉秀召集全體將領到中軍帳議事。

這是一次事關昆陽戰役成敗的極其重要的軍事會議。

就在這次會議上，劉秀提出了決定性的關鍵一策——掏心戰術。他將這個戰術交由將領們論辯決策。

劉秀說：「目前我漢軍在宛城，已圍困官軍時達半載，勝利就在一兩日間。昆陽戰場，我守城將士意志堅定，外圍援兵集結就位，敵我態勢漸次擺開。今日未申時分，我軍以千餘精騎攻襲王莽官軍，殺敵數千，逼敵後撤，全軍士氣高漲，敵情愈加明朗。為徹解昆陽之圍，我意於明日，向王莽官軍全線發起反攻。」

劉秀走到營帳中間，拿著一根小棒，在地上摹畫著說：「我的戰術是，明日清晨，由我親率三千敢死將士，沿昆水隱祕西進，楔入官軍主帥王邑中軍營地，剾其指揮中樞。一旦敢死將士開戰，我軍援兵和守城將士，應即乘敵失去指揮混亂之際，迅速對敵發起進攻。定陵、郾城援軍自東向西出擊，昆陽守軍突西門破襲反擊，我三路兵馬拚全力速戰，一舉潰敵於滍水以北。」

對於劉秀提出的掏心戰術，眾將爭辯激烈，有贊同的，有反對的，也有不置可否的。反對聲居於上風。

驃騎大將軍宗佻說：「劉將軍的掏心戰術，膽魄可嘉。然而，我漢軍現有守城部隊八九千，加上定陵和郾城援兵萬餘，總兵力二萬，官軍卻擁兵四十二萬，還有虎豹猛獸助陣，敵我兵力如此懸殊，一旦『掏心』失利，三千精騎有去無回，其後果不堪設想，卑職以為劉將軍的策略過於冒險。」

侍郎李秩說：「官軍不僅勢眾，且輜重精良、糧草豐足，漢軍起於草莽，多靠擄獲敵軍改良裝備，境況難與官軍比，目前尚無反攻實力。」

偏將軍，劉秀的姐夫鄧晨，也持反對態度。鄧晨說：「當初文叔率我等十三騎突圍，目的在於搬援兵，然後對官軍進行騷擾作戰，一來緩解守軍壓力，二來遲滯拖住敵軍，為攻宛漢軍爭取時間。所以，當下我軍應循初衷，以機動騷擾作戰或蠶食作戰為主，待漢軍攻下宛城，回進昆陽時再與大軍合兵，殲滅官軍。」

對反對者的觀點，劉秀故作盤馬彎弓狀，不辯一言。待諸將各陳己見且爭執不下時，劉秀側過頭，與嚴子陵一個四目交接。

嚴子陵乾咳一聲。

劉秀示意各位安靜，說：「軍師有何見地，可為我等點撥開導？」

眾將這才想起軍中還有一位軍師，他們將目光投向嚴子陵。

六

會前，劉秀曾與嚴子陵交換過「掏心戰術」，嚴子陵對這個戰術深為讚賞。

劉秀早已預見會議可能出現分歧，他希望嚴子陵以局外人的角度，對他的戰術做辨析與判斷。他認為只有這樣，才能使將領們統一意志，樹立必勝信念。

剛才，嚴子陵親見劉秀的沉穩練達，暗自欣喜。他彷彿看到眼前的劉秀已是一條長實鱗爪的龍，張揚出騰飛蒼穹的氣勢。

嚴子陵挺直身姿，目光掃視一遍軍帳內的將領。他面對他們急切而又充滿信任的神情，緩緩說道：「當局稱迷，旁觀見審。我觀今晚劉將軍所提計策，把戰場切口選在昆陽城西，正是奉行孫子『出其所不趨，趨其所不意』之法。劉將軍決定親率三千敢死隊伍奇襲敵軍中軍營壘，亦是運用孫子『擒賊擒王』戰術，『摧其堅、奪其魁，以解其體』。劉將軍之計，確有冒險之嫌，但是切實可行。」

驃騎大將軍宗佻說：「官軍畢竟浩蕩，達四十二萬，戰我二萬，二十比於一，官軍即使不揮刀戈，碾過來也能把我漢軍碾成肉醬。」

看來嚴子陵的三言兩語，很難消除眾將的疑慮。

「我想，宗將軍所慮，也是劉將軍所慮，劉將軍既有慮，今晚還提出上述計略，可見劉將軍心中已有定盤星，由此斷定，我料劉將軍已然洞察敵方敗像。」嚴子陵言辭肯定。

眾將疑問：「敗像？哪來的敗像？」

「敗像一，王莽官軍兵力雖眾，卻徵自四方州郡，各為營伍，每部大者不過萬人，小者不足萬人，互不統屬，看似密密麻麻，卻駐在百餘個營壘，兵力分散。再加王邑嚴令諸營『按部不可動』各部不敢主動出擊迎戰。因而，官軍貌似強大，實為一盤散沙。

敗像二，官軍統帥王邑不懂兵法，驕橫跋扈，狂言先屠昆陽城，喋血而進，前歌后舞。孫子云：『將者，驕而恃強，實為無能之輩，必敗也。』劉將軍斷定王邑驕狂，輕視我漢軍，故此，先擊王邑中軍，使敵中樞潰敗，混亂之際，我守城將士和城外援兵，兩面全力夾擊進攻，不由官軍不敗。」

嚴子陵的話剛說完，眾將攀耳交談。嚴子陵從他們的神態中觀察到，自己所論已被大家認同。

嚴子陵繼續道：「我剛到新野時，就聽鄉里百姓傳說劉將軍少諳兵法，而今短短數日，從定計突圍，到說服援兵，再到衝鋒陷陣，劉將軍的智勇膽魄，將士們都已看個分明。據我所察，諸位雖未言明，卻儼然已奉劉將軍為昆陽大戰統帥。請問，我的觀察是否有誤？」

營中眾將頻頻點頭。

嚴子陵壓低嗓音，故作神祕地說：「近日附近村莊裡有童謠相傳：兩王遇劉秀，淹死滍水河。可見，天意已有昭示，明日之戰，漢軍必勝！」

嚴子陵的童謠讖言，一掃而光將領們心中的疑雲。

將領們鬥志昂揚，禁不住振臂高呼：「漢軍必勝，漢軍必勝！」

劉秀真心敬慕嚴子陵是位天才謀士。他想不到嚴子陵一改以往以古人古語論事的風格，張口閉口云孫子曰兵法；他想不到嚴子陵從頭至尾為他擺功，把他捧得如戰神一般；他更想不到嚴子陵敢編童謠假示天意，狂言漢軍必勝。

時機已經成熟，劉秀作出部署：由嚴子陵和宗佻率援兵，在城東南營地向西進攻；由鄧晨和李秩率小股部隊密插至西城門，策應城內守軍出城進攻。

兩翼漢軍的進攻時間，以劉秀所率的敢死將士，在王邑中軍營開戰的鼓號聲為號。

劉秀同時命令諸將，回營後，盡快按數選拔敢死勇士，速到中軍營集合。

遲昭平主動請纓，願率平原三百突騎為敢死隊，緊跟劉秀衝鋒殺敵。

七

六月二日，清晨。漢軍三千敢死精銳，恍如一群幽靈，沿昆水在薄霧中悄然穿行，長驅直入王邑中軍營壘。

劉秀拔劍怒吼：「殺！」戰鼓激擂，三千死士如餓狼撲食，催馬奔殺過去。

遲昭平策馬揚劍，殺至中軍帳前，正遇大司徒王尋逃出帳來，她揮劍迎上，一劍撩下其頭顱。

奇兵天降，官軍中軍營毫無防備，即被漢軍殺得死相枕藉。忽又從東門、西門傳來驚天動地的喊殺聲，官軍更是混亂不堪，將官及兵卒丟盔棄甲，落荒而逃。

王邑連殺數十兵卒，企圖阻止潰逃。可惜，兵敗如山倒。潰逃的官兵如決堤洪水一瀉百里，根本無法阻擋。

王邑也在逃亡官兵的裹挾下，向洛陽方向退去。

老天不甘寂寞，剛剛還晴朗的天空，霎時黑雲籠罩、霹靂驚雷、狂風大作、暴雨如注。潰敗的官兵們，一路推搡踩踏，伏屍數十里。

官軍逃至滍水邊，滍水暴漲，波濤如海浪一般洶湧滾滾。逃兵們哪裡還顧及眼前危險，紛紛奔入滍水，旋即被狂濤捲走。「溺死者以萬數，水不為流」。

官軍的殘兵敗將，一部由王邑帶領往洛陽退卻，餘部各自退回自家州郡。

昆陽之戰，漢軍以少勝多。遺憾的是，在這場鏖戰中，嚴子陵意外被流矢擊中，身負重傷。幸虧箭傷離要害還差絲毫，又救治及時，在昏迷四五天後，嚴子陵終於甦醒過來。

聞知嚴子陵甦醒了，劉秀當即趕來探望。

遲昭平出門相迎時，不虞突然昏倒在門口。

疾醫迅速趕到，號脈診治。疾醫號完脈，對劉秀說，女將軍懷有身孕，加之日夜照料病人，體力虧欠過度，才致昏迷，稍加調養後應無大礙。

身懷六甲，還奮不顧身請戰加入敢死隊伍，這等女子，世所罕見。劉秀對遲昭平充滿敬意。

第十七章　昆陽城下

第十八章　黑雲翻墨山雨來

一

乘昆陽大捷餘威，劉秀率軍向潁川郡出發，一舉攻克潁陽和父城。

嚴子陵雖無性命之虞，但是傷勢一時難見好轉，留在昆陽醫養。

遲昭平身懷六甲，也無法帶兵打仗，就將平原突騎全部交予劉秀，自己留在昆陽，照護重傷的丈夫。鑒於自己名震朝野，為避免招惹麻煩，她更名換姓為范晉臺。

就在此時，在宛城的更始政權發生內訌。劉氏兄弟在攻取宛城和昆陽大捷中戰功顯赫，引起更始帝劉玄的猜忌。一些綠林軍出身的權臣，因早就忌憚大司徒劉縯，便趁機慫恿更始帝，藉端殺了劉縯。

噩耗傳到父城，劉秀如五雷轟頂。他在悲痛中，瞭然自己也已置身危局，殺身之禍隨時都有可能降臨。

鄧晨等幾個親信將領義憤填膺，他們闖進帳來，鼓動劉秀離反更始帝，獨闖天下。面對將領們的躁動，劉秀神色如常，訓誡他們切勿魯莽肇事。

兄長之死，令劉秀泣血悲憤，豈能不生逆反之心？但是，他只能打落牙齒和血吞，因為他精細盤算過：

眼下，自己雖統領上萬精兵，而外援僅有大哥的舂陵舊部萬把人馬。現在，大哥遭更始帝加害，難以猜想會有多少舂陵舊部願意跟他走，即使滿打滿算，兩路人馬也總共僅二萬餘兵力，要與綠林軍執掌的更始政權相敵，幾無勝算。

再則，如今更始帝劉玄雖懦弱，終係高祖嫡系，既位居大統，即為漢軍和百姓所望，若反，將與天下民心相悖。民心如磐石，如果以卵擊石，不僅大哥之仇難報，自己的宏願也將付諸東流。

於是，劉秀痛下決心效法越王，先苟且偷安，臥薪嘗膽而徐圖未來。但是如何應對現時危機，他心無定數。

劉秀從父城急馳昆陽，欲向嚴子陵尋求計策。

二

嚴子陵身體虛弱，正臥榻閉目靜養。范晉臺躡足走進內室，附在他耳旁說：「文叔將軍來了。」

嚴子陵睜開眼，撐起身，抬頭朝房門外望，說：「文叔呢？快請！」

劉秀匆匆走進臥室，進門道一聲：「子陵。」便跪地嚎啕起來。

待劉秀哭聲低沉嗚咽時，嚴子陵伸出手來，握住劉秀的手說：「文叔節哀，伯升被害，我已耳聞，不知文叔今後作何籌劃，是尋仇反，還是屈忍潛身？」

劉秀說：「子陵你懂，反，猶如飛蛾撲火，斷然不能。華山無路，唯有以忍為徑。」

「何以忍，文叔可有考量？」

「其一，我欲速去宛城向更始帝謝罪，忍辱求其寬宥，去其疑慮；其二，遣姐夫鄧晨隨我同往宛城，密會劉賜和劉嘉，請他們出面斡旋劉玄，醒示更始帝留意綠林獨大的隱患。兩頭補綴，抑止危局變為殺局。」

「文叔主攻劉玄，勝算如何？」嚴子陵問。

劉秀說：「人言劉玄懦弱，其實不然。劉玄之所以殺大哥，並不全是迫於朝臣壓力，反而是他利用了朝臣對大哥的忌憚心。因為劉玄心知肚明，憑大哥的實力和威望，過去可爭逐帝位，如今依然可稱帝自立，若不殺大哥，他的帝位終究不穩。」

范晉臺遞來一杯熱茶，劉秀道謝接過，繼續說道：「當前劉玄殺了大哥，朝中局勢交替瓜代，他對綠林的牴牾心會急遽升漲。今後，他的心思，將用在如何均衡綠林與春陵兩者勢力上。當初綠林軍抬他登上帝位，本意是要利用他，以排擠強勢的大哥，把他捏於手心做傀儡。如今，劉玄已殺大哥，若再殺我，整個春陵軍將遭徹底打壓。失卻春陵軍的制衡，綠林兵就會盛氣凌人，豈是他所能駕馭。因而，沒有了大哥的春陵軍，只要我臣服於他，還是會被他視為依傍。」

劉秀放下手中的茶杯，焦慮地說：「現在唯一令我憂恐的是，劉賜和劉嘉能否助我。」

嚴子陵說：「就劉賜而言，劉玄稱帝時，封他為宛王，居丞相位，視為心腹。劉賜亦文叔族兄，本就反對劉玄殺伯升，故今日定會力保文叔安全。而劉嘉自不在話下，他與文叔親如同胞，毫無疑義會力助文叔。劉嘉深受更始帝信任，宛城和昆陽大捷後，新晉興德侯、大將軍。劉嘉伶牙俐齒，曾成功遊說春陵與綠林合兵，有能力勸說劉玄轉變態度袒護文叔。因而，文叔不必擔憂劉賜和劉嘉能否真心相助。但是，文叔把命運全繫拘於劉玄身上，恐怕不足以化解當下危局。」嚴子陵擺出了自己的擔憂。

劉秀說：「子陵之憂也是我之顧慮。此去宛城，我將韜晦處之：一不與大哥舊部往來，免再生嫌疑；二不炫耀昆陽戰績，將功歸於他人；三不為兄長服喪，飲食言笑如常。以此迷惑那些力主殺我大哥甚至還欲殺我的更始將臣。」

「真是後生可畏啊！」劉秀這般沉穩，忍大仇而韜形滅影，讓嚴子陵有所寬懷。不過，嚴子陵的擔心未除。他說：「文叔至宛，人人關切，可謂眾矢之的，僅靠上述韜晦舉措，既要取信於劉玄，又要迷惑對手，火候、功法尚欠缺力道。我有一計，可助文叔韜晦計拾薪添火。」

劉秀握緊嚴子陵的手，懇切地說：「子陵教我。」

嚴子陵說：「此次伯升被害，聽聞李軼比綠林將臣還鼓惑賣勁。文叔可將妹妹伯姬許以李通。李通為李軼兄長，倘若李通下聘伯姬，李軼想再生是非，定會投鼠忌器。」

「我聽大哥說過，妹妹本屬意李通，就是不知李通有無情意。」

「李通傾慕伯姬已久，宛人皆有傳聞。」

劉秀點頭說：「此計可行。」

嚴子陵接著說：「僅有伯姬與李通訂婚，百戲尚未做足。文叔自己應儘早迎娶陰家麗華。新野那頭，我會託人做媒。」

「不可！」劉秀脫開嚴子陵的手，斷然說道。

嚴子陵對劉秀的「不可」置若罔聞，他硬撐起疲乏的身體問：「文叔曾為太學博士，不會不知孫臏與龐涓的故事吧？文叔當深思，孫臏如何表演，才讓龐涓信他真瘋？」

孫臏與龐涓的故事，擊打著劉秀的靈魂。劉秀沉思良久，終於接受了嚴子陵的謀劃。

劉秀策馬急馳宛城。

劉秀到宛城後，強忍著內心的悲痛，一切按預案行事，沉著冷靜，靈活周旋，一關一坎朝前闖。

宛城當成里，是劉縯攻下宛城後置辦的一處新宅。在當成里，劉秀為妹妹伯姬和李通辦了訂婚宴。隔日，他與陰麗華的新婚典禮也在這裡舉行——他們夫妻私底相約，同房不行床笫歡。

更始君臣都被劉秀的出色演技矇蔽了。

聖無死地，賢無敗局。劉秀終於化解了他的第一次重大危機。

三

昆陽大捷後，關中聞之震恐，海內豪傑翕然響應，有的直接殺了牧守自稱將軍，用漢年號以待詔命。旬月間，反莽形勢如火如荼。

屋漏偏逢連夜雨。新莽朝廷也生變亂。國師公劉歆聯合衛將軍王涉和大司馬董忠等，共謀劫莽歸漢，因洩密而告失敗，劉歆等被王莽誅殺。這個事變對王莽打擊沉重，新朝的滅亡只是時間問題了。

更始政權乘勝前進。更始帝劉玄在穩定內政後，派出兩支最後消滅新莽的大軍：一支由西屏大將軍申屠建、丞相司直李松率領，攻武關，西進長安；一支由定國上公王匡率領，北伐洛陽。

官軍守洛陽的是太師王匡（與漢軍定國上公同名），及國將美新公哀章。

嚴子陵獲悉哀章領軍守洛陽，便為劉秀出謀，以劉秀名義向更始帝獻上取勝洛陽之計。

嚴子陵的計謀是，北伐漢軍祕派一人扮作漢軍叛將，去洛陽假意私通哀章，詐稱漢軍集兵西進北伐，宛城空虛，官軍可反守為攻。「叛將」佯說自己可引官軍取小道，偷襲宛城，活捉更始帝劉玄。「叛將」在私通哀章時，籌碼一定要高，逼哀章許諾，若大功告成，必奏請王莽封為公爵。「叛將」要價越高，哀章越深信不疑。因為這才符合哀章性格。

劉秀將計獻予劉玄。劉玄命北伐軍依計行事。

哀章果然上鉤。哀章的投機冒險性格再次爆燃。他說動太師王匡，決定就此一搏。

王匡和哀章率大軍出城偷襲宛城，結果行不到十里，就被事先埋伏的漢軍一網圍殲。王匡、哀章投降，不日，被押往宛城斬殺。漢軍勝利占領洛陽。

幾乎同時，西進大軍傳來捷報：「漢軍攻克京師長安，王莽伏誅。」

苦撐十五年的王莽新朝，從此徹底退出歷史舞臺。

獻計劉玄，使漢軍輕取洛陽，且不為自己計一分功勞，劉秀的表現博得了更始帝的進一步信任。

更始元年（西元二三年）九月，更始帝擬北上建都洛陽。他封劉秀為破虜大將軍加武信侯，行司隸校尉，先行洛陽整修宮殿，籌備遷都事宜。「行司隸校尉」，所謂「行」，為秦漢時期任用官吏的一種方式，指官缺未補，暫由他官攝行。「司隸校尉」銀印青綬，持節，執掌糾察大權，職位重要。

劉秀的韜晦計大獲成功。

四

雖獲更始帝信任，但是此去洛陽，劉秀依然無法預料自己的前程變數。他決定送陰麗華回新野娘家去住，同時擬請嚴子陵夫妻同去新野陰家，一個繼續養傷，一個靜待生產。

為說服嚴子陵，得一空，劉秀攜陰麗華去拜訪嚴子陵。

嚴子陵住在宛城郊外，那是鄧晨按劉秀的囑咐，挑選的一處風水宅院。宅院背靠小丘，南臨淯水的一條小支流，四季鳥語花香。在劉秀和陰麗華成婚前，鄧晨已將嚴子陵夫妻接來此住。

這天，秋陽明媚，一對翠鳥落在院外的老槐樹上，嘰嘰喳喳地歡叫不停。正在院子裡散步的嚴子陵，對身旁的范晉臺說：「小鳥叫得這等歡快，必有貴客來訪。」

話剛說完，就聽得馬車聲自遠而近，「嘎」地停在院門外。范晉臺打開院門，見劉秀和陰麗華從馬車上下來，她趕緊招呼嚴子陵出院迎接。

劉秀緊走幾步跨入院門，問候道：「子陵身子可健朗些？」

嚴子陵笑說：「武信侯如此關照，嚴光能不健朗嗎？」

劉秀打量一番嚴子陵，果見其氣色比之前大有好轉，心中寬慰，但是他依然攙扶著嚴子陵，邊寒暄，邊往屋裡走。

嚴子陵請劉秀在客堂落座。范晉臺和陰麗華入內室敘話。

劉秀道明來意，嚴子陵欣然允諾，說隨時可去新野陰家，養傷、待產。隨後，兩人的話題轉換到當今局勢上來。

劉秀問：「以子陵之見，更始大局可定否？」

嚴子陵說：「當今之大變局，掀巨浪者是綠林和赤眉。舂陵兵起於綠林、赤眉之後，審時度勢，合兵綠林，奪取宛城和昆陽大捷，西進北伐，推翻新莽偽帝。試想，如今天下，盡綠林與舂陵共享，而無赤眉半分，赤眉豈肯安分？赤眉勢眾力強、紀律嚴明，與漢軍決一雌雄，在早晚間。再之，新朝滅亡，眾多地方豪傑割據一方，有觀望者欲擇木而棲，亦不乏野心者伺機稱王稱帝。」

劉秀問：「劉玄枉殺兄長伯升，我與其怨仇難解。劉玄又是綠林傀儡，與他久處，對我極為不利。我該何去何從？」

嚴子陵笑說：「燕雀安知鴻鵠之志？」稍傾，他悠然道：「文叔自可有雲騰之、有霧駕之。」

「有雲騰之、有霧駕之……」劉秀若有所思，他會心一笑，問：「不知雲在何處飄，霧在何時生？」

「童謠云：『諧不諧，在赤眉；得不得，在河北。』」嚴子陵答。

「諧不諧，在赤眉；得不得，在河北。」劉秀口唸童謠，徹悟道：「子陵，高人也。只憾子陵傷未痊癒，師母又臨產期，此去洛陽，獨缺子陵相隨，時時指教。」劉秀滿臉遺憾。

「文叔過獎了，當今天下勝我者比比皆是，近前就有一人，文叔若能招之，定能如虎添翼。」嚴子陵說。

「何人？」

「鄧禹。」

「鄧禹？」劉秀搖頭說：「之前，綠林、赤眉，還有眾多豪傑都曾相邀於他，他皆不肯相從。後來，更始帝聞鄧禹見解不凡、才華過人，降旨許以高官厚祿，前去力聘，最後也無功而返。我這落難將軍，怎能請得動他？」

嚴子陵很有把握地說：「此番我去新野養傷，試以文叔名義，去會會這個愛玩螻蛄的新野神童，助文叔心想事成，如何？」

「成。」劉秀高興地說。

五

到新野陰家後的第二天，嚴子陵在陰麗華仲弟陰興陪同下，去鄧府拜訪鄧禹。

鄧禹見嚴子陵來訪，親自泡一杯熱茶奉上。嚴子陵趁熱轉達了劉秀欲請鄧禹出山之意。

鄧禹一聽，收走了案上熱茶，說：「如果今日子陵只做文叔說客，我就閉門逐客了。」

嚴子陵笑著說：「熱茶可以不喝，只是聽聞仲華養的螻蛄舉世無雙，可否讓我瞥一眼再走？」

「子陵也喜歡螻蛄？」

「是文叔的囑託。文叔說，如果不能說動仲華出山，就向仲華討要一隻螻蛄也好。」

鄧禹頓時面露喜色，請嚴子陵坐下，拿出自己餵養的螻蛄任他欣賞。嚴子陵告辭時，鄧禹取來一隻精緻的螻蛄罐相贈，說：「這裡面是一隻強壯的螻蛄，百戰百勝，從不畏懼，今託子陵轉贈文叔，祝他所向披靡。」

嚴子陵小心翼翼地接過螻蛄罐，代劉秀向鄧禹表示感謝。

回去的路上，陰興問：「文叔不是一向討厭鬥螻蛄的行為嗎？什麼時候開始關心起此等物事來了？」

嚴子陵顧自閉目養神。

回家後，嚴子陵把螻蛄視作珍物，精心地餵養，每天觀察螻蛄動靜。隔一些時日，嚴子陵就去一趟鄧禹家，由頭都是說文叔捎信來，細告那隻螻蛄的情況，討教餵養方法。如此三番五次，不厭其煩。

月餘，嚴子陵又一次造訪鄧府，告訴鄧禹，文叔捎信來說：「那隻螻蛄死了，乾枯的螻蛄用來為一個受傷的副將治病了。」

鄧禹聽聞後深受感動，連行裝也不打理，立刻策馬，去追隨劉秀。

陰興對鄧禹的巨大改變驚嘆不已。嚴子陵笑著說：「想要招納人才，首先要學會了解他的喜好、尊重他的行為。雖然仲華僅贈文叔一隻螻蛄，我瞞住仲華代為餵養，為的就是表達文叔對仲華的極大尊重，感動仲華。」

陰興如夢初覺。

第十八章　黑雲翻墨山雨來

第十九章　抽刀斷水水更流

一

更始元年（西元二三年）十月，赤眉軍在更始漢軍攻入長安、推翻新朝的大勢面前，歸降了更始帝。

雖然赤眉軍仍在原地駐軍，是否真心歸順有待時間檢驗。但是，赤眉的歸順，意味著赤眉問題的暫時解決。此時，河北問題突顯出來。

在河北，各州郡依然各自獨立，未聽命於更始政權；還有銅馬、青犢、高湖、重連等大小農民軍占山為王。對任何一個王朝而言，河北的軍事、政治和經濟地位，都是舉足輕重的。至此，劉秀認為，嚴子陵所說的「有雲騰之、有霧駕之」的機會到了。

劉秀暗使劉賜、劉嘉分別向更始帝提出，目前應授命親近大將徇河北，招撫州郡及各路兵馬，統一河北。劉賜和劉嘉同時建議更始帝，授劉秀為「徇北」大使。

朝中大臣多有反對。反對者多係綠林權臣。更始帝因此狐疑不決。劉賜、劉嘉反覆力薦。

劉秀繼施一計，用重金打通丞相曹竟和尚書曹詡關節，慫恿他們父子竭力說動劉玄。

終於，更始帝不再狐疑，頒旨：「以劉秀行大司馬事，持節北渡，鎮慰河北州郡。」

劉秀煞費苦心爭得這任命，猶如虎出牢籠。

歷史由此拐彎，掀開了嶄新的一頁。

二

劉秀以更始帝招撫特使身分，一路北徇，收冀州魏郡、邯鄲郡、廣平郡、鉅鹿郡、清河郡、信都郡、常山郡諸縣，以及真定國和中山國，所過郡縣，他親自考察黜陟牧守、縣宰、長吏、三老及至佐屬，廢除王莽苛政，恢復漢官名，深受河北民眾歡迎。

就在劉秀北徇抵達薊城時，一件令他措手不及的大事突如其來。

邯鄲相士王郎（一作「王昌」），自稱是成帝劉驁流落宮外的親子劉子輿，在漢室後裔趙繆王之子劉林煽動下，糾合邯鄲大豪李育、張參等，於十二月壬辰清晨，率領車騎數百，衝進邯鄲城，迅速占領趙王宮，登基稱帝，號「漢興宗」。王郎拜劉林為丞相，李育為大司馬，張參為大將軍。

緊接著，王郎分遣將帥徇各郡縣。徇郡縣的將帥，按王郎計謀行事，一面頒發王郎檄文，強調王郎的龍子身分，評價翟義以來各路反莽勢力的功績，稱南陽諸劉為「先驅」，稱更始帝因「未知朕，故且持帝號」；一面散布謠言，說赤眉軍將渡黃河，前來擁護成帝親子劉子輿。由於王郎準確地把握了時人心理，緊扣「人心思漢」這個百姓情結，雖只發一紙檄文、造一通謠言，卻收效顯著，短時間內，趙國以北、遼東以西，皆望風歸順王郎。

轉瞬間，劉秀徇北的大好局面毀於一旦。

王郎許以十萬戶高額封邑，廣布檄文懸賞劉秀人頭。駐薊城的已故廣陽王之子劉接，附逆王郎，關閉城門四處搜捕劉秀。

劉秀設計逃出薊城。

劉接傾兵窮追不捨。

劉秀一路南突至信都，親軍折損七成。

信都太守任光得知劉秀到來，率吏民大開城門，高呼萬歲，迎謁劉秀進城。幾乎同時，和成太守邳肜也率兩千精兵趕到信都相會，明志追隨劉秀。

劉秀得到信都、和成兩郡支持，方才穩住陣腳。

三

更始二年（西元二四年）正月，本來一派「屠蘇成醉飲，歡笑白雲窩」的陰家大院，因傳來王郎稱帝、劉秀北徇不利的消息而顛倒失序。其時，適逢范晉臺誕下一子嚴倫，嚴子陵的弄璋之喜也因之蹤影全無。

嚴子陵設想著劉秀的危難，他敏銳地意識到，當下能助劉秀化解登天之路上重大危機的，一是兵力，二是智力。他認為，憑自己的智慧和能力，雖然難以成全劉秀，但是，至少能鼓舞與慰藉劉秀。於是，沒等兒子滿月，也顧不得傷未痊癒，嚴子陵毅然決定北上去追尋劉秀。陰識感激嚴子陵的義舉，特遣陰興護送嚴子陵前往。

河北地域遼闊，南有冀州，北有幽州，該往何方追尋劉秀呢？嚴子陵經過一番分析，認為應該先奔信都。信都太守任光，為劉賜心腹，也是劉秀摯友。任光與劉秀一起征戰多年，結有生死交情。四面楚歌之中，信都定會被劉秀視為最後可以依傍的堅強壁壘。

嚴子陵的判斷極為準確，但是，劉秀的變化更快。等到嚴子陵和陰興風塵僕僕趕到信都時，劉秀已突進至中山國治所盧奴縣。

原來，劉秀退入信都後，在信都、和成兩郡太守的支持下，又聚起四千餘精兵。為扭轉被動局面，劉秀率兵主動出擊，接連攻下堂陽、貰縣，降服曲陽縣。

其時，昌城大豪劉植和宋子大族耿純，各率宗親子弟兵，占據縣邑，擁戴劉秀。

由是，劉秀漢軍兵力迅速增至三萬餘人，麾下有王霸、鄧禹、馮異、耿純、鄧晨、劉植、耿弇、銚期、任光、邳彤、李忠、萬脩、賈復等一眾名將。

劉秀乘勝攻打中山國，奪取了中山國治所盧奴縣。

漢軍峰迴路轉，前景看好。

然而，好景尤似曇花，又一件怵心事節外生枝——真定王劉楊歸附了王朗。

劉楊是漢景帝的七世孫，封邑真定國，擁有十二萬軍隊。在劉秀與王郎較量的天平上，劉楊是一列舉足輕重的棋子，可謂得劉楊者得河北。

四

面對險惡形勢，一場事關徇北漢軍生死存亡的決策論辯，在盧奴中山王宮大殿內激烈展開。漢軍將領們的意見分成兩派。一派主張劉秀西還長安（更始帝劉玄已在此前由洛陽遷都長安），向朝廷要來援兵，與王郎、劉楊決戰。另一派主張避開劉楊鋒芒，北進東擴壯大實力，回頭再戰劉楊。

雙方爭執不下。

劉秀舉棋不定。

正在這個節骨眼上，嚴子陵和陰興追上了劉秀部隊，一腳踏進了盧奴中山王宮的大殿。

嚴子陵的到來，讓劉秀喜出望外，也讓將領們如遇神明。劉秀麾下的將領，無論新老，都久聞嚴子陵大名，他們知道昆陽大戰時嚴子陵便是劉秀的靈魂謀士。

劉秀迎上前去，緊緊握住嚴子陵的雙手，拉著他在主帥席旁落座。

王宮大殿霎時靜謐下來。

劉秀向嚴子陵詳述了兩派主張，嚴子陵聽得認真仔細。

眾將急切期待嚴子陵發表遠見卓識。

許久，嚴子陵才起身離席，走到大殿中央。他向劉秀及眾將作揖施禮後說道：「嚴光下車伊始，便發議論，實因軍情緊急，不得已而為之，若有不妥，萬望大司馬和諸將軍海涵。」

劉秀說：「務請子陵坦陳己見，不必顧忌。」

嚴子陵舉手一揮，果斷說：「大司馬若西還長安，可就『聰明一世，糊塗一時』了。」

嚴子陵開言傷及大司馬顏面，眾將皆驚且不敢言。劉秀不動聲色。

嚴子陵義正詞嚴地指出西還長安有「四誤」：

一是誤判更始帝朝廷實力。嚴子陵指出：「西還長安，就是寄希望於更始帝發援兵，而目前，赤眉軍異心陡顯，威脅長安，各路割據勢力屢屢挑戰，朝廷哪裡還有援兵助河北？」

二是誤視河北軍在朝野官民中的地位。嚴子陵認為：「當下之河北，儼然已成為朝廷的重要後方和依傍，一旦失去，必將驚動三輔，挫漢軍士氣，而鼓敵軍勇氣。」

三是誤估王郎的影響和劉楊的軍力。嚴子陵分析：「王郎詐詡劉子輿，驅使烏合之眾，日久必現原形，人心散亡，難以與大司馬長期抗衡，若西還長安，豈不自棄陣地，任由王郎坐大？再看劉楊，雖擁兵十二萬，四倍於我軍，然昆陽決戰時，大司馬僅憑二萬兵力，戰勝王莽四十二萬官軍，今區區十二萬劉楊軍隊何足懼哉？」

四是誤棄河北軍初心。嚴子陵直言：「河北我軍自大司馬徇北始，就是獨立爭鬭天下時，大司馬胸懷

『復高祖之業，定萬世之秋』的宏偉願景，如若西還長安，豈不是讓大司馬自入囚籠？諸位也終將失去青史留名的歷史機緣。」

嚴子陵的精闢宏論，慷慨陳詞，如利劍擊中將領們的心窩：「是啊，西還長安猶如自入囚籠，自毀前程，萬不可行。」大殿內一陣躁動。

鄧禹上前一步說：「如此看來，子陵是認可北進東擴的策略嗎？」

嚴子陵沒有正面回答鄧禹的問題。他說：「身處大爭時代，想要避開戰爭，絕無可能，避得了真定的劉楊，就避不了北進的劉楊，東擴的劉楊，你越想避劉楊，劉楊則越多，只有迎難而上，迎接劉楊挑戰才是勝利之王道。仲華認為，北進東擴與西還長安有何本質區別？」

大殿內將領們交頭接耳，議論紛紛。

和成太守邳彤拱手說：「敢問先生，既然西還長安有誤，北進東擴有錯，那麼河北漢軍除卻拚死一戰，還有何路可走？」

嚴子陵堅定地說：「談和聯兵。」

這是嚴子陵在批駁了西還和東進兩派主張後，提出的第三條道路——全力遊說劉楊並與其聯兵。

邳彤苦笑道：「先生的談和聯兵策，先前我曾主張，但是被眾將駁得體無完膚。」

「不知諸位將領對談和聯兵持何看法？」嚴子陵問邳彤。

邳彤掃視殿內將領，說：「諸將以為，劉楊鐵定心腸要跟王郎走，與其談和幾無可能。第一，劉楊宣稱歸附王郎的時間節點，不是發生在王郎稱帝、大司馬徇北招撫遇困時，而是發生在大司馬徇北招撫走出困境、形勢逆轉向好之際。第二，劉楊擁兵十二萬餘，是目前徇北漢軍兵力的四倍，如果劉楊願意談和聯兵，除非是大司馬願奉劉楊為天子，而不可能是劉楊屈從於大司馬。」

嚴子陵哈哈大笑，說：「將軍們只懂軍事，不懂買賣，才會有此結論。我曾為商賈，深知商人趨利本性。劉楊向來好商賈、善買賣。我洞察劉楊當前的所作所為，與商人並無二致。」

眾將不解：「軍事豈能與商事等論？」殿內一片質疑聲。嚴子陵悠然道：「不過，劉楊倒是一個富有遠見的政商。試想，劉楊早不投王郎，晚不投王朗，恰恰選在大司馬形勢見好之際，應有他的如意算盤和某種圖謀。以我之見，劉楊是看好大司馬，而不是看好王朗，他是假意投王朗，真心向著大司馬。」

將領們肅然，豎耳靜聽。

「不知諸位將軍是否發現，自從劉楊宣稱歸附王郎以來，其部隊仍在原地按兵不動，既不南下開往邯鄲與王朗合兵，也不北進尋我徇北漢軍作戰。他意欲何為？他在等待。他在等待什麼？他在等待有利可圖的商機。」

任光說：「劉楊本就享有藩王尊號和食邑，除非正如眾將所言，他在等待大司馬去擁護他做天子。這就是劉楊等待的商機嗎？」

嚴子陵目光掃視將領們一圈，攤開雙手駁問道：「劉楊想做天子，自立稱帝即可，何必去投一個不著邊際的王郎？諸位應該這般去想，正因我等不知劉楊在等待什麼、想做何種買賣，更應主動去會劉楊，摸清楚他的真實意圖，聽明他究竟想要什麼，再看我們能否滿足他，豈不更有利於我方定計決策？」

嚴子陵回到坐席，側身對劉秀說：「嚴光敢斷言，爭取劉楊回歸大有可能。倘若爭取不成，再尋機與其決戰，亦未嘗不可。」嚴子陵態度堅決。

劉秀認同嚴子陵的謀略，頷首說道：「邊談和，邊備戰，和不成，再決戰，子陵此謀乃上上策。只是，遣誰去與劉楊談和？」

嚴子陵說：「文叔可遣劉植劉伯先為使。劉楊乃伯先族兄，伯先為使最為合適，也利於摸清楚劉楊底細、說服族兄棄暗投明。」

劉秀拍案說：「好。」

五

事關重大，劉植領命後心中忐忑，緊鎖眉頭在營帳內來回踱步。這時，嚴子陵來了。

嚴子陵對劉植說：「據我所知，伯先善侃。伯先此去，定要發揚善侃之長，在劉楊面前，宣揚大司馬文韜武略、驍勇善戰和見識非凡的王者氣派，宣揚大司馬學識淵博、英俊灑脫和胸襟寬廣的儒雅氣質。」嚴子陵壓低嗓音說：「此外，伯先還可暗地曉示劉楊，漢軍中傳言真定王的外甥女秀麗端淑，有母儀天下之貌，大司馬聽聞後憾言今生不能相見。」

劉植頻頻點頭，心領神會。

劉植馬到成功，劉楊明確表態歸附劉秀漢軍。但是，劉楊提出一個附帶條件，要求劉秀娶其外甥女郭聖通為妻，雙方聯姻，以示彼此信任。

劉揚限劉秀三天作答。盧奴離真定需一天行程，三天時限實則留給劉秀考慮的時間僅一天。

劉植遊說回來，喜訊傳開，將領們都欽佩嚴子陵計策英明，同時也慶賀劉秀談和成功，還得來一大美女。

然而，將領們眼裡的好事，在劉秀心裡卻是一件大難事：

劉秀大哥劉縯遭更始所害迄今才過半年，劉家父親去世早，長兄如父，要讓劉秀在半年之內娶兩門親，他心中很難邁過這道檻，他怕天下人恥他不肖。

劉秀對陰麗華愛之深切，人盡皆知。當初在長安街頭，他曾放聲諾言：「仕宦當作執金吾，娶妻當得陰麗華。」如今，論官他已在執今吾之上，只因時勢造化，他的視野寬了，心也大了，但是若要為此拋棄心底之諾，他情不願、心不甘。

當年劉氏兄弟起兵，以舂陵和新野人為骨幹，稱「舂陵兵」。如果劉秀娶了劉楊外甥女郭聖通，必然損及陰麗華的地位。損及陰麗華的地位，等於損害了以陰鄧兩家為核心的舂陵兵利益集團的利益。劉秀顧忌陰鄧兩家將領及其追隨者，後院起火的後果他難以預估。

娶不娶郭聖通，事關談和聯兵大計，劉秀心裡矛盾至極。

第二十章　了卻君王天下事

一

月中之月，太陽方落便已升起。一天過去了，劉秀仍悶在中山王宮的偏殿內，遲遲未下決斷。將領們不安起來，三三兩兩聚在一起竊竊私語。

劉秀的狀態，在嚴子陵意料之中。

這天，嚴子陵故意避開劉秀，讓劉秀獨自去思考。他相信劉秀終能想透澈，只是需要時間做權衡。權衡必然痛苦。痛苦過了，事就定了。他靜待劉秀來召他，告訴他權衡的結果。然而，劉秀一直沒有動靜。

嚴子陵想，劉秀的心結，遠比自己預料的纏得緊實。但是，今晚必須下決斷，三天期限近在眼前。

用過晚餐，嚴子陵正準備去王宮偏殿見劉秀，劉植匆匆找上門來，說他剛才去劉秀住處探問情況，遠遠聽見有人在偏殿跟劉秀爭吵，聲大而雜亂，大概吵得很凶。

嚴子陵和劉植，兜兜轉轉走到王宮偏殿。到時，殿內卻無聲響。嚴子陵示意劉植留在門外，自己略一提神，推門進去，一看，殿內除了劉秀，還有三人：劉秀內弟陰興、陰興表哥鄧禹、劉秀妹夫李通。四人都漲紅了臉，悶聲喘著粗氣。可以想像，剛才那場爭吵，著實吵得厲害。爭吵的原因，必定是為聯姻。只是，爭吵時劉秀持何態度，嚴子陵心中無底。

嚴子陵不明底細，更想獲知底細。他走到陰興面前，笑嘻嘻打圓場說：「怎麼，都吃啞藥了。」

陰興「哼」了一聲，別過臉去不搭理。

李通開了口。李通說：「子陵神機妙算，可是千算萬算沒算到，劉楊不光想做賣賣，還想釣個天子做他的金龜婿。」

嚴子陵笑說：「劉楊的生意經完全在我掌握之中。劉楊是想透過假投王朗做籌碼，坐等大司馬去遊說結好於他，然後以此做資本，與大司馬討價還價，贏取最大利益。劉楊是落臺有心下此釣餌，而我等也是明知劉楊下釣，願意去咬，因此今日這齣戲，大司馬和真定王都是『願者上鉤，各得其所』。不瞞諸位，是我特地授意劉植，要他在劉楊面前表露，文叔有意娶他的外甥女郭聖通為妻。」

陰興一聽這事為嚴子陵蓄意，怒不可遏，對著嚴子陵大吼：「先生算計來算計去，竟算計到我陰家頭上來了，我姐麗華對先生夫妻敬重有加，夫人生育，全是我姐一手照料，先生此舉豈非背恩忘義。」

鄧禹切歸正題說：「原來子陵心裡早有預測，劉楊投王朗是假，掌控與大司馬談判的主動權是真，子陵還暗示劉楊要挾大司馬聯姻，從而提高和穩固他們家族今後的地位。我不明白的是，既然劉楊遲早都會倒向大司馬，至多也是一年半載之事，子陵為何還要大司馬與其談和、聯姻，進而受其牽制？」

鄧禹所問正是劉秀所想。劉秀接上鄧禹的話，怨聲責問道：「子陵既然洞見劉楊底細，我們何不多等一年半載，倒逼劉楊來投，從而掌握談和主動？子陵此舉是要逼我做不仁不義之人嗎？」

聽劉秀出言不遜，嚴子陵反問道：「坐而論道容易，起而行事萬難，倘如文叔、仲華所言，再等一年半載，嚴光試問大司馬，你等得起嗎？」

嚴子陵提高嗓門，毫不客氣地說：「依我看，哪怕一旬半月，大司馬你也等不起。」嚴子陵舉起右手斷然一揮。

劉秀惱了，他拍案而起，怒聲說：「何以不能等？怕是子陵等不及了吧？我娶了郭氏，劉楊便會歸順於我；劉楊歸順於我，漢軍便有兵力滅王朗；漢軍滅了王朗，眾將便可勸我面南稱帝；我若面南稱帝，子陵便可圓了丞相夢。子陵，請你實言相告，是也，非也？」

二

嚴子陵怎會想到，劉秀竟會說出這番話來，他的自尊受到極大傷害，悲涼之感油然而生。在新野，他曾與劉秀笑談過滿月酒上方士的讖言；在長安，他也曾向劉秀道白過自己懷揣的丞相夢。但是這與當前的謀劃，絕無絲毫關係。談和聯兵，無論為天下百姓想，還是從徇北漢軍前途計，都是正確無二的選擇，哪會摻雜半分個人的私心雜念。

嚴子陵竭力保持著冷靜與鎮定。他有很多話想對劉秀說，卻不知從何說起。他問自己，如果劉秀真把他當成只為一己私利而謀事的人，那麼他還有何餘地說話，他又能說些什麼？

一隻胖鼠趴在牆角洞口，探出頭滴溜溜觀望殿內動靜，預備行動，卻又迅速退縮回去。殿內太靜了，靜得出奇，胖鼠感受到了威脅。

鄧禹見嚴子陵沉默無語，覺得剛才劉秀的話說過頭了。他很想探知嚴子陵的謀略意圖，於是問：「子陵何以認為不僅一年半載，連一月兩月也不能等，可否明白曉諭。」

劉秀也急欲明悉嚴子陵的謀略意圖和依據所在，說：「仲華所問，亦為我所想知，請子陵通前徹後明言。」

嚴子陵仰首閉目。

劉秀意識到自己剛才的一番言辭，確實太過片面激烈，貶損了嚴子陵的品格、傷害了嚴子陵的自尊。其實，他的話大半是借題發揮，講給鄧禹、陰興、李通這班舂陵舊人聽的。

「方才言辭過激，望子陵見諒。」劉秀表示歉疚。

此時此刻的嚴子陵，心如潮湧。

學而優則仕，是多少天下士子的追求。曾記得少時離家遊學前夜，母親為他暖足，要他記住爺爺囑託，好好讀書，將來入仕做大官。做官是嚴氏族人們的殷切希望。然而，第二天，他和汜信登船行將啟航時，母親卻貼近耳邊悄聲告訴他，娘不在乎他做大官，只盼他做個有骨氣的人，能挺直腰板立在人前，暢亮說話。那時的他，嘴上應著「我懂」，心裡並沒在意。現在，他已超過母親當年之齡，才懂得母親的話，道理何其深刻。

大事未定、大局未穩，為了天下蒼生，為了復興劉氏漢室，嚴子陵不想繼續沉默下去，他願捨棄一切，傾心竭力勸服劉秀下定談和聯兵決心。他要做一個母親祈願的有骨氣的人。

嚴子陵平一平心，靜一靜氣，拱手向劉秀陳情道：

「文叔回首望，春陵與綠林合兵擁立更始不過一年，昆陽大戰至今也才半載，姑且不說一年，僅這半載，已生多少變故——大司徒劉縯被害、王莽新朝覆滅、赤眉投誠更始、文叔行大司馬北徇；就在近兩月間，王郎假稱劉子輿稱帝，冀州幽州附逆，劉楊投向王郎，長安又傳赤眉反叛。如此瞬息萬變之勢，文叔能耐心等待一年半載嗎？就是旬月也難料陡生變局。」

一陣隱痛忽襲胸口，嚴子陵忍痛續論：

「劉楊本不願投靠王郎，只是想求大利而向我投餌。如今，劉楊之餌文叔不願去咬，那麼劉楊孤注一擲，自立為帝又何嘗不可？如果劉楊自立，河北局勢將更撲朔迷離，戰爭定數更難預測，徇北前途必將再陷困境。」

劉秀側耳傾聽，眉結愁雲。

「文叔是否想過，自從王郎稱帝，再添劉楊附逆，此間漢軍營壘中，已有多少將吏向王郎暗送過秋波？」

「暗送秋波？」劉秀認為此說不可信。

嚴子陵並不解釋，進而直言詰問：

「文叔心繫百姓，百姓託舉文叔。文叔以為可以等，然天下百姓等不起。文叔多等一年半載，會有多少無辜百姓喪命亂世？因此，結局必定是，百姓從託您、舉您，變成鄙您、棄您。文叔估量一下，此等代價您付得起嗎？」

劉秀愕然。嚴子陵以不容置疑的豪邁腔勢，斷然道：「無論為天下百姓計，還是為『復高祖之業』計，文叔都該接受劉楊聯姻要求。文叔當捨小愛以求大愛，捨小孝以求大孝，舍春陵以求天下，時不我待，機不再來！」

嚴子陵這番宏論陳情，將當前危局、未來趨勢和漢軍方向，一一辨析闡明透澈，讓劉秀、鄧禹、李通和陰興四人如醍醐灌頂，也使他們此前對嚴子陵的質疑渙然冰釋。

劉秀面露愧色。

鄧禹、李通頻頻頷首。

陰興傻愣發呆。

「我願向文叔立下契約。」嚴子陵神色莊重地說：「若文叔能納我諫言，娶郭氏而實現聯兵，嚴光定竭盡所能，助文叔『復高祖之業』，待文叔面南稱帝之時，絕不求一資半級，唯願逍遙四海，享文叔開創之太平盛世。」

劉秀未置可否。

這時，只見嚴子陵起身走到南牆窗前。窗外皓月高懸。他推開窗，抱拳對月道：「蒼天在上，請明月為嚴光作證吧。」說完，忽覺胸口一陣劇痛。他托腰撫胸，臉色發青，額頭冒出虛汗，身體顫巍歪斜往下軟。

劉秀見狀，趕忙去扶，問：「子陵有何不適？」

嚴子陵吐出一口鮮血，昏癱在劉秀懷裡。

三

嚴子陵醒來時，已是次日清晨。他睜開眼，見自己躺在劉秀床上，陰興在床邊和衣倚牆而寐。他欲起床，稍一使勁，胸口又作疼。他「哎喲」一聲，驚醒了陰興。

陰興揉揉眼說：「先生醒了，我去傳疾醫。」

「嘴巴渴苦得很，倒碗水來。」嚴子陵咂咂嘴說。

陰興倒了一碗熱水遞給嚴子陵。看著嚴子陵喝水，陰興說：「先生的箭傷舊疾發了。」

嚴子陵「嗯」一聲，閉目點頭。

陰興愧疚地說：「都是我的緣故，是我衝動惹惱了姐夫，才致他言重傷及先生。」

嚴子陵安慰陰興說：「是我自己忘了箭傷未癒，動情太過。」

陰興說：「姐夫已令劉植帶聘禮，連夜趕去真定聯姻。」

嚴子陵說：「文叔自有大智慧。」

話剛說完，就聽門外一串腳步聲，劉秀和鄧禹輕輕推門而入。見嚴子陵已醒來，劉秀走近床邊問候：「子陵還疼嗎？」

嚴子陵說：「一陣一陣，能熬。」

劉秀告知：「疾醫說子陵箭傷復發，幸無性命之憂。」

鄧禹說：「劉植已連夜趕去真定回信，為了穩妥牢靠，大司馬決定帶我和任光卯時出發去真定，近日就與郭氏完婚，同時再與真定王商定聯兵後的作戰行動。」

嚴子陵說：「如此甚好。」

四

與真定王聯合後的劉秀漢軍，兵力增至十五萬。劉秀揮師攻下元氏、防子，奪鄗擊斬王郎大將李惲。緊接著，劉秀大軍向柏人出發，大破王郎大將李育。進而，劉秀率軍圍鉅鹿，以圍城打援策略，接連擊潰王郎兩員大將倪宏和劉奉所率數萬援兵，斬首數千級，而後破鉅鹿。

此時，王郎軍隊元氣大損，劉秀漢軍威震河北，幽州上谷郡功曹寇恂和漁陽郡太守彭寵，「東約漁陽，齊心合眾」，組成上谷漁陽聯軍，高舉劉秀漢軍大旗，一路南下，沿途擊斬王郎大將、九卿、校尉以下四百餘級，收降兵卒三萬，定涿郡、清河、河間等二十二縣，勢如破竹。

劉秀大軍與上谷漁陽聯軍在廣阿勝利會師，乘勝圍攻邯鄲。

王郎遣使乞降，劉秀毫不遲疑，堅拒絕允。

至五月甲辰，王郎漢廷內訌生變，少傅李立子夜打開城門投降，邯鄲城為劉秀所得。

王郎慌忙逃走，途中被劉秀麾下將領王霸「追斬之」。至此，劉秀在河北的最大政敵——王郎集團終覆滅。

五

戰事頻繁，嚴子陵隨軍隊不停轉移，雖有陰興日夜守護，但是傷疾時好時壞。因此，日常軍務劉秀不輕易去找嚴子陵商議。

占領邯鄲後的第三天，劉秀遇到兩件棘手事把握不定，不得已來找病榻上的嚴子陵。

劉秀走進嚴子陵住所，見嚴子陵臥在床上，臉色灰暗，他不忍心打擾，寬慰幾句後起身欲回。

嚴子陵喊住劉秀，說：「文叔雙眉不展，有何煩心事？」他招呼陰興扶他坐起。

劉秀說：「真如子陵先前預言，主簿馮異在清理所獲王郎文書時，發現上千封各地官吏將領私通王郎信件，其中也有我軍營壘的將吏。馮異覺得此事重大，命人先將信封存起來，整一箱，等待我去處置。」

嚴子陵問：「文叔準備如何處置？」

劉秀說：「大變之年，群梟角逐，官吏將佐腳踏兩頭尋找主子，或表忠、或謀劃，情理難免，我擬燒毀全部書信，除卻軍內官吏將佐的心病，也免使我自己患上心病。」

嚴子陵望著劉秀，病倦的臉上泛出悅色，他讚賞劉秀的政治遠見和博大氣度，豎起拇指說：「燒了好。」

劉秀接著說：「還有一事，更始帝獲悉我已消滅王郎，已遣使抵達邯鄲，封我為『蕭王』，令我各部罷兵停戰，徵我回京都長安，我當如何應對？」

嚴子陵拱手說：「恭賀文叔，受封為王。」他話鋒一轉，語氣堅定地說：「蕭王應先上表致謝，再託故河北未平、難以就徵，堅決不回長安。」

劉秀心中有數，作揖說：「子陵所言，堅我心也。」說完，告辭出門。

劉秀出門沒走幾步，遇上前來看望嚴子陵的鄧禹。

鄧禹緊走幾步，上前行禮：「大王。」

劉秀笑著說：「免了。」

這時，屋裡接連傳出「咳咳」聲。

鄧禹說：「我問過疾醫，疾醫說子陵箭傷頑固，需調養兩三年，愈透愈好。軍營缺醫少藥，大王還是送子陵回新野養傷吧。」

劉秀說：「不知子陵意願如何？」

劉秀和鄧禹折回嚴子陵住屋。入門，但見陰興正為嚴子陵揉背。劉秀走到嚴子陵床前，談了剛才他與鄧禹的想法。

嚴子陵很快答應道：「我聽從文叔安排，戰事紛亂，一切以不拖累蕭王行動為要。」

劉秀命陰興明日動身，務必盡心護送嚴子陵安全回到新野。

陰興說：「請大王放心，陰興保證萬無一失。」

六

靡不有初，鮮克有終。說走就要走，無論嚴子陵，還是劉秀和鄧禹，一股依依難捨之情襲上心頭。

劉秀說：「子陵有何囑咐？」

嚴子陵說：「王郎已滅，河北州郡必順文叔，繼而文叔將招降河北義軍。河北義軍上百萬，各自占山為王，似散沙，且無政治傾向，文叔得之不難。文叔問我有何囑咐，哪來囑咐？我行前只想知道蕭王準備何時登基稱帝。」

劉秀說：「子陵怎麼也念此事，寇賊未平、四面受敵，談何正號登基。」

「咳——」一陣疼痛襲來。陰興趕忙遞上水碗。嚴子陵喝口水，吸口氣說：「士人武夫別親離鄉，跟從蕭王拚死戰鬥，多想攀龍附鳳，實現留名青史、衣錦還鄉夢。如今功成在望，天人都有應驗，而蕭王卻推三阻四，不肯登基稱帝，我憂日久，一些官吏將佐在望極計窮下，離你而去，不願再白受那份戰苦。人心一散，便很難再聚攏。文叔，時間漏刻不留，眾將意願不可違啊。」

劉秀淡漠以對。

嚴子陵見狀，手指劉秀，粗口不恭說道：「嚴光真想痛罵文叔，既然如此，又何必當初。」

為力促談和聯兵，嚴子陵已表明不求一資半級，因此他言無遮掩，絲毫不顧劉秀是何感受、作何反應。

劉秀深知嚴子陵真誠，他不想因此再加重嚴子陵傷疾，便說：「子陵放心，你的意思我會細細思酌。」

嚴子陵轉而對鄧禹說：「我有一事託仲華，不知仲華能否應承？」

鄧禹說：「子陵有託，我當全力以赴。」

嚴子陵說：「大變之年，變數無定，仲華要切準將臣脈搏，勠力勸進蕭王早日登基稱帝。」

鄧禹向嚴子陵使個眼色，說：「我定會勉力勸進，卻不知天意民心如何。」

嚴子陵對鄧禹輕聲說：「天意很快就會昭示。」

鄧禹聽出了嚴子陵的話外之音。

七

更始三年（西元二五年），劉秀的太學同學彊華，千里迢迢從關中趕到鄗城，向劉秀獻上《赤伏符》：「劉秀發兵捕不道，四夷雲集龍鬥野，四七之際火為主。」

鄧禹趁機率同諸將群臣上書，全力勸進劉秀登基。

六月己未（西元二二年）日，劉秀命「有司」在鄗南的千秋亭設壇，登基稱帝，是為光武帝，年號「建武」。

第二十一章　沉痾幸蕭散

一

劉秀登基稱帝後，一路所向披靡、凱歌嘹亮，十月定都洛陽。嚴子陵在為劉秀高興之餘，也為自己的前程犯愁。

嚴子陵時常思考，當今大勢已定，劉秀掃平天下幾無懸念，過不多久，當會派人前來新野迎接陰麗華，順便也會請到他洛陽去。到了那時，他究竟是去洛陽，還是不去？若去，身體尚未痊癒，無論授不授官，他都只能賦閒在家，這種人生有何意義？況且自己已對月盟約，不求劉秀一資半級，心已諾，如白染皂，一切似同覆水。不去，陰家人全都走了，留他一家外人，情理不通。再者，京師名醫多，哪有不去洛陽視疾療傷而蝸在新野之理。照此算來，遲早都得一走，遲走不如早走。

恰在此時，為其療傷的新野疾醫，總覺自己醫術乏力，以致嚴子陵傷癒緩慢，特意向嚴子陵推薦了一位遠在齊國的名醫緹縈。

此時的嚴子陵正在醞釀何時離開陰家，疾醫這麼一點，他便萌生了去齊國療傷的念頭。

嚴子陵向陰識和陰麗華辭行，婉言妻子想認門、兒子要歸宗，自己亦需繼續靜養，決意回餘姚老家去。

陰家兄妹不便深問因由，也不便強作挽留，餽贈一筆厚資，以作嚴子陵一家路上資費。

嚴子陵也不辭讓，道謝收下了。

二

馬車在新野城裡轉個圈，往北向齊國馳去。

嚴子陵一家三口，坐著馬車北行，一路上時遇兵亂，到齊國都城臨淄，竟走了三個多月。

這天，馬車入臨淄城時已近黃昏，嚴子陵找到一家客棧住下。客棧東家很熱情，一家人剛安頓好，東家就來請他們去廂房用晚餐。趁著用餐，嚴子陵向東家打聽臨淄名醫緹縈在哪行醫。

東家說：「就在緹縈醫舍。」隨後，東家舉手比劃道，緹縈醫舍離客棧很近，往前走過太公橋右轉，沿河一里許，就能望見醫舍招牌。

嚴子陵說：「緹縈醫舍，名字起得別緻。」

東家說：「有故事呢。」

文帝時，齊國臨淄有位名叫淳于意的人，曾做過齊國太倉長，故稱倉公。倉公後來師從陽慶學醫，陽慶傳他黃帝和扁鵲的切脈醫書，以及視人五色的診病醫術。倉公學了三年，切脈臻於神乎其神的程度，為人治病，一經施藥，無不立癒。因此遠近聞名。

倉公的名聲傳開後，求醫者眾多，而倉公又常出診在外，以致有的病人失望而歸。日久，求不到醫的患者對倉公心懷不滿甚至憤恨，怨氣積聚多了釀成禍水，有人告發倉公，說他借醫欺人、輕視生命。地方官判倉公有罪，要處他肉刑——臉上刺字、割鼻子、砍手足種種。漢初律令，凡做過官的人受罰肉刑，須押送京師長安執行。

倉公沒有兒子，只有五個女兒，臨行時女兒們都去送父親，皆悲哀哭泣。倉公長嘆道：「生女不生男，急難時一個也沒用。」聽完父親的哀嘆，十五歲的小女緹縈決定隨父進京，一路照顧父親。臨淄距長安兩千餘里，父女倆嘗盡人間辛酸。到了長安，倉公被押入獄中。為救父親，緹縈斗膽上書文帝，陳述父親冤情，自請罰做奴婢替父贖罪，同時痛斥肉刑毀壞肢體，不給受刑人重新做人的餘地。

文帝讀信後，同情這個齊國小女子，也被她的孝心感動，覺得她的上書有理。文帝詔令大臣擬一個替代肉刑之法。不久，大臣根據文帝旨意廢除了肉刑，頒布了新刑律。小女子緹縈，以她的至孝心感動文帝，廢除了殘酷的肉刑。

後來，倉公在臨淄開了一家醫舍，以緹縈為字號，日夜坐堂門診。倉公還教緹縈學醫，並立下家規，他的醫術只傳女不傳男，所傳之女不必改姓氏，但是名字必須改為緹縈。現在坐堂的是第九代緹縈。

嚴子陵和范晉臺聽了東家講的故事，都不由嘖嘖稱奇，連連說：「我們找對人了。」

東家關照他們：「來找緹縈診病的患者多，明天要麼趕早，要麼掐在午前，病患會少一些。」

三

次日巳時末，嚴子陵夫妻來到緹縈醫舍。緹縈剛為最後一個病患開完方子，又見新患者進門，便抬頭招呼。緹縈這一抬頭，讓嚴子陵夫妻大吃一驚，眼前這個臨淄名醫，長得太像遲昭瓆了。

緹縈也驚訝，她的目光駐在范晉臺臉上，說：「這位夫人長得像極了我妹。」

范晉臺動情地說：「是啊，緹縈疾醫真像我姐。」

緹縈請嚴子陵在醫案落座，開始把脈。把完左手，又把右手。緹縈切著脈搏說：「先生受了箭傷，傷及肺了，且這傷疾足有兩年半近三年之久，當中又復發過一回。」

嚴子陵暗暗稱奇：「這位疾醫未問患者片言隻語，便知患者病因病程，不愧為名醫之後，堪稱神醫。」嚴子陵打定主意，緹縈不問，他就不答，看她如何療疾。

緹縈說：「我為先生先開七天藥方，七天後再來轉方。」開完藥方，緹縈問：「先生尊姓大名？」

嚴子陵稍作沉思，答道：「嚴遵。」

嚴遵。緹縈在藥方上寫下「嚴遵」兩字，說：「配方就在隔壁藥鋪。」

范晉臺接過藥方去隔壁藥鋪配藥。緹縈擱筆，雙手交替拍打肩背。嚴子陵想：「整整一個上午，疾醫肯定遭累。」他起身說：「疾醫辛苦，嚴遵告辭。」

緹縈問：「先生不想問些什麼？」

嚴子陵說：「我要問的，疾醫定會吩咐，疾醫沒有吩咐，我自不好意思再問。」

緹縈閱人無數，這樣的患者卻極少遇見。她看嚴子陵的面相氣質，不像軍伍人，而又偏偏受了箭傷，剛才問他姓名，他停頓遲疑才答，總覺此人非同一般。恰他夫人長得俊麗，容貌宛如妹妹，因而她對這對夫妻深懷好奇與好感。

緹縈說：「先生此疾，不比外創，由於傷及胸肺，箭孔去腐長新，胸內積濁慢慢排洩，需要年月，尚需服藥一年，藥後靜養兩年，三年保你痊癒。先生切記，要耐心靜養。」

嚴子陵應道：「耐心靜養。」

范晉臺配了草藥回到診所，問緹縈：「平時是否要忌口、有何講究？」

緹縈笑著說：「還是夫人關心。」然後，她對范晉臺說：「聽口音先生老家像在吳越，本不喜辛辣，就沒有忌口一說，講究倒是有一些，要勸先生少去人多人雜之地，當心冷暖，內傷最怕染上風邪咳嗽。我這藥方加了黃耆、沙參等，都是用來補氣強體抵禦風邪的好藥。」

范晉臺對嚴子陵說：「可要記住了。」

緹縈問：「先生住在客棧還是親戚家，最好能找一處僻靜處所。」

「我們現住客棧。疾醫放心，我們馬上去找。只是人生地疏，需要一些時日。」范晉臺回道。

「我家有一處祖宅，在天齊淵，一直閒著，你們去住正合適，不知先生夫人是否喜歡？」緹縈說。

范晉臺忙回道：「當然喜歡。」

從緹縈醫舍出來，范晉臺對丈夫說：「這個緹縈疾醫，她對每個患者都有如許好嗎？」

嚴子陵說：「是妳使她動了惻隱之心。」

「緹縈疾醫就是姐姐的化身，特意來助我照顧你的。」范晉臺眼圈紅了。

嚴子陵說：「不提這些了。」

這時，范晉臺忽而想到，剛剛嚴子陵在緹縈面前稱自己為嚴遵，她問：「怎麼，夫君也要改名換姓？」

嚴子陵說：「夫人有所不知，齊國尚在齊王張步割據之下，只有改名換姓，方可隱居療傷。」

「嚴——遵。」范晉臺嗔呼一聲，笑說：「這名順口，不知有何寓意？」

「遵，是師父孟公（陳遵）為我起的江湖名，除了餘姚家人和孟公、汜信，他人所知極少，如今道出『遵』名，既可矇蔽他人，又不至於忘本。」嚴子陵說。

四

幾天後，緹縈抽個空，帶嚴子陵夫妻倆去天齊淵看房。

天齊淵在臨淄城南六里處，是一座湧泉形成的湖泊，東臨淄水，北依牛山。天齊淵有飛泉、蓮泉和溫泉三泉。傳說天地有八神：天主、地主、兵主、陰主、陽主、月主、日主和四時，天齊淵就住著天主神。古代齊人把這裡視為天的肚臍，是天的中心。史傳秦始皇、漢武帝曾至此祭祀過天主神。

緹縈帶嚴子陵和范晉臺向一座宅院走去，一位老者站在院門口數十步處迎候，招呼緹縈為東家，應是這所宅院的看護。嚴子陵走近宅院，見院門匾額上書「是非院」三字。是非院面湖而建，站在院門口就能望見飛泉的瀑布。嚴子陵奇怪，這是一處神仙才配住的居所，為何不名「神仙居」，而偏要取個「是非院」呢？

見嚴子陵入神，緹縈說：「這裡是我外祖的外祖建的一處院落，有些年頭了，先生入內看看吧。」

院內坐南五間高平屋，兩側各小三間居頭廂房，為一宇四內、兩廂居三合形建築，磚瓦木料考究精緻，氣勢非一般臨淄民居可及。

嚴子陵舉目正宇，見匾額上書「義母堂」。「義——母——堂？」他忽然記起年輕時讀過的一篇文章，名〈齊義繼母〉，那是劉向所撰《列女傳》中的一篇散章。

「是不是這宅院與義繼母相關呢？」他對宅院莫名生出一種親近感，對緹縈說：「這處祖宅真好。」

嚴子陵再看左側廂房，也有匾額，上書「華士房」。「華——士——房？」嚴子陵問緹縈：「華士，是被姜太公所殺的那個華士？」

緹縈點點頭說：「應該是吧。」

嚴子陵轉身看右廂房，匾額為「顏斶房」。嚴子陵說：「顏斶，是『安步當車』的名流士子？」

緹縈說：「是。」

嚴子陵一個一個點著匾額說：「顏斶房、華士房、義母堂，合成一個是非院，太有意思了，似是而非、似非而是，萬事萬物皆可轉化。好啊，就住此宅了。」

范晉臺說：「都是什麼意思？」

嚴子陵說：「日後我一個一個慢慢講給妳聽。」

緹縈說：「看來先生對典故很是熟諳。」緹縈用手指向北面說：「山後有一座墓丘，是號稱天下第一相的管仲的墳塚，先生身體好些時可去看看。」

嚴子陵笑說：「呵呵，我嚴遵竟與天下第一相同居一山，慚愧啊。」

五

嚴子陵遵醫囑，每過七天去診脈轉方，一季後，改為半月診脈轉方一回。有時，緹縈還親自到天齊淵是非院裡來為他診脈轉方。

眨眼便是一年，緹縈為嚴子陵停了藥。

停藥後的嚴子陵，有了年輕時的感覺，忍不住舞起劍來。范晉臺堅決不允。嚴子陵便偷著舞。范晉臺知自己勸不住，就請來緹縈幫忙。一年的來來往往，緹縈與范晉臺已儼如姐妹。

緹縈應約來到是非院。緹縈為嚴子陵把了脈，說：「先生耐不住想舞劍弄棒了？」

嚴子陵連連擺手說：「沒有、沒有。」

緹縈說：「先生體質足比三十青壯，精神充沛，傷疾癒得快，不過還需堅持療養兩年，不可馬虎。再過兩年，保證先生可以舞劍耍棒。」

范晉臺嬌嗔道：「聽見沒有？」

嚴子陵俏皮一笑說：「聽——見——了。」

緹縈告訴嚴子陵：「天齊淵有處子石磯，那是姜太公在治理齊國時釣魚的地方，先生不妨去釣釣魚，提氣練肺。」

病患最聽得進疾醫的話，此後，只要天氣適宜，嚴子陵就去子石磯釣魚。

子石磯離是非院才五六百步。嚴子陵出門釣魚，無論春夏秋冬，一年四季都喜歡戴一頂斗笠，或穿著或捎著一件羊裘短襖。羊裘短襖保暖，淋了雨還不會滲溼內衣，這是范晉臺的女紅成果。斗笠是緹縈送的，嚴子陵很是喜歡，因為它為嚴子陵帶來了濃濃的鄉愁。江南人勞作出門時，都習慣戴頂斗笠，晴雨兩用。

嚴子陵每次都把釣上來的魚養在網兜裡，提回家讓家人欣賞一會兒，評說一通，高興一陣，再拿去放生。除了釣魚，就是讀書。讀書有所思時，他便提筆撰下來。一年多時光，心得考注類的文字，竟也累積起三四萬。

夫妻有了房中事，范晉臺十月懷胎，又誕下一子嚴儒。

緹縈來看望坐月子的范晉臺，同時也為嚴子陵把了脈。緹縈把完脈，向范晉臺遞一個笑眼，說：「先生一切康復如初，今後夫人要當心先生好了肺，虧了腎。」

一陣歡笑聲飛出是非院。

第二十一章　沉痾幸蕭散

第二十二章　不知哪個傳消息

一

東漢建武四年（西元二八年）十月，光武帝劉秀在宣德殿，召見隴右割據軍閥隗囂的特使——綏德將軍馬援（字文淵，陝西扶風茂陵人，舉世聞名的「伏波將軍」，其「老當益壯」和「馬革裹屍」的英雄氣概深得後人敬仰）。

馬援向劉秀呈上一封書信。這封書信是三年前嚴子陵寫給馬援的。

原來，嚴子陵與馬援由氾信引見，相識於成帝綏和年間。那時馬援在北郡屯田放牧，嚴子陵在長安經商做買賣。每年春耕前，嚴子陵都要向馬援採購一批壯牛，販至京畿三輔，平價售與佃農。後來，王莽任馬援為新城大尹後，兩人才斷了來往。新朝地皇四年（西元二三年），王莽滅亡後，馬援與其兄馬員逃往西州避難。

建武元年（西元二五年），馬援授意馬員到洛陽投奔漢軍，也為自己投奔劉秀探路。在洛陽的一家「廣陵三丁包子鋪」，馬員巧遇從邯鄲回新野養傷的嚴子陵。當嚴子陵得知馬援仍羈留在西州，被任為綏德將軍，參與隗囂決策定計的消息後，即書信一封，託馬員回西州親手交予馬援。

嚴子陵在信中言辭懇切地勸導馬援：「當今世道，不只君主選擇臣子，臣子也選擇君主，劉文叔彬彬儒生，然雄才大略且胸懷寬廣，將是允冠百王的中興之君，是文淵的唯一選擇。劉文叔在平定河北和中原後，必將視統一西域為首務，由此，懇望文淵暫留西州，甘為漢軍一統西域內應。」

馬援對劉秀說：「我和嚴子陵是至交好友，自三年前收到此信後，我心便已追隨陛下。但是今到洛陽三日，杳無子陵音信，未免為他擔憂。今日，我呈此信予陛下，願陛下關懷子陵。子陵是真才子、真信士也。」

劉秀讀完書信，潸然淚目。

他感念嚴子陵傷疾在身，依然牽掛軍務，以遠見卓識布棋西域；他也責備自己戎馬倥傯中，竟忘了對嚴子陵有所存候。

他憶起那年打下邯鄲，軍中疾醫曾說過嚴子陵之傷須靜養兩三年，越透越好的話，至今時過多年，想必應已痊癒。他決意：「現在無論傷疾是否痊癒，都要徵嚴子陵到洛陽來。如果傷未痊癒，就讓他在洛陽繼續療養；如果傷已痊癒，則可盡其才華做我臂膀。」

統一大業任重道遠，千瘡百孔的國家百廢待興，嚴子陵這樣的人才太難得了。他從心底真誠呼喚：「子陵，速來洛陽助我！」

於是，劉秀下旨，令會稽郡守、餘姚縣令，迅速察訪嚴子陵並禮聘來京。

月餘，會稽太守來報，經察訪，嚴子陵不在餘姚，也不在會稽境內。

劉秀隨即命人畫出嚴子陵的形貌，發與全國郡縣，務必按圖察訪。

又月餘，各郡縣均報沒有發現嚴子陵影蹤。劉秀心中憂慮：「難道子陵他已遭遇不測？」

二

在劉秀尋訪嚴子陵的時候，齊國還在張步的割據之下，劉秀的旨令到不了齊地。

建武五年（西元二九年）辰月，臨近古稀的嚴子陵，思鄉情繾綣彌深，他與妻子范晉臺酌商，決定回會稽餘姚去。范晉臺也是日思夜念盼望著帶兒子嚴倫和嚴儒認祖歸宗。

臨行前，嚴子陵獨自去北山拜謁管仲墓。

天齊淵和管仲墓同在臨淄城南的牛山腳下，一在山南，一在山北。

管仲號稱天下第一相。齊桓公時，管仲為齊相，他主張重民、愛民和利民，以仁義並用、德法並舉為治國方略，輔之尊賢授德、察能授官的用人軌制，使齊國成為「五霸之首」。

管仲是嚴子陵心中的偶像，他敬仰管仲，也幻想過自己能像管仲一樣為國盡忠。但是，這一切已不敢想像。

在臨淄生活三年多，嚴子陵曾無數次去拜謁管仲墓。唯獨今天，他的心情難以言狀。因為這次他是來向管仲告別的。

他在管仲墓前燃香跪拜，感傷人生無常。他默默唸道：「別矣，丞相！」不禁愴然而涕下。

三

回鄉行至錢塘，老家已然不遠。兩個兒子想在錢塘城遊玩幾日，他們就在「武林客棧」止宿。

翌日清晨，嚴子陵起得早，他出得客棧，沿街坊散步觀光、活絡筋骨。走不多遠，發現一家掛著「禾記」店招的麵鋪。嚴子陵站在店鋪門口，用鼻子深嗅一下，一股久違的、熟悉的香味撲鼻而來。他趕緊進店盯視面牌，上面列有「餘姚黃魚麵」。他饞得不能自抑，當即叫上一碗。可能是時辰尚早，麵鋪內僅有一位客人，吃的正是餘姚黃魚麵，美滋滋的。聽見有人點餘姚黃魚麵，吃客抬頭張望。二人四目相對，幾乎同時一愣，繼而高喊對方姓名：「子陵──」「汜信──」

嚴子陵與汜信這對老友，自從在陳遵軍營一別，算來竟有二十二年未曾謀面了。他鄉遇故知，二人百感交集。汜信還像小時候那樣，擺出兄長模樣，提起衣袖，搵一搵嚴子陵含淚的雙眼。

小二唱道：「餘姚黃魚麵來了！」話還沒說完，托盤已擺上餐几。

鹼水麵和著整條紅燒黃魚，濃稠的膏湯，一把小蔥花撒在湯汁上。嚴子陵「嗞嚕嚕」吞一口下肚，讚道：「呵，餘姚黃魚麵，真鮮美。」

汜信問：「是否老味道？」

嚴子陵說：「嗯，老味道。」

吃完餘姚黃魚麵，嚴子陵帶汜信回「武林客棧」，與范晉臺和嚴倫、嚴儒相見。隨後，二人出了客棧，找到一家茶室品茶敘舊。他們憶各自別後經歷，細述自己的生活情形。他們毫不掩飾地暢議各色人物、各件大事。他們感嘆時代、感嘆人生、感嘆王莽新朝、綠林赤眉、劉縯劉秀、翟方進翟義父子、劉歆、哀章，還有何武、陳遵、侯霸。

汜信說：「陳遵死了。」

更始二年（西元二四年）冬，更始帝遷都長安，大臣們都推薦陳遵任大司馬，護軍出使匈奴，敦促匈奴歸還王莽新朝時因邊戰而虜去的人與財物。匈奴單于扣押了陳遵，並脅迫陳遵投降。陳遵不懼生死，他義正詞嚴地向單于陳明利害、道清曲直。單于屈服於他的氣勢和言辭，終於讓他帶了人與財物回漢朝。其時，正遇更始敗亡，陳遵茫然不知該投奔何處，只得留居朔方以觀時局。一晚，陳遵突遭流寇襲擊而被殺害。

聽到師父被害，嚴子陵掩面而泣。

待嚴子陵哀傷過後，汜信說：「說說侯霸，侯霸在哪？」

嚴子陵說：「這次，我返鄉途經淮平郡，聽聞皇帝已於去年徵召侯霸入京，任他為尚書令，今春又擢升他行大司徒職，相當於丞相了。天下初定，政事多無章可循。侯霸熟悉舊制、善政務，對新制頗有建樹。此事，皇帝知人善任，侯霸人盡其才。他們倆都是我的老友，我為他們各得其所而高興。」

汜信嘆言：「若子陵在朝，就輪不到侯霸任大司徒了。」

「此一時，彼一時，人生和事業就是一場不斷的重組。」嚴子陵慨言。

四

二十二年了，嚴子陵和汜信有說不完的話。天將黃昏，他們談及晚年生活。嚴子陵向汜信表露，餘姚是他的心心念念之地，他想回家鄉安心著述，隱逸終老。

聽得嚴子陵的願望，汜信問：「如果皇上得悉你身體康健如初，還會請你到洛陽去做官嗎？」

「一定會。」嚴子陵的口吻很自信。

汜信再問：「那你是去還是不去？」

嚴子陵說：「不去了。」

「如此，你不能回餘姚。」汜信很肯定地說。

嚴子陵問：「為何？」

汜信說：「一則，我剛去過餘姚祭掃父墓，你可知家鄉人怎麼看你？神啊。什麼十二齡童獻策保大堤、論貓氣煞郡文學、縣令喝酒子陵修橋、句餘山修道拒王莽……你的故事被傳得出神入化。如今，你帶回去貌似仙女的范夫人，老來而得的嚴倫、嚴儒，鄉人越發看你神奇，大家都把你當神仙來供，你還何以安心著述？

二則，此前朝廷曾有旨令，責會稽太守、餘姚縣令察訪你，結果訪而不得，朝廷又把你形貌描成帛畫，發至各地郡縣按圖察訪，你這一回去，豈不自投羅網？很快，你會被縣令發現，因為衙役們就在你家門口候著你呢，他們將你送去洛陽，你若不願則押著你去，你這一去，皇上還會讓你隱逸終老嗎？」

嚴子陵犯難了，說：「不能去餘姚，難道要我上天入地不成？」

汜信一思索，說：「要不你就去富春山吧，溯浙江而上二百里，至七里瀧山水相依處登岸，昂首就能仰望三百八十八丈高的富春山頂。那裡有逶迤的疊嶂、參天的古木、啼唱的猿鳥，且人煙稀少，天高皇帝遠，可能才是你安心著述、隱逸終老之地。」

見嚴子陵遲疑，汜信說：「放心吧，我雖年已古稀，辭官還鄉，卻因富春縣令為我故友之子，聘我去做富春力農顧問，正可陪你幾年。」

嚴子陵一拍大腿說：「就去富春山。」

五

是年秋，光武帝劉秀對張步割據勢力全面開戰，齊地烽煙四起。十月初，劉秀大軍與張步主力在臨淄城決戰。張步大敗，投降歸漢。劉秀入城，親自慰勞將士，在齊王宮大宴群臣。

席間，有位齊國舊臣，借向皇帝敬酒之機，上言說：「臣在齊外時，聞知陛下正在察尋嚴光其人，臣還觀過此人丹青。臣回到齊地，與名醫緹縈聊過此事，緹縈告訴臣，她親見有一男子，披著羊裘在天齊淵子石磯垂釣，與陛下要察訪之人頗為相像。」

劉秀懷疑此人就是嚴子陵。他即刻著人前去察訪。訪者很快就有回報，說此人名叫嚴遵，在齊國療傷三年，痊癒後，已帶家小回會稽老家去了。

一聽會稽兩字，劉秀斷定這個嚴遵就是嚴子陵。劉秀下旨：「遣會稽太守為使，速禮聘嚴光到東都洛陽。」

會稽太守黃讜一讀到聖旨上「嚴光」二字就心煩。年初，皇帝旨令察訪嚴光，結果從餘姚查至各縣，累日不休，均不見其下落。情況報到朝廷，他還平白無故受到一通苛責。

現在，聖旨又到，黃讜急命餘姚縣令先行察訪，自己準備理完手頭郡務後立即趕去。

黃讜一行尚未起程，餘姚縣的快報就已送達，稟嚴子陵根本沒有回過餘姚。

這下奇怪了，聖旨上明示嚴子陵已回會稽餘姚，可是餘姚又稟報不見嚴子陵，那麼這個嚴子陵到底去了哪兒呢？

黃讜嚴令郡府衙門所有官吏，攜帶嚴子陵畫像，下沉至各縣，發動亭鄉里各長，挨家挨戶去查，哪怕查個底朝天，也要查清楚嚴子陵到底在不在會稽。

部署完妥，黃讜匆匆趕往錢塘。他想商請會稽都尉任延派遣軍士鼎助郡縣一起察訪。

早些年，任延剛就職會稽都尉時，就擬禮聘董子儀、嚴子陵等數位會稽高士名賢為顧問。可是餘姚縣令說嚴子陵離家多年，不知去向。任延為此抱憾。雖然嚴子陵沒有出席聘任儀典，但是任延仍親自送聘書至餘姚夏荷莊。任延對嚴子陵一直心懷敬意，因此，當太守黃讜要他一起協訪時，任延很爽快地應諾下來。部署完協查任務後，任延親帶小隊騎兵奔富春而去。

六

富春縣令把任延迎進縣衙二堂。因不知都尉緣何而來，落座後，富春縣令向都尉彙報聘請氾信做富春力農顧問一事。這本是「上有所好，下有所效」，投機取巧又表彰自己治績之言（他知道任延初上任時聘過顧問一事），果真引起任延興致。

任延問：「氾御史常來富春？」

「不光常來，而且常住。方才卑職正與氾御史談農事，因都尉駕臨，就請他先回東廂房休息去了。」縣令回秉道。

任延說：「快把氾御史請來一見。」

縣令忙差人去請氾信。

氾信來到二堂，任延起身相迎，施禮說：「會稽都尉任延拜見氾老前輩。」

氾信連忙還禮，說：「在下氾信拜過都尉。」

任延請氾信落座，說：「卑職曾拜讀過前輩農書，於國於民實用之至。今見前輩身體健朗，甚感欣慰。」

氾信說：「都尉過獎，農書僅是在下力農心得，不敢謂實用之至。」

「前輩雖已告老還鄉，還為富春力農耗費心血，真乃我輩楷模。」

「慚愧、慚愧。」

「前輩生於氾水，長於餘姚，聽說與嚴子陵為同學，不知是真是假。」

氾信神色自豪，說：「我與子陵從小學在一起，玩在一起，親如兄弟。」

「如此甚好。」任延言入正題，說：「皇上對嚴子陵念之深切，再三詔令各地郡縣尋訪嚴子陵，以期相會洛陽，此事不知前輩可曾聽說？」

氾信說：「已有所聞。」

任延說：「皇上聖旨明示，嚴子陵已於今年辰月，攜妻小返回會稽餘姚，但是餘姚縣令稟報，他至今未曾回過餘姚，卑職今有一事求教前輩，以前輩對嚴子陵的了解，他可能會去何地？」

氾信本是厚道誠實之人，從小父親管教嚴厲，不善說謊，他沒曾想任延會問他這等問題，不由自主地臉紅氣悶，一時不知如何應答。

「前輩可知嚴子陵，是不想見皇上呢，還是真有為難之事？」任延追問。

氾信竟被問得低下頭去。氾信早已聽說任延是位禮賢下士之官，今天相見，任延開口閉口稱他「前輩」，讓氾信對任延大生好感。

氾信忍不住想把真相告訴任延，但是他還是遲疑地問：「不知皇上有否明示請子陵去洛陽的聖意？」

任延說：「聖旨詔令日，遣會稽太守為使，速禮聘嚴子陵到東都洛陽。既說禮聘，定是好事，卑職認為，皇上是要重用嚴子陵了。」

汜信信任任延所說，心裡默想：「子陵從小志向遠大，滿月酒上就有方士讖言他有丞相運，果然現在讖言即將成真，不必隱逸終老了。」他還想到，子陵遠離官宦，不知皇上詔令，如若知道，也定會考慮出山。「今天，子陵的這個大好機會，再也不能讓它在我眼前流失，我要為他好好把握。」

汜信起身對任延說：「都尉，子陵就在富春。」

七

都尉任延一行快馬趕到富春山下，找到桐廬燕子洞村嚴家。嚴倫告知任延，父親進山挖野筍去了。任延一行就在屋外耐心等候。

晚霞飛天時，嚴子陵背著筍簍回家來了。都尉畢恭畢敬迎上前去，一面自我介紹，一面說明來由。誰知嚴子陵只睨了他一眼，自言自語嘟噥一句：「這是都尉做的事嗎？多此一舉。」然後顧自走進屋院，哐噹一聲，把任延關在院外。

任延遭此冷落和挖苦，尷尬至及。但是他冷靜一想，覺得嚴子陵之言，話糙理不糙。尋人我已盡職，請人那是太守之事，何必灰了自己的臉呢？於是，他在院外高聲說：「先生，任延告辭。」

任延走後，嚴子陵料想不日就該太守來了，他特意去了一趟桐廬牛市，買來一頭老牛，養在自家院裡，專等太守到來。

幾天後，太守黃讜坐船趕到富春山，他走進嚴家小院，看見嚴子陵正在院子裡餵一頭老牛。黃讜一看老牛模樣，說：「這頭牛太老不中用了，先生還要養他耕地嗎？該換一頭壯的。」

嚴子陵說：「太守真是與眾不同，一眼就能看準這牛老了，不中用了，應當另換一頭。」說完，他竟一屁股坐在地上放聲大哭，邊哭邊說：「哎呀，老了，不中用了，嗚嗚——」

黃讜手足無措，原本想好要說的話，這下都沒機會說了。黃讜自知出言不慎，鑽進了嚴子陵下的圈套，懊悔不已。如若往日，面對他人，黃讜早已脾性發作，可是今日，他面前的這位是皇帝的同學，到了洛陽立等就成朝中重臣，哪敢得罪。讓黃讜想不透的是，嚴子陵這等狂人，皇上為何如此青睞敬重。

黃讜含垢忍辱，打道回府後，據實向朝廷稟報一切。

八

過了一段清淨日子，遇上一個豔陽天，嚴子陵披了羊裘，提了釣竿漁具，去東西臺釣魚。所謂東西臺，實為東、西兩處並列江湄的岩臺，巉崖凌空，高約三十丈，平坦可容數十人，是嚴子陵來到富春山後相中的垂釣妙境。

嚴子陵登上東臺，下了釣。這日真是奇怪，時近午時，還沒見竿梢抖動。嚴子陵並不急躁，他從懷裡摸出一塊銀杏糕，咬一口，輕鬆悠哉地咀嚼。

這時，岩臺下一陣喧譁。嚴子陵俯身望去，見一年輕官吏正往岩臺上攀。

年輕官吏攀上岩臺，一邊整理官服，一邊興沖衝上前行禮：「先生，別來無恙。」

嚴子陵一眼認出來者是陰興，欣喜地喊：「君陵！」

久別重逢，老少倍感親切。

少頃，嚴子陵忽悟陰興來意，他拉長了臉，冷冷地問：「君陵千里奔波，因何而來？」

陰興說：「皇帝姐夫要我來看一看，到底是何稀奇之地把先生迷得連洛陽也不願去了。今天親見，方知原因。你看，一江流似碧玉，兩岸雲浮翠巒，豔陽下，水光瀲灩，山色空濛，還有帆影、木排、竹筏，令人飄然物外、神朗氣爽，富春山水如此之媚，難怪先生不願去洛陽了。」說著，陰興席地仰臥，雙手枕頭說：「我也不想走囉。」

聽陰興讚美，嚴子陵眉開眼笑，遞上一塊銀杏糕，說：「桐廬銀杏糕，嘗嘗。」

陰興接過，三口兩口吞下肚，說：「美哉。」又要過兩塊吃下。過了一會兒，陰興「哎喲哎喲」大喊肚子疼，雙手捂著肚子在岩臺上打起滾來。嚴子陵責罵陰興貪吃，吃壞了肚子。他急忙朝岩下喊：「快上來救人啊！」隨後，他憑著功夫老底，背起陰興就往岩下撤。

岩臺下停著一輛馬車，一群官吏兵士幫著嚴子陵將陰興抬上馬車，嚴子陵吩咐：「速去桐君醫館。」馬車得令疾馳。

嚴子陵在車廂內神情憂慮，輕喚：「君陵，忍忍。」陰興一陣「哎喲哎喲」。

馬車駛出十里開外，在一岔路口忽地駐馬不前。嚴子陵喝問車夫：「怎麼駐馬了？」

陰興忽溜起坐，拱手說：「皇上有旨，速禮聘會稽郡餘姚縣嚴光進京！」

第二十二章　不知哪個傳消息

「哎呀！」嚴子陵一拍腦門，恍然悟到自己失算，竟上了陰興的當。

陰興下了馬車，施禮說：「請先生移步安車。」

嚴子陵下了馬車，見安車和奉玄纁者已在路口等候。他狠狠瞪陰興一眼，說：「難為君陵，可謂蓄謀久矣。」

陰興扮個鬼臉，說：「拙劣之計，先生萬勿笑話。」

安車的「得得」聲一路脆響，嚴子陵終於被光武帝劉秀請到了洛陽。

第二十三章　真名士，自風流

一

光武帝劉秀徵聘嚴子陵的禮遇之高，難言絕後，可謂空前：

接嚴子陵的座駕——安車，如今之小車。朝中重臣告老還鄉時，或皇帝徵召德高望重之人，按例賜乘安車。安車大多用一馬，也有用四馬的。若賜四馬安車迎送，便是頂級禮遇。劉秀接嚴子陵用的恰為四馬安車。

贈嚴子陵的禮品——玄纁。華夏文化中的色彩，以玄、纁二色最為神聖。玄即黑色，纁即絳色。天之正色而玄，地之正色而纁。因此，漢代帝王常以玄纁二色的幣帛包裝禮物，作為徵聘賢士的執禮。凡用玄纁之禮，則表示這份禮品珍貴至極。

抵洛陽後的住所——北軍驛館。北軍驛館，可謂朝廷最高等級的飯店。

住進驛館後的待遇——送來錦衣繡被，太官朝夕進膳。「太官」是專掌皇帝膳食及燕享事的官吏。

這些超級禮遇，是根據光武帝劉秀的旨意，由大司徒侯霸親自安排的。

二

對於嚴子陵的到來，侯霸內心五味雜陳。作為故交甚至摯友，當侯霸甫聞嚴子陵入住北軍驛館的消息，他很想儘早前去拜訪。但是，侯霸遲疑了、徬徨了。侯霸左思右想，覺得當下還需靜觀其變。

侯霸猜度：「這次皇上徵聘嚴子陵，結局尚難定論。人言道，相請不如偶遇。皇上雖以最高禮儀請來了嚴子陵，但是，皇上對嚴子陵會作何種安排還無法知底，嚴子陵又會以何種姿態對待徵聘更是謎團。嚴子陵是故作矯情以搏取高位呢，還是真的不願入仕？」侯霸難卜其心。

侯霸意識到，現今他們二者的身分引人關注。他本人官至大司徒，舊制當稱丞相，而嚴子陵仍為一介布衣士子。嚴子陵雖是布衣士子，卻與劉秀關係特殊。因此，如果自己匆匆前去拜訪，朝中大臣如何看待，皇上得報又作何想，極難預料。萬一皇上和朝臣們看歪了、想歹了，帶給自己的絕不會是好事。

兩難之際，侯霸心生一計，決定先使人代己去問候一下嚴子陵，輔以邀請他來侯府敘舊，這樣既不失禮數，又為自己留有迴旋餘地。於是，侯霸書信一封，差遣他的屬吏侯子道奉書前往北軍驛館。

三

侯子道來到北軍驛館，向嚴子陵施過禮，遞上侯霸的信札，說：「侯公聽聞先生到了，本想立刻誠切前來拜訪，囿於朝廷典章禮制，有所不宜，願望能在天黑時分，委屈您老過去敘談。」

侯霸的態度與託辭，使嚴子陵聯想起途中陰興所述朝中事及侯霸的表現，他感覺自己的這位舊友，位高權重之後，也圓滑世故起來了，長此以往，難免變腔走調。他不由慍容掛氣，扔一把竹簡給侯子道，示意其執筆。他口述回信說：「君房足下：位至鼎足，甚善。懷仁輔義天下悅，阿諛順旨要領絕。」（君房足下：你位至三公，很好。身懷仁德，輔以正義，必能獲得天下百姓的喜悅和歡迎；阿諛奉承，順隨皇帝，只會得到身首異處的下場。）

侯子道寫畢，問：「就這兩句？可否新增幾句？」

嚴子陵調侃道：「你以為這是買菜，可以爭多嫌少？」

侯霸收到回信，讀後細想：「嚴子陵真是狂妄至極，他這『懷仁輔義天下悅，阿諛順旨要領絕』的警告，不光對我侯霸，分明也是對著皇帝所言。」他馬上將信札轉呈光武帝劉秀。

劉秀閱後，笑著說：「這個狂奴，還是過去那個樣子啊！」

當天，劉秀乘坐輿駕親臨北軍驛館。

嚴子陵明知輿駕親臨，仍自躺在床上假寐不起。劉秀走進臥室，坐在嚴子陵床邊，摸著他的肚子說：「哎呀，好個子陵啊，難道就不能出來助朕治理國家嗎？」

嚴子陵依然閉著眼睛不理不應。過了好久，他才睜開眼睛，注目端詳著皇帝說：「從前有唐堯這樣德行卓著的帝王，也有巢父許由那樣洗耳不從的高士。天下之大，士人因各種緣故，讀書的讀書、做官的做官、種田的種田、經商的經商，各行其是、各擇其善，相安無事，只要天下太平，豈非甚好，皇帝何必相逼呢？」

劉秀說：「子陵，朕竟然不能讓你順從！」他嘆息著登上輿駕回宮了。

四

第二天早朝後，光武帝劉秀請嚴子陵入宮，在南宮的壽安殿，與嚴子陵對席而坐，「論道故舊」。

嚴子陵行禮：「陛下……」

劉秀連忙擺手阻止道：「哎，不叫陛下，叫文叔。」

嚴子陵說：「如今您已是皇帝了，叫您文叔，甚為不恭。」

劉秀說：「當年我們在新野初次見面，你立下規矩，我們之間不以師生相稱，也不稱兄道弟，我等都覺親切無比。今日，還是依照老規矩來。」

嚴子陵眉梢一抖，呵呵一笑說：「好，老規矩好。」

「朕比過去怎樣？」劉秀整整皇袍問道。

「文叔比過去略微胖了一些。」嚴子陵打量一番，認真回答。

「陰興告訴朕，那天你從三四十丈高的懸崖背他下山，臉不紅，氣不喘，看來身體康復如初了。」

「全靠那位齊國名醫緹縈，醫術精湛。」

劉秀打趣道：「子陵在齊時，又喜得一子，看來這位疾醫真有妙手回春之術。」

「嚴光聞知陰貴人也於去歲同月誕下皇子陽（後來的漢明帝劉莊），恭賀文叔。」嚴子陵欠身拱手，語調歡愉、恭敬。

劉秀轉過話題說：「自與子陵邯鄲一別，至今將近六年，朕在鄗南登基也已四年有餘，孤家寡人，孤陋而寡聞，不知天下人對朕有何評說？」

嚴子陵說：「天下百姓都在傳揚，頌光武乃『中興之君』。」

劉秀慨然道：「百姓總能安分知足，知足而樂。」劉秀再問：「那麼，子陵如何評說呢？」

嚴子陵笑說：「我也是百姓，自然與百姓同感。」

「子陵怎比尋常百姓，總得說個瑕瑜。」劉秀語意懇切。

嚴子陵坦誠道：「文叔以柔治國、剛柔相濟，既服官心，尤得民心。」

劉秀興致勃勃地說：「以柔治國、剛柔相濟，朕自己怎麼沒有這種體會呢？」

嚴子陵掰著指頭說：「記得文叔率軍攻下邯鄲，搜得一批將吏寫給王郎的書信，文叔竟然不看一眼，命人當眾將信燒毀，使那些惴惴不安之人下定決心跟您到底。此謂以柔馭臣。」

劉秀喟嘆：「時勢逼迫，實是無奈之舉。」

「據聞，文叔剛收編銅馬義軍時，兩軍互相猜忌。漢軍疑銅馬軍反叛，銅馬軍怕遭漢軍殺戮。唯有文叔單騎赴銅馬軍營，與銅馬將士一起操練。銅馬將士被蕭王推心置腹的信任所感動，誓言效命蕭王，還親切地稱您為『銅馬帝』。此謂以柔服人。」

劉秀露出眷念之情，說：「此乃銅馬將士有義。」

嚴子陵誇讚說：「若無文叔柔心，哪能贏取銅馬軍仗義。」他繼續論道：「文叔登基，即頒行輕刑和赦罪詔，割除前朝苛法、勞役及雜捐，與民休養生息。今年，南方大水，北方遭旱，多地現蝗災，文叔及時下詔，命朝廷與郡國傾力賑濟貧病困苦百姓，又明令將田租由『十之稅一』，恢復至景帝時『三十稅一』舊制。此謂以柔養民。」

「百姓苦樂，是為君者的第一要務。」劉秀語氣堅定。

論至此處，嚴子陵將雙手握成拳，提高嗓門說：「嚴光更敬佩文叔以柔治國，不忘剛柔相濟。想當年，王郎窮途末路時，向我徇北漢軍乞降，對此等小人，文叔嗤之以鼻，堅拒絕受並追殺之。建武二年，漁陽太守，建忠侯彭寵，恃功爭封王爵遭文叔駁斥，因而起兵抗漢，文叔不讓步，施計利誘蒼頭斬殺了彭寵。文叔登基後，但凡聽聞官吏有貪贓枉法、欺壓百姓的情狀，立遣人查究，一經查實，定嚴懲不貸。」

「惡人豈能善待。」劉秀正色道。

嚴子陵慷慨動情道：「孔子曰：『好仁者，無以尚之。』孟子曰：『仁，人心也，義，人路也。』以柔治國，剛柔相濟，正是力行孔孟『五德』之仁和義。」

經過嚴子陵的歸納論述，劉秀對自己的治國方略忽然明朗起來。他憬悟嚴子陵給侯霸的回信中那句「懷仁輔義天下悅」，正是對自己未來治國理政的教導。他是在敦望自己堅持以柔治國、剛柔相濟理念，始終如一。他看到了嚴子陵那片忠君愛國的真情，心中泛起一陣遺憾。他遺憾的是，嚴子陵這般柱國英才，迄今仍未鬆口出山。他暗下決心，當傾全力，勸嚴子陵留在洛陽，為其臂膀。

五

第三天早朝後，光武帝劉秀再請嚴子陵入宮敘談。

劉秀單刀直入，說：「子陵在齊國療傷多年，必定聽過姜太公與華士的故事。」

劉秀講道：「武王立周，封太公為齊國國君。太公聽說齊國華士才高德厚，隨即派人去請。華士三次拒絕太公聘請。太公命人殺了華士。周公問太公，華士乃名士，怎能輕殺？太公說，凡國君無法臣服結交之人，就是上天想要遺棄之人。華士三請不來，純屬忤逆之民，若不殺，難道要留他做民眾效法的榜樣？」

劉秀講完故事，雙眼射出霸者的目光，觀察嚴子陵反應。

嚴子陵神情淡定。他很清楚皇帝今日開口言「殺」，是想來點硬的。他笑說：「文叔這個故事，我在齊國時曾聽人講過，當時只當耳邊風，沒往心上去，今聽文叔重講，猛然有所醒覺，原來太公理事不過如此，半是英明、半是昏瞶。」

劉秀問：「何以見得？」

「太公自以為殺華士謂英明，權且算之。然而，他辱華士為『忤逆之民』，那便昏瞶了。《禮記》云：士者，『可殺而不可辱也』。由此看來，太公其人，只善於幫辦而拙於主事，只配為臣而難以為君。」嚴子陵鄭重其辭。

劉秀頓時語塞。

嚴子陵接著說：「我也為文叔講一個齊國國君與名士的故事吧。戰國時，齊宣王慕顏斶高名召他進宮。顏斶走到殿前丹陛下，就止步不前。他招呼齊宣王步下丹陛迎接。齊宣王不悅道，君王遠比士人尊貴，爾當趕緊上殿覲見。顏斶正色道：『從前秦國進攻齊國時，秦王下令：有誰敢在距高士柳下惠墓五十步內砍柴，格殺勿論！有誰能斬下齊王首級，賞金萬兩。由此可見，士人遠比君王尊貴。』齊宣王自覺理虧，步下丹陛來請顏斶，並許以美食、華車，利誘顏斶留在王宮做他先生。顏斶堅辭不就，說：『我在宮外，每日清茶淡飯仿如肉香，安步以當車，樂在其中啊！』說罷，他泰然離去。」

這個出自前漢劉向所編《戰國策》中的故事，劉秀還是第一次聽到。他立然明白，這是嚴子陵針對他的「太公殺華士」而來。

劉秀心裡很不痛快，暗罵：「這個狂奴，豈止桀驁不馴，簡直是狂傲透頂。」他決定孤注一擲，向嚴子陵亮明態度。他說：「自遣陰興去富春迎你入京的那刻起，朕已思定，復置丞相職，由你出任丞相。」

皇帝話剛說完，立有太監將事先備下的昭顯丞相身分的金印紫綬，擺在嚴子陵前面的案几上。

劉秀指著金印紫綬，坦直進逼：「新野春陵舊人，哪個不知子陵自小懷揣丞相夢，今日朕把丞相金印紫綬擺你案前，任你唾手取之，將你的丞相夢即刻變成現實，難道子陵真無絲毫心動，甘願棄它而去？」

劉秀一語破的，豈止讓嚴子陵心動，簡直把他的五臟六腑攪得天翻地覆。凝視著金印紫綬，他猛然生出一絲悔意。那年，真定王劉揚投向王郎，在侚北漢軍面臨生死存亡的危急關頭，他力諫劉秀抗住春陵舊部重壓，下定決心與劉揚聯姻合兵。

當時，他已坦誠道明自己的謀略依據，言盡後，為加重論述的分量、表明自己的忠誠，他抱拳對月，提出與劉秀立約，「待文叔面南稱帝之時，絕不求一資半級，唯願逍遙四海，享文叔開創之太平盛世」。現在想來，盟誓之舉大可不必，因為以劉秀的睿智和遠見，定會接受他的忠實諫言。沉舟可補，覆水難收。他後悔那一刻任性放縱，把自己的丞相夢砸個粉碎。

嚴子陵離席步出銅馬殿，佇立在殿前的丹陛上。冬日的洛陽天高雲淡，他放眼望去，南宮巍峨的卻非殿近在眼前，那是皇帝和群臣朝議的地方。他曾無數次幻想過自己身穿朝服，畢恭畢敬地站在卻非殿前的廣場中，豎耳候著上朝的靜鞭響起。他百感交集，滿眼淚花。

一陣北風裹挾著嗖嗖聲，穿過甬道拐過殿角撲面吹來，似母親貼著他耳根說話。嚴子陵的情緒漸趨平緩下來。他回想自己篳路藍縷，感慨命運總與他東趨西步：

當成帝頒詔授予他諫議大夫時，母親去世了，他回家居喪三年。

當王莽重返政壇委他顯職時，王莽篡漢的野心已昭然若揭，良知驅使他不做助紂為虐的幫凶。

當他率突騎獻謀略助劉秀獲昆陽之戰大勝時，卻不幸中流矢險喪性命，無奈失去封官進爵的機會。

今日，當劉秀坐定天下，許諾他的夢想立可成真時，當年自己向劉秀立下的那道契約如龐然大物，橫亙在他的前面。他覺得他再也無法踰越，因為那是母親寄予他的夢，宛如一座信仰的高山。

嚴子陵回席落座，望著劉秀期待的目光，說：「文叔的真情實意嚴光心領了。我想告訴文叔，我心中的夢，早在四十年前就實現了，文叔無需為我抱憾。那年，成帝召我對策後，授我諫議大夫職，我事前不知，亦未就職，但是事後聞知，心中感念不已，亦如平步青雲地就職一般。在我心中，諫議大夫雖無實權，卻是個神聖的官職。我少時在精舍，曾在辯難時抨擊過成帝，還把郡文學氣昏在論壇上，後來到了朝中，在與成帝對策之後，成帝立時詔令力農，我才發現，其實成帝根本不是昏君，只因朝中缺少錚臣之故。兼聽則明，偏聽則暗。皇帝身邊確實太需要敢說真話、道真情的官吏。」

劉秀順勢接話說：「朕就是要你來到朕的身邊，說真話、道真情。」

「我何嘗不想如此，然而……」嚴子陵欲言又止。

劉秀追問：「然而什麼？」

嚴子陵說到然而，卻止於然而，他怕自己的「然而」，會徹底中傷劉秀的帝王心。不便明言，就隱晦表達。他故意嬉笑著對劉秀說：「文叔，齊國故事多，我忽又想起一個〈齊義繼母〉的故事，不知文叔想不想聽？」

「齊義繼母？」劉秀立時明白嚴子陵的意思，他極不耐煩地說：「不勞子陵講了，這個故事記在劉向撰的《列女傳》裡，朕在太學時就已讀過。」他強忍怒氣再問：「難道子陵竟要為早年的一句負氣之言，而自滅機運難邀、千歲一時的夢想？」

「信口也好，負氣亦罷，終歸出自我口，金玉不移。」嚴子陵態度鐵硬。

劉秀惱恨地起身步至銅馬殿門口，仰天道：「古之大有為之君，必有不召之臣。朕何敢臣子陵哉。唯此鴻業，若涉春冰，闢之瘡痏，須杖而行。若綺里不少高皇，奈何子陵少朕也？箕山潁水之風，非朕之所敢望。」

嚴子陵跟上前去辯說：「我不願食言而肥，更不想拖文叔為食言者撐傘。世上並不缺人才，最缺是誠信。若文叔因擢用一個不守誠信的人，而遭天下仁人君子輕蔑，損毀朝廷信譽，豈不冤哉。」

劉秀不再答理，拂袖離去，把嚴子陵丟在了銅馬殿。

第二十三章　真名士，自風流

第二十四章　客星隕落

一

嚴子陵在南宮，與光武帝劉秀「論道舊故，相對累日」，讓侯霸很不安。午時，侯子道通報說：「皇上把嚴子陵棄在銅馬殿，獨自回了卻非殿。」這讓侯霸稍稍安心了一些。侯霸雖不知道銅馬殿裡發生了什麼，但是憑他對皇帝和嚴子陵的了解，料是嚴子陵的狂傲衝撞了皇帝，而且這次還衝撞得不輕。因為，皇帝有肚量、有忍心且城府深，通常情形下，不至於做出這般舉動。

這幾天，侯霸一直在想，只要嚴子陵允諾皇上留在洛陽入仕，那麼自己的大司徒遲早都是嚴子陵的。他心裡很清楚，與嚴子陵相比，無論學問、才幹，還是與皇上的關係，自己都不及他。

細細想來，侯霸發覺自己也有優於嚴子陵的地方。其一，自己素來謹小慎微，善察言觀色、變通理事，能遂皇帝心願；嚴子陵性耿介又好直言不諱，相處久了必惹皇帝厭惡，他若當官，能當多久？沒有性命之虞已算萬幸。其二，自己才入花甲，尚在年富力強之列，而嚴子陵年長自己七八歲，瞧著紅光滿面，終究已近古稀體魄。

想到這些，侯霸自我寬慰些許。不過，他心裡的坎總難邁過。只要嚴子陵在洛陽一天，他就寢食難安。

申時，光武帝口諭，酉時正在顯親殿私宴嚴子陵，宣侯霸作陪。

侯霸接到口諭，心中又是一番倒騰。他想：「午時還說皇上丟下嚴子陵走了，這才不足兩個時辰，又傳皇上要在顯親殿私宴嚴子陵，這般反覆意味著什麼？顯親殿是皇上招待家眷親戚的殿堂，不是任何人都有福分和資格，對一個外人而言，那是至高禮遇，可見皇上把嚴子陵視作家人一般。」侯霸轉念又想：「皇上宣我去顯親殿作陪，至少對我還很信任，或許也是皇上對我的禮遇和獎賞。」

傍晚時分，侯霸來到顯親殿門前候駕。片刻，光武帝劉秀和嚴子陵從章華門走來。

侯霸跪地行禮：「臣侯霸參見陛下，陛下萬歲萬歲萬萬歲！」

劉秀說：「免禮。」

侯霸起身向嚴子陵施禮：「侯霸見過子陵先生，先生一切安好。」

嚴子陵還禮說：「久違了，君房安好。」

禮畢，劉秀和嚴子陵並肩，侯霸在後，三人步入顯親殿入席。

顯親殿雖燈火明亮，但是並沒有想像中的富麗輝煌。嚴子陵內心不禁稱讚劉秀的節儉之風。

劉秀提醒道：「今日我們相聚，只管喝酒品菜，免去君臣之禮。」

侯霸說：「謝陛下。」

伺者喊：「斟酒、上菜！」

二

顯親殿私宴的菜品考究，曰「洛陽水席」。洛陽水席設十二道菜：四個冷盤，四個大件加四個小件，冷熱、葷素、甜鹹、酸辣兼有。熱菜上案必以湯水佐味，雞鴨魚肉、新鮮時蔬均可入饌。酒是九醞甘醴的司湎酒，道地的洛陽名酒。

平日，除了嚴子陵能喝點酒，光武帝劉秀不喜酒，侯霸不善酒。今天劉秀設御宴陪嚴子陵喝開了，侯霸只得跟上。

酒宴開杯，第一道熱菜端上席來。劉秀說：「子陵可知這道菜名？」

嚴子陵搖頭。

劉秀說：「這道菜曰『牡丹燕菜』。」

嚴子陵仔細一看，這菜的主料無非就是白蘿蔔和雞肉，只是絲片條塊的刀法，還有煎炒烹炸的技藝確實了得，把普通的家常菜料，弄成恰似一朵色澤嬌豔的牡丹花，蕩漾於湯麵上。

嚴子陵咂口品嘗，說：「菜香，湯鮮，酸辣適口，美食也！」

侯霸說：「這牡丹燕菜，與子陵先生家鄉的餘姚黃魚麵比，如何？」

嚴子陵連看也不看侯霸一眼，只顧吃。

劉秀見嚴子陵沒有回應，說：「怎麼，還是你那餘姚黃魚麵好？」

嚴子陵這才抬頭說：「萬望文叔海涵，富春桐廬有俚諺『只可比種田，不可比吃穿』。」

劉秀抿一口酒，朗聲念道：「『只可比種田，不可比吃穿』，這俚諺好啊。」轉而囑咐侯霸說：「君房可要記著，也要讓朝中大臣、郡縣官吏牢記，今後為官做事，只可比勤勉，不可比吃穿。」

侯霸說：「陛下，臣時刻不忘。」

劉秀問：「子陵，這麼好的俚諺，是你老家餘姚的，還是新居富春的？」

嚴子陵答：「餘姚、富春，都時興這句諺語。」

劉秀又問：「在新野時，朕常聽你誇耀餘姚，不知你的新居富春又如何？」

嚴子陵仰頭喝下一杯，頗為自豪地說：「陰興來接我，一路上在我面前讚嘆，遊過天下，不如富春山下。富春山下有個叫桐廬的鄉邑，我就住在那村裡。桐廬到底有多美，我說了不算，兩位要麼去問陰興，要麼隨我親自走一趟。」

劉秀問：「桐廬真如子陵說的這般瀟灑？」

「瀟灑桐廬，千真萬確！」說著，嚴子陵哈哈大笑，仰頭又是一杯。放下酒杯，嚴子陵故作煩心狀，說：「不瞞兩位，我在富春桐廬還真瀟灑不起來，我也忙啊，要採草藥、要挖時筍、要釣魚、要讀書，剩餘時光還要管些鄰里碎事。」

侯霸說：「子陵先生是說鄰里糾紛吧，那些事應由官吏教化，難道還勞先生去管？」

嚴子陵說：「富春富、桐廬美，聞名了，來落戶定居的異鄉人日漸多了起來，那走路撞頭、鄰里口角、貓狗偷食的事，也慢慢多了。這些雞毛蒜皮的瑣碎事，官府怎能管得過來？官府管不過來，就得百姓自己管。」

劉秀饒有興致，問：「不知子陵怎麼管？」

「我編諺語管啊。譬如，對行路撞頭，我編『輕擔讓重擔，空手讓挑擔』；對鄰里相爭，我編『鄰里難免鬧糾紛，雙方不許趕上門』；對豬牛毀田、雞鴨竄園，我編『豬牛毀壞莊稼，照數賠償；雞鴨闖入田園，只趕不打』。諺語朗朗上口，一傳十、十傳百，傳著傳著，就成了鄉民的約定俗成。」嚴子陵言辭鑿鑿。

劉秀聽後放聲大笑，誇讚說：「子陵大材小用，倒是用得恰到好處。來，敬你一杯。」

侯霸跟著說：「欽佩，子陵先生，我也敬你一杯。」

這時，劉秀似乎想起什麼，說：「子陵大材也得大用。今日有樁大事，正好請你指點一二。近來，朝中大臣諫朕立一座紀功碑，以彰顯我朝功德，子陵認為這紀功碑當立不當立？」

嚴子陵喝一口酒，稍作思考後哈哈大笑，卻未置可否。

侯霸見嚴子陵笑而不答，心裡忐忑起來。立紀功碑事由他領銜上疏，雖獲朝中大臣附議，但是當時在朝堂上，皇上既沒准奏，也沒表示不滿，似乎還要斟酌考量。今晚皇上突然提出這事，不知是何用意，更難測嚴子陵會如何評說。

嚴子陵心中已明瞭立紀功碑為侯霸所諫。他笑侯霸聰明反被聰明誤。侯霸諫立紀功碑，本想一箭雙鵰，既拍皇帝馬屁，又贏大臣好評，可惜，他的馬屁拍錯了人。他對當今皇帝缺乏深切了解，定然想不到，劉秀會對此反感。只是劉秀不便直接駁了他大司徒的面子，今日乘著酒興，想借旁人提醒。（確實，劉秀斷定嚴子陵絕然不會贊同立碑主張）

劉秀問：「子陵因何只笑不答，今晚只有朕等三人，儘可坦言。」

嚴子陵喝口酒，望一眼侯霸，見侯霸不敢正目以對，轉而他也體諒侯霸苦衷。侯霸入朝時間不長，短期內由尚書令擢升大司徒，一面要討皇上歡心，一面要爭朝臣擁護，心有不寧，才會想出此種招數。

不過，在大是大非面前，嚴子陵不會放棄原則。他決然道：「世人皆知周王朝分封立國八百六十八年，卻不知文王、武王、周公的紀功碑立在哪裡。世人皆知始皇帝五次東巡，立下六座紀功碑，卻不料秦朝二世而亡國。文叔問我豐碑當不當立，我說當立！但是它要立在天下百姓的心裡，立在江山大地之上。若是民心相背，江山不穩，即使萬丈豐碑，也會坍個稀里嘩啦。」

劉秀擊案說：「子陵所論精闢透澈、意蘊深遠，好！」

劉秀對侯霸說：「君房，朕與君房同敬子陵一杯。」說完，高舉酒杯，一口暢飲。

侯霸嚇得瑟瑟發抖，一時竟連酒杯也提不起來。劉秀看到侯霸滿臉緊張，問：「君房醉了？」

侯霸正在思忖，這酒再喝下去要闖大禍了，得溜。聽皇上這麼一問，他正好順著問話上竿爬，裝出一副醉酒狀態，嘔嘔兩下說：「陛下，我醉了。」

嚴子陵明白侯霸心中有鬼，為了替侯霸下臺鋪路，他順勢說：「君房這酒量啊，太臭！」

劉秀心中更知虛實，他吩咐小黃門，送大司徒回府歇息。

在黃門郎的攙護下，侯霸踉踉蹌蹌地走出顯親殿。

目送侯霸走出殿門，嚴子陵對劉秀說：「君房有大才，人好，心也不壞，當年他在淮平郡任大尹時，更始帝聞其名，要召他入京做官，當地老百姓哭著喊著，攔路不讓他走。」

劉秀喟嘆道：「人啊，官位高了，雜念也就多了，提醒提醒，亦為他好。」

嚴子陵說：「文叔度量大呀。」

劉秀說：「不說他了，來，我們繼續。」兩人重又推杯換盞起來。

宴至戌時，嚴子陵說：「文叔，夜色已沉，酒也盡心舒暢，我要回驛館去了。」

劉秀說：「子陵今晚不必回驛館了，與朕一起還像當年那樣同榻而眠，可好？」

「好！十年前，我與文叔經常同榻而眠，難忘啊。」

「是啊，難忘。」

劉秀和嚴子陵醉態相扶，歪歪斜斜往寢宮走去。

三

嚴子陵仰臥在龍床上，頭暈、眼擦，倒頭便睡。

「倒頭便睡，真是好福氣。」劉秀嫉妒地嘀咕。他換個仰姿，也閉眼欲睡。

第二十四章　客星隕落

忽然，「呼嚕嚕……」嚴子陵鼾聲大作。隨著鼾聲，嚴子陵將他的一隻腳橫伸過來，擱在了劉秀肚子上。

劉秀心裡唸叨：「這個狂奴，睡覺都如此放肆。」他輕輕地把嚴子陵的腳抬下肚。

不一會兒，又一陣呼嚕聲響，隨即嚴子陵又把腳擱到了劉秀肚子上。

劉秀心裡生氣：「好個嚴子陵，習性愈來愈野了。」他用腳髕猛一記重重地把嚴子陵的腳頂下肚去。

「嗯」一聲，嚴子陵醒了。劉秀趕緊裝出熟睡樣。

嚴子陵仰身輕喚：「文叔，文叔。」

見劉秀已熟睡，他打個哈欠，隨口說：「睡得跟死豬似的。」說完，倒頭又睡。

「你才死豬呢！」劉秀暗罵。

「呼嚕嚕……」

「糟糕，又來了。」劉秀心裡念道。他剛想側身避開，「啪、啪」，嚴子陵竟把兩隻腳都擱上了他的肚子。

劉秀心裡一團迷糊：「子陵是真的睡著了呢，還是假裝睡著，故意把腳擱到朕的肚上，以此試探朕這皇帝有多大雅量，還存多少故友情誼？」

劉秀把握不定，想要轉身卻轉不了，想要發作又不好，心裡苦道：「唉，今夜難眠了！」

四

難眠的還有侯霸。侯霸回到府上，酒意全消，心事難消。他回想今晚嚴子陵評說立紀功碑之後，光武帝劉秀舉杯向他敬酒時的表情，料定嚴子陵的話，已說中皇上心思，立碑之事必然落空。此時，侯霸想到了嚴子陵「阿諛順旨要領絕」的警告，責怪自己慮事不周，一味以討好皇帝為目的，揣摩聖心、籠絡人心。他焦慮明日皇上會如何待他。他還懷疑今晚御宴，說不定就是皇上為讓嚴子陵上位替代他而演的一齣戲。他提醒自己，朝中高手雲集，今後行事定當三思而後行。

夤夜，侯子道來府。他對侯霸說：「大司徒，小黃門要我向您稟報，這個嚴光真是狂妄至極，竟敢把腳擱在萬歲身上睡覺，如此冒犯，其罪當誅。」

侯霸沉默不語。

侯子道繼續說：「此人這般癲狂，若入朝為官，朝廷豈能太平，大司徒恐也難以掌控，受他欺辱。」

侯霸還是沉默不語。

「我這就去找太史。」侯子道似有對策在胸。

侯霸依舊沉默不語。

侯霸的沉默不語，侯子道認定就是默許。他說：「大司徒在顯親殿之事，小黃門都說與我聽了。我找太史事，是我自個主張，大司徒權當不知。」說完，他匆匆出了門。

侯霸明白侯子道匆匆出門去做何事，他本想阻攔，但是話到嘴邊又嚥了回去。

侯霸心裡透亮，侯子道、小黃門，還有太史，都是靠他推薦才入朝為吏，他們名上為他急，實則更為自己急，因為他是他們依傍的大樹，大樹倒了，還有他們的前程嗎？

侯霸曾經想過請辭現職，主動讓賢嚴子陵。但是，這個念頭轉瞬就被自己否決了。他覺得自己任大司徒的時間太短了，既然坐上了這個位子，他也有抱負，也想有所作為，以至青史留名，不到萬不得已，怎能將高位拱手相讓？

翌日早朝，卻非殿裡，剛行完朝儀的太史出班奏說：「陛下，臣觀星象，昨夜有一客星冒犯帝座星，情勢甚是危急。」

何為「客星」？古代星象家的定義是，客星屬非常之星。客星在天上，寓於星辰之間，出無恆時，居無定所，忽見忽沒，或行或止，不可推算，故謂「客星」。客星有二分，一為吉星，一為妖星。吉星預兆祥瑞、妖星預兆凶災。太史所奏「客星冒犯帝座星」，那「冒犯」一詞，已經斷定這顆「客星」屬妖星無疑。

太史奏畢，朝堂內一片「嗡」聲，大臣們交頭接耳、緊張萬分。侯霸心頭狂跳。侯霸知道，當今皇上迷信讖緯，此事必將引起皇上的猜忌和戒意，由此一來，嚴子陵會被皇上疑為「客星」，因此平添罪孽，甚至被無辜誅殺。想到這些，侯霸不禁為嚴子陵捏一把汗。他埋怨侯子道做事太絕，後悔昨夜自己沒能阻止侯子道的行動。

龍座上的劉秀面無異常，他雙手一抬，朝堂霎時安靜下來。侯霸和大臣們的心都提到了喉嚨口。

劉秀嘴角一揚，微笑著，用輕描淡寫的口吻說：「昨夜是朕與老友嚴子陵同榻共眠，他把那雙臭腳擱在朕的身上了。」

朝臣們的神色一下舒緩過來。侯霸也是。

少頃，劉秀器宇凝重，頒旨道：「授嚴光為諫議大夫，秩比三公。」

「呵——」朝堂上一片驚詫聲。

劉秀的這道聖旨不得了，因為劉秀雖只任命嚴子陵為諫議大夫（品秩相當於郡守），卻給了嚴子陵最高待遇。「秩比三公」的俸祿，不僅大大高於所任本職，甚至躍過九卿，與三公等同。此舉毫無先例可循，純屬劉秀新創，難怪朝堂一片譁然。

五

面對聖旨，嚴子陵無動於衷。他不接旨，卻要前來傳旨的陰興幫他僱一輛馬車來。馬車一抵北軍驛館，他二話不說，逕自登車南馳。馬車悠悠穿過大街小巷，嚴子陵撩起車簾、晃著頭，唱起家鄉的馬燈調：「哎格楞登喲……」

卻非殿的朝會早已散去。劉秀佇立在殿外的丹陛上，身旁圍著鄧晨、鄧禹、陰識、李通等一班春陵舊部。君臣們若有所盼。

陰興疾步奔來。劉秀不顧皇帝身分迎上去問：「真走了？」

「真走了。」

「派了安車嗎？」

「先生喜歡馬車。」

劉秀悵然若失。少頃，他下旨：「賜帛五十匹，安車追隨禮送之。」陰興領旨去辦。

李通嘟噥說：「嚴光傲慢，竟敢拂天子顏面，陛下該把他捆在洛陽，讓他效勞漢室，不由其逍遙，以絕天下士子學他壞樣。」

鄧禹卻不然，他讚道：「陛下此舉無疑向天下昭示了敬賢禮賢的誠意，不啻千金市骨，必將招徠更多有識之士效勞漢室。」

劉秀凝視南方，心已釋然。他理解嚴子陵為何甘心情願自滅他祖父寄託的丞相夢，而鐵了心堅守他母親寄予他的人生信念；從嚴子陵身上，他悟到孔子「人而無信，不知其可」的真諦，何止於人，於朝廷、於國家亦是同理，嚴子陵概論的以柔治國、剛柔相濟的理念，其根基就在於信。

「子陵之氣節，何人能及？」

劉秀說完，面南深情一揖，高呼：「先生，慢行！」

六

嚴子陵回到了富春山下的桐廬。該種田時，他就種田；想釣魚時，他就釣魚。後人把他釣魚的地方取名為嚴陵瀨。

時過二年，中秋前夕，光武帝劉秀的特使，持詔書，從洛陽至會稽郡治所吳縣，攜太守黃讜，專程赴富春縣桐廬，慰問嚴子陵。光武帝詔曰：「爾會稽嚴光，乃朕故友，夢卜熊占，普求物色，致爾變姓名於他國，隱蹤跡於滄浪，幣聘至京，懇辭還野。嗚呼，朕知子陵之心矣！貴天爵而賤人爵，不肯以利祿屈其身，功名浼其志，上追巢許之高風，下繼夷齊之清操，抱德樂道，晦影韜光，笑傲煙霞，優遊泉石，真三代以下名賢，實千古仰稱高士，特遣問安之使，少伸眷念之勤。仰郡守再行存問，勿違朕望。」

建武十七年（西元四一年），又一個中秋節即將來臨，光武帝劉秀遣陰興赴富春縣桐廬慰問嚴子陵。行前，劉秀召見陰興，囑咐說：「君陵此去富春桐廬，一代朕慰問子陵，二替朕傳密旨於子陵，若他身體健朗，就請他來洛陽，若體衰不能行，只問他朕的旨意可與不可。此事重要，速去速回。」

陰興領命，日夜兼程，趕到桐廬燕子洞村嚴家。陰興見嚴子陵氣色尚好，然終究擋不住歲月的抽剝，他白髮蒼顏、步履蹣跚。陰興心中嘆息：「要請子陵去洛陽已無可能。」於是，他將劉秀的密旨遞與嚴子陵，並傳達了劉秀的意思。

嚴子陵靠著案几，瞇眼看完密旨，沉思良久，對陰興說：「可！」

是年十月，劉秀廢郭聖通皇后位，立陰貴人陰麗華為皇后。

秋末冬初，富春縣令來訪，捎來氾信去世的消息。富春縣令告訴嚴子陵，他遵氾信所託，特地將其生前所著《氾勝之書》的帛卷贈與嚴子陵。

嚴子陵接過《氾勝之書》，猶獲珍寶，夙夜就讀完了這部農書。

幾天後，嚴子陵將自己十幾年來的著述搬出來，吩咐夫人兒子，將書簡全部當柴燒。夫人兒子哪會願意、怎肯捨得？嚴子陵親自動起手來，家人誰也勸不住。兒子嚴倫哭著問父親：「為何要燒掉經年累月、辛苦撰述的著作？」

嚴子陵說：「《氾勝之書》才是有用之書，授民以智、布益於世，我此類一時興起圖撰之文字，空發議論，弄不好還攪渾人心，多一冊少一卷，能關乎天下何事？」

七

深冬的一個午後，富春山下起大雪。雪花紛紛揚揚。瑞雪兆豐年，嚴子陵的心情如雪花一樣飄渺、愜意。

長子嚴慶如踏雪而至。他來看望父親。他為父親帶來了家鄉餘姚的特產——楊梅燒酒和老鼠糖球。嚴子陵一見老鼠糖球，急切地問：「是否豆沙餡的。」

慶如點頭答：「是。」

嚴子陵拿起一個，用舌尖一舔，香甜、柔綿。臉上綻出孩童般的笑容。小時候，他最愛吃豆沙餡的老鼠糖球，常要祖父去買。

當晚，嚴子陵做了一個夢。夢中，滿月酒上那個方士鐵青著臉，一手拎一節籃老鼠糖球，一手揪著祖父胸襟，直闖南宮要找光武帝告御狀。方士氣吼吼說：「我的讖言本該兌現，王莽、光武都把丞相的金印紫綬送到嚴光面前，偏偏你那孫兒中邪不受，使讖言落空，害我名譽掃地、門庭冷清，如今只得做老鼠糖球餬口。你們嚴家必須為我挽回名譽，賠償損失。」
「我也不知光兒因何堅辭不就。」祖父搖頭辯說。
「怕死！」方士腔勢極衝。「伴君如伴虎，他怕步你們嚴氏先祖嚴助的後塵。」
「光兒性子直拗，言行也狂傲，得罪皇帝在所難免，但是他不是怕死之人，若是怕死，當年哪來膽量寫信罵王莽？」
「他自命清高，以為自己與皇帝治國觀念不同，道不同，不相為謀。」方士神情不屑，扭緊祖父胸襟狠拽一把，喝道：「走！」
祖父使勁賴住腳步，漲紅臉說：「光兒與劉秀亦師亦友，如若不是志同道合，能相處這麼久嗎？況且『懷仁輔義』本來就是『以柔治國』的翻版。」
「噢，那他定如朝野眾議，羨慕老莊，想那光武帝已得天下，自己樂得逍遙快活，不思擔當了。」方士轉悠眼珠，硬碰硬理由。
祖父閉目忖量，口中唸叨：「這個倒也不無道理。只是，光兒不會如朝野所議，一心想著逍遙快活。建武五年，光兒年近古稀，應已自知精力衰退、來日無多。他怕昏聵耽誤大事。如此，若要責他不思擔當，不如說他有自知之明。」
「自知之明？」方士譏鄙道：「如此說來，我看嚴光這是倚老賣老，落臺有心要做當世的許由巢父，沽名釣譽罷了。」方士出言無狀，大聲誹謗中傷。

祖父一聽怒不可遏，運足老力，掙脫方士拽扭，一把奪過方士手中的篰籃，頓足喝問：「混話，倘若光兒想要青史標名，何不受了皇帝的丞相印綬，如今他蝸居山野、漁釣耕讀，還能流芳百世嗎？」

祖父怒將篰籃拋向天空。空中，幾十隻老鼠糖球從篰籃裡翻滾出來，經風一吹，刹那間變成數十條魚鯗，落在卻非殿瓦頂上。魚鯗掉落時，啪塔聲響徹南宮。祖父四望，方士已無蹤影。他仰天長嘆：「光兒，你告訴爺爺，為何至於再、至於三，拂違天意鴻運，不願做官？」

餘姚夏荷莊。父親揪著嚴子陵胸襟，走到磊成品字形的石槽旁。父親對他說：「光兒既已拒了光武帝徵聘，今日自己動手把這三隻石槽丟進舜水去吧。」繼而怨道：「你啊，負了祖父和族人厚望。」

嚴子陵不聲響，挽起袖子搬石槽。石槽分量重，紋絲未動。他再發力，石槽突膨大，聳起一個巨大無比的品字。嚴子陵驀地從夢中竄醒，發現已盜一身冷汗。回憶夢境，歷歷在目，格外的真切恍若現實。

清晨，嚴子陵請夫人范晉臺為他擦洗身體，裡外換上新服。早餐後，他召兒子們到書房。他端坐在書案前，望著窗外銀裝素裹的遠山近水，平靜地說：「昨夜我夢到你們太爺爺和爺爺了，憾惜沒能夢到你們奶奶，我想今天就去看她。」他長吁一聲，自語道：「世上唯有娘能懂兒的心了！」說完，一垂首，溘然長逝。

客星隕落，縣令速將消息上報朝廷，光武帝劉秀深感悲傷和惋惜，他下詔，令郡縣賜予嚴家「錢百萬、穀千斛」。

次年，嚴夫人范晉臺遵嚴子陵遺囑，將嚴子陵歸葬於家鄉餘姚的陳山上。後人稱陳山為「客星山」。

附錄一　後漢書・逸民列傳・嚴光

南朝宋　范曄

嚴光，字子陵，一名遵，會稽餘姚人也。少有高名，與光武同遊學。及光武即位，乃變名姓，隱身不見。帝思其賢，乃令以物色訪之。後齊國上言：「有一男子，披羊裘釣澤中。」帝疑其光，乃備安車玄纁，遣使聘之。三反而後至。舍於北軍。給床褥，太官朝夕進膳。

司徒侯霸與光素舊，遣使奉書。使人因謂光曰：「公聞先生至，區區欲即詣造。迫於典司，是以不獲。願因日暮，自屈語言。」光不答，乃投札與之，口授曰：「君房足下：位至鼎足，甚善。懷仁輔義天下悅，阿諛順旨要領絕。」霸得書，封奏之。帝笑曰：「狂奴故態也。」車駕即日幸其館。光臥不起。帝即其臥所，撫光腹曰：「咄咄子陵，不可相助為理邪？」光又眠不應，良久，乃張目熟視，曰：「昔唐堯著德，巢父洗耳。士故有志，何至相迫乎！」帝曰：「子陵，我竟不能下汝邪？」於是升輿嘆息而去。

復引光入，論道故舊，相對累日。帝從容問光曰：「朕何如昔時？」對曰：「陛下差增於往。」因共偃臥，光以足加帝腹上。明日，太史奏客星犯御坐甚急。帝笑曰：「朕故人嚴子陵共臥耳。」

除為諫議大夫，不屈，乃耕於富春山，後人名其釣處為嚴陵瀨焉。建武十七年，復特徵，不至。年八十，終於家。帝傷惜之，詔下郡縣賜錢百萬、穀千斛。

（選自《後漢書》卷八十三《逸民列傳》第七十三）

附錄二　嚴先生祠堂記

北宋　范仲淹

先生，光武之故人也。相尚以道。及帝握《赤符》，乘六龍，得聖人之時，臣妾億兆，天下孰加焉？唯先生以節高之。既而動星象，歸江湖，得聖人之清。泥塗軒冕，天下孰加焉？唯光武以禮下之。

在《蠱》之上九，眾方有為，而獨「不事王侯，高尚其事」，先生以之。在《屯》之初九，陽德方亨，而能「以貴下賤，大得民也」，光武以之。蓋先生之心，出乎日月之上；光武之量，包乎天地之外。微先生，不能成光武之大；微光武，豈能遂先生之高哉？而使貪夫廉，懦夫立，是大有功於名教也。

仲淹來守是邦，始構堂而奠焉，乃復為其後者四家，以奉祠事。又從而歌曰：雲山蒼蒼，江水泱泱，先生之風，山高水長！

主要參考文獻

1.《認識嚴子陵》，《認識嚴子陵》編委會編，中國文史出版社，2011年
2.《嚴光與嚴子陵釣臺》，董利榮、繆建民著，杭州出版社，2013年
3. 新編歷史姚劇《嚴子陵》，楊東標著，餘姚市姚劇保護傳承中心演出，2014年
4.《姚江下河嚴氏支譜》，嚴壽祺
5.《嚴陵釣臺志》，汪光沛編，清末民國初
6.《劉秀傳》，黃留珠著，人民出版社，2014年
7.《王莽傳》，孟祥才著，人民出版社，2016年
8.《中國歷史地圖集》，譚其驤主編，中國地圖出版社，1982年
9.《青少年中國古典文學精讀・演繹卷・東漢演義》，明・謝詔著，張亞琴縮編，山東文藝出版社，1996年
10.《古本小說整合・全漢志傳》，《古本小說整合》編委會編，上海古籍出版社，1992年

11.《全元曲》，張月中、王鋼主編，中州古籍出版社，1996年
12.《中國民間故事整合（浙江卷）》，季沉主編，中國ISBN中心出版，1997年
13.《中國民間故事叢書（浙江寧波餘姚卷）》，羅楊總主編、魯永平主編，智慧財產權出版社，2015年
14.《荀子傳》，高專誠著，北嶽文藝出版社，2017年
15.《劉向劉歆》，劉立志、胡蓮玉著，江蘇人民出版社，2016年
16.《中國古代的隱士》，韓兆琦著，商務印書館，2015年
17.《中國古代公社組織的考察》，俞偉超著，文物出版社，1988年
18.《周禮》，徐正英、常佩雨譯註，中華書局，2014年
19.《兩漢太守刺史表》，嚴耕望著，北京聯合出版公司，2020年
20.《秦漢稱謂研究》，王子今著，中國社會科學出版社，2014年
21.《寧波通史·史前至唐五代卷》，傅璇琮主編，寧波出版社，2009年
22.《論漢代學校教育》，肖世民著，《唐都學刊》，2002年第2期

後記

二〇一六年秋末冬初，是我人生中的一段至暗時刻，我被確診患了肺癌。我做了死的準備，暗地裡寫了遺書給妻子和女兒女婿。在上手術臺的前一晚，我回顧自己的一生，唯一的遺憾就是沒有寫成嚴子陵的傳記。我要感謝為我主刀的教授，是他的精湛醫術，把我從死亡線上救了回來，為我創作嚴子陵傳記，延續了一段極其寶貴的生命時光。

我執念寫嚴子陵，是因為在餘姚的四大先賢中，嚴子陵是唯一一個沒有完整生平事蹟的歷史人物。（迄今為止還找不出一本完整地寫他一生的書。）我下定決心要去填補這個空白。但是這只是我選擇寫嚴子陵的原因之一。點燃我寫嚴子陵傳記的引信，是更早之前的一件舊事。

那年，姚劇保護傳承中心創作上演了姚劇《嚴子陵》，受到民眾的歡迎和好評。但是，在送評有關獎項時，《嚴子陵》落選了。落選的原因是因為某些評審認為，嚴子陵是一個對社會有負面影響的歷史人物。

當時，聽到這個消息後，我怎麼也想不通：這麼一個深受民眾敬仰和尊崇的歷史人物，居然被定性為一個負面人物，難道嚴子陵對社會沒有一點正能量嗎？難道世世代代的民眾都看走眼了嗎？

其實對於嚴子陵（主要對他的隱居不仕）歷來有兩種不同的評價：

一是風骨高潔之士。認為嚴子陵以特立獨行的姿態，寫下了一篇意蘊深邃、影響深遠的大文章，他的高風亮節，似「雲山蒼蒼」，如「江水泱泱」。

二是沽名釣譽之徒。認為嚴子陵的行為，是「故作清高」的作秀，他貪圖虛名，卻追求逍遙，不願做官為國家盡責擔當，對社會有很大的負面影響。

這兩種絕然對立的是非褒貶，即使在嚴子陵故里餘姚，今天也依然普遍存在著。它真實反映了世人對嚴子陵的心態。

我驚訝喟嘆，祖輩把嚴子陵列為餘姚四先賢之首，而後人卻對嚴子陵缺少了應有的自信。

我心裡忽然有一股衝動，要為嚴子陵寫一部傳記。我要探祕他的人生軌跡，揭開他隱居不仕的謎底，展現他蓬勃向上的正面形象。

我認為，嚴子陵的歷史影響是精神和文化上的，深遠而廣泛，流淌在中華民族的血液之中。

宋范仲淹在千古名篇〈嚴先生祠堂記〉中，將嚴子陵推崇至極，讚美嚴子陵的行為「使貪夫廉，懦夫立」、嚴子陵的品格「山高水長」；政治家，主持編纂《資治通鑑》的司馬光，仰慕嚴子陵的耿介兀傲，擊案高呼「吾愛嚴子陵」；詞聖蘇東坡吟誦嚴子陵的行為，恰似「耿耿清風」拂遍大地。明大儒王陽明曾登臨客星山拜謁嚴子陵墓，並遊覽了高風三亭，稱頌「嚴光亭子」勝過洛陽雲臺。（南宋嘉定十七年，郡守汪綱在餘姚客星山嚴子陵墓左側建高風閣，配建遂高亭、絲風亭和蒼雲亭）

清康熙朝「中州先哲」呂履恆，感嘆嚴子陵高潔的精神之魂，猶如翱翔天空的鴻雁，那麼多東都洛陽的名士，也難及他的一隻翅膀。近代戊戌變革的風雲人物康有為斷言，就憑嚴子陵「懷仁抱義天下悅」這一句話，對當政者已是「片言為政固已足。」

我對嚴子陵文化充滿著百分百的自信。

寫嚴子陵很難，難就難在關於嚴子陵的史料少，尤其是他的生平資訊。不過，少也有少的好處。少的好處是，留給寫作者想像的空間大了。嚴子陵留下的謎，留給人們無限的想像，令人神往而欲探究之。但是，想像要有歷史依據，想像要照應歷史背景，想像要遵循歷史規律，想像要符合歷史人物的心性情理。說到底，想像要講究科學，要以縝密的邏輯託底。

追求科學的想像，首要是研究，把嚴子陵文化研究深、研究透。這是寫嚴子陵傳記前必先做的功課。於是，我在不知道自己還能活幾年的情況下，抱著走一步是一步的心態，邁出了我的計畫的第一步。當我自覺身體有所起色時，便著手研究嚴子陵。

我根據南朝宋·范曄的《後漢書·逸民列傳》等有關史料，開列了一百多個問題，如：嚴子陵「少有高名」，發生在哪一歲？因什麼事？在什麼地方？嚴子陵「與光武同遊學」，他們是太學同學，還是像先秦諸子一樣遊學五湖四海的同學（遊學在西漢成為一種國家化的時尚）？嚴子陵與侯霸「素舊」，是老相識或老朋友，那麼，他們相識於何時何地？關係是好是壞？有過什麼交往？

嚴子陵被王莽、劉秀多次徵聘，在當世應是一位聲譽卓著的人物，卻為什麼沒有著說存世？嚴子陵與梅李陀的千里姻緣如何結成？他的繼配范氏又是怎樣一位女性？劉秀禮聘嚴子陵到洛陽後，邀他入宮「相對累日」，他們都談了些什麼？有史料說嚴子陵以自己的聲望，透過舉薦和遊說，為劉秀網羅軍事人才，「先之以鄧禹，繼之以馬援」，那麼他與鄧禹和馬援有舊交嗎？他是怎麼說服他們追隨劉秀的？

我按照擬定的題目，窮根究底地去找史料，沒有正史找野史，沒有野史找傳說，沒有傳說就找元明戲曲和明清演義。除了蒐集已有文字資料，我還擘畫出兩千年前嚴子陵的足跡，遊走全中國各地開展田野調查。我企圖把撒落在大地上的、掛在民眾口頭上的嚴子陵的故事，通通收集起來。

我在收集一切能夠收集到的素材的基礎上，進而逐題加以整理、研析、破解。經過一段時間的研究，我對嚴子陵有了比較深入的認識，他一生的軌跡和形象輪廓在我的腦海裡躍然而出。研究告一段落。回首望，已歷時兩年整。

我開始寫作。整個寫作過程，依然伴隨著大量的研究。文中凡嚴子陵走過的路、辦過的事、說過的話、交往過的人等，都是在不斷深入研究的基礎上，轉化為文字和語言的。就這樣，我邊研究，邊寫作，完成了約二十萬字的初稿。

寫作本就不易，對我而言更加艱難。因為，我這習慣寫行政公文的手，筆頭一扭要寫文學類的文章，如何組織好語言讓我大傷腦筋。這二十餘萬字，是我在三年時間裡，靠著韌勁，逐字逐句地摳出來的，其中的艱辛難以言狀。

終於，我將嚴子陵的研究成果，化繭成蝶為這部傳記。

有好奇的朋友會問，為什麼在書名裡為嚴子陵冠以「達人」稱謂，而不冠以慣用的「高士」之稱。我自己也有過疑慮，稱嚴子陵為「達人」，是否會貶損嚴子陵高風亮節的形象。

「高士」，一般指志趣、品行高潔之士，也指隱居不仕的名士，有時特指道家人物或佛界僧人。我認為，「高士」一詞有點高冷、偏狹，不足以表現嚴子陵這個歷史人物的一生的豐富性。

有學者在書中提出：「達人」這個社會稱謂，源於春秋末期魯國大夫孟僖子對孔子的評價。在古代，「達人」通常指明德者、通識者、睿智者、成功者和顯貴者。嚴子陵應屬「達人」無疑。

——達人明德。《左傳·昭公七年》記載，魯國大夫孟僖子追溯了孔子家族的光榮，又引叔梁紇的話：「聖人有明德者，若不當世，其後必有達人。」他判斷孔子就將成為這樣的「達人」。於是，他讓自己的兒子從孔子學禮。《左傳》裡的「達人」，雖然不是「聖人」，卻和「聖人」相接近。

——達人大觀。漢初賈誼的〈鳥賦〉曰：「小智自私兮，賤彼貴我；達人大觀兮，物亡不可。」賈誼賦中的達人，意為通達博識之士，大觀指視野廣闊、目光遠大。

——達人豁達。《列子·楊朱》論及孔子的學生子貢的後代端木叔，誇端木叔「達人也，德過其祖」、「不治世故，放意所好」。《列子》裡的「達人」，不僅明德，還具有「達人」的代表性品格——「達而不拘」，抱有性情豪爽、胸襟寬闊的生活態度。

——達人有為。在民間被看作智慧化身的諸葛亮，曾被稱作「達人」。《藝文類聚》卷六四引晉習鑿齒〈諸葛武侯宅銘〉，對諸葛亮有「達人有作，振此頹風」的高度讚美。

——達人進止得時。後漢班彪在〈悼離騷〉中曰：「唯達人進止得時。」班彪筆下的達人，是充滿著積極主動的人生智慧的士人。

「達人」一詞，從古至今，一直擔當著對某個領域出類拔萃的人物的褒揚。

可喜的是，現今的「達人」，已從廟堂走進民間，成為老百姓讚美身邊能人的習常俚語——全世界都一樣。它與平凡的我們親近了，但是它依然光彩熠熠。

我希望我筆下的嚴子陵，正是這樣一位既需要你仰望，又能讓你親近的東漢達人。

在本書寫作期間，我得到了許多人的熱忱鼓勵和不吝賜教，為我開書單，引導我找到了歷史人物傳記寫作的新方法。也為我提供了許多史料線索，包括元明戲曲方面。可以說，正是他們的加油鼓勁和智力支援，才使我的創作激情一直如此亢奮。

我的妻子對我抱恙寫作採取了「縱容」態度，我退休前許諾的力所能及的家事也被她兜攬過去，她每日燒菜做飯帶外孫女，辛勞不言而喻。書稿的字裡行間，沾著她的通達和汗漬。

感謝所有為我研究、創作和出版提供過幫助的人。是眾人拾柴，成就了《東漢達人嚴子陵》。

范立書

東漢達人嚴子陵：

萍蹤浪跡，俯視王侯，嚴子陵的釣竿輕撫千古波瀾

作　　者：范立書
發 行 人：黃振庭
出 版 者：複刻文化事業有限公司
發 行 者：崧燁文化事業有限公司

E-mail：sonbookservice@gmail.com
粉 絲 頁：https://www.facebook.com/sonbookss/
網　　址：https://sonbook.net/
地　　址：台北市中正區重慶南路一段 61 號 8 樓
8F., No.61, Sec. 1, Chongqing S. Rd., Zhongzheng Dist., Taipei City 100, Taiwan
電　　話：(02)2370-3310
傳　　真：(02)2388-1990

印　　刷：京峯數位服務有限公司
律師顧問：廣華律師事務所 張珮琦律師

定　　價：450 元
發行日期：2025 年 03 月第一版
◎本書以 POD 印製

國家圖書館出版品預行編目資料

東漢達人嚴子陵：萍蹤浪跡，俯視王侯，嚴子陵的釣竿輕撫千古波瀾 / 范立書 著 . -- 第一版 . -- 臺北市：複刻文化事業有限公司 , 2025.03
面；　公分
POD 版
ISBN 978-626-7671-48-1(平裝)
1.CST: (漢) 嚴光 2.CST: 傳記
782.822　　　114001838

電子書購買

爽讀 APP

臉書